Guitarra Para leigos

Nesta folha de cola, você encontra um material de referência útil que pode ser impresso e colocado na área de prática para sua conveniência. Estão incluídos uma explicação da notação da guitarra como traduzida para a guitarra de verdade, 24 acordes comuns, um diagrama da escala mostrando todas as notas até a 12ª casa e uma lista de ferramentas e acessórios essenciais que facilitarão fazer música na guitarra de modo versátil e sem problemas.

TRANSPORTE OS DIAGRAMAS DA ESCALA PARA UMA GUITARRA REAL

A figura a seguir, que mostra como um diagrama de acorde e uma tablatura se relacionam com uma guitarra de verdade, ajuda a transformar a notação em acordes e melodias.

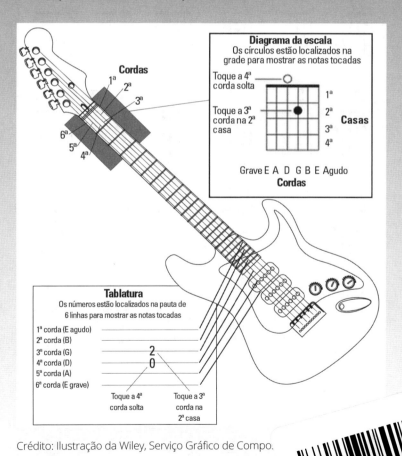

Crédito: Ilustração da Wiley, Serviço Gráfico de Compo.

24 ACORDES COMUNS PARA DIFERENTES ESTILOS DE MÚSICA

A figura a seguir mostra 24 acordes de guitarra comuns e fáceis de tocar, que você pode usar em muitos estilos de música, incluindo folk, country, rock e blues. O dedilhado da mão esquerda aparece logo abaixo das cordas (1 = indicador, 2 = médio, 3 = anular e 4 = mindinho). Um O acima da corda significa tocar a corda solta como parte do acorde; um X indica que ela não faz parte do acorde e não deve ser tocada. Uma linha curva significa tocar os pontos (notas pressionadas) abaixo da linha com uma pestana.

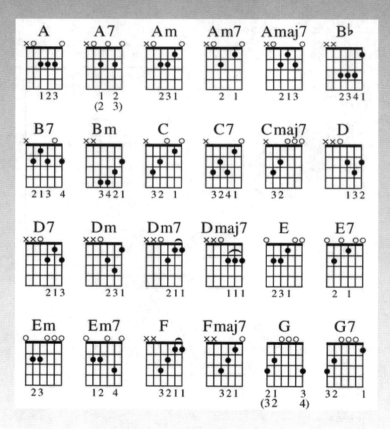

Guitarra

Para
leigos

Guitarra

Para leigos

Tradução da 4ª Edição

Mark Phillips e Jon Chappell

Rio de Janeiro, 2020

Guitarra Para Leigos® — Tradução da 4ª Edição
Copyright © 2020 da Starlin Alta Editora e Consultoria Eireli. ISBN: 978-85-508-0864-2

Translated from original Guitar For Dummies®, 4th Edition Copyright © 2016 by John Wiley & Sons, Inc. ISBN 9781119151432. This translation is published and sold by permission of John Wiley & Sons, Inc, the owner of all rights to publish and sell the same. PORTUGUESE language edition published by Starlin Alta Editora e Consultoria Eireli, Copyright © 2020 by Starlin Alta Editora e Consultoria Eireli.

Todos os direitos estão reservados e protegidos por Lei. Nenhuma parte deste livro, sem autorização prévia por escrito da editora, poderá ser reproduzida ou transmitida. A violação dos Direitos Autorais é crime estabelecido na Lei nº 9.610/98 e com punição de acordo com o artigo 184 do Código Penal.

A editora não se responsabiliza pelo conteúdo da obra, formulada exclusivamente pelo(s) autor(es).

Marcas Registradas: Todos os termos mencionados e reconhecidos como Marca Registrada e/ou Comercial são de responsabilidade de seus proprietários. A editora informa não estar associada a nenhum produto e/ou fornecedor apresentado no livro.

Impresso no Brasil — 1ª Edição, 2020 — Edição revisada conforme o Acordo Ortográfico da Língua Portuguesa de 2009.

Publique seu livro com a Alta Books. Para mais informações envie um e-mail para autoria@altabooks.com.br

Obra disponível para venda corporativa e/ou personalizada. Para mais informações, fale com projetos@altabooks.com.br

Produção Editorial Editora Alta Books **Gerência Editorial** Anderson Vieira	**Produtor Editorial** Thiê Alves	**Marketing Editorial** marketing@altabooks.com.br **Editor de Aquisição** José Rugeri j.rugeri@altabooks.com.br	**Vendas Atacado e Varejo** Daniele Fonseca Viviane Paiva comercial@altabooks.com.br	**Ouvidoria** ouvidoria@altabooks.com.br
Equipe Editorial	Adriano Barros Ian Verçosa Illysabelle Trajano Juliana de Oliveira	Keyciane Botelho Larissa Lima Laryssa Gomes Leandro Lacerda	Livia Carvalho Maria de Lourdes Borges Paulo Gomes Raquel Porto	Thales Silva Thauan Gomes
Tradução Paula Mangia	**Copi / Trad** Eveline Vieira Machado	**Revisão Gramatical** Alberto G. Streicher Alessandro Thomé	**Revisão Técnica** Alex Meister Músico e professor de guitarra	**Diagramação** Luisa Maria Gomes

Erratas e arquivos de apoio: No site da editora relatamos, com a devida correção, qualquer erro encontrado em nossos livros, bem como disponibilizamos arquivos de apoio se aplicáveis à obra em questão.

Acesse o site www.altabooks.com.br e procure pelo título do livro desejado para ter acesso às erratas, aos arquivos de apoio e/ou a outros conteúdos aplicáveis à obra.

Suporte Técnico: A obra é comercializada na forma em que está, sem direito a suporte técnico ou orientação pessoal/exclusiva ao leitor.

A editora não se responsabiliza pela manutenção, atualização e idioma dos sites referidos pelos autores nesta obra.

P562g	Phillips, Mark
	Guitarra / Mark Phillips, Jon Chappell. - Rio de Janeiro : Alta Books, 2020. 400 p. : il. ; 17cm x 24cm. - (Para Leigos) Tradução de: Guitar Inclui índice e apêndice. ISBN: 978-85-508-0864-2 1. Música. 2. Instrumento. 3. Guitarra. 4. Guitarra - Estudo e ensino. I. Chappell, Jon. II. Título. III. Série.
2019-2351	CDD 787.87 CDU 787.61

Elaborado por Vagner Rodolfo da Silva - CRB-8/9410

Rua Viúva Cláudio, 291 — Bairro Industrial do Jacaré
CEP: 20.970-031 — Rio de Janeiro (RJ)
Tels.: (21) 3278-8069 / 3278-8419
www.altabooks.com.br — altabooks@altabooks.com.br
www.facebook.com/altabooks — www.instagram.com/altabooks

ASSOCIADO

Sobre os Autores

Mark Phillips é guitarrista, arranjador e editor com mais de 40 anos de publicações na área musical. Completou sua licenciatura em Teoria da Música na Case Western Reserve University, onde recebeu o prêmio Carolyn Neff por excelência acadêmica, e tem mestrado em Teoria da Música na Northwestern University, onde foi eleito ao Pi Kappa Lambda, a mais prestigiada sociedade de honra dos EUA para universitários estudantes de música. Enquanto fazia doutorado em Teoria da Música na Northwestern, Phillips ministrou aulas de treinamento do ouvido, percepção da voz, leitura à primeira vista, contraponto e guitarra.

Durante os anos 1970 e início dos anos 1980, Phillips foi diretor de música popular na Warner Bros. Publications, onde editou e fez arranjos de songbooks de artistas como Neil Young, James Taylor, The Eagles e Led Zeppelin. De 1985 a 2013, foi diretor musical e diretor de publicações da Cherry Lane Music, onde editou e fez arranjos de songbooks de artistas como John Denver, Van Halen, Guns N' Roses e Metallica. Trabalhou como editor musical das revistas *Guitar* e *Guitar One*.

Phillips é autor de diversos livros sobre temas musicais, incluindo *Metallica Riff by Riff*, *Sight-Sing Any Melody Instantly*, *Sight-Read Any Rhythm Instantly* e *How to Read Music* (todos sem publicação no Brasil). Em sua vida fora da música, Phillips é autor/editor de uma série de livros "divertidos" para o ensino médio, em inglês, inclusive *The Wizard of Oz Vocabulary Builder*, *The Pinocchio Intermediate Vocabulary Builder*, *Tarzan and Jane's Guide to Grammar* e *Conversations in Early American History* (todos sem publicação no Brasil). Ele tem um perfil em *Who's Who in America*, onde é possível ver uma referência de suas inúmeras publicações.

Jon Chappell é guitarrista eclético, arranjador e faz transcrição. Frequentou a Carnegie-Mellon University, onde estudou com Carlos Barbosa-Lima, e concluiu seu mestrado em composição na DePaul University, onde também lecionava teoria e treinamento de ouvido. É exímio na batida e no dedilhado, sobretudo em música acústica.

Chappell foi editor-chefe da revista *Guitar*, editor fundador da *Home Recording Magazine* e musicólogo da *Guitarra*, uma revista clássica. Tocou e gravou com Pat Benatar, Judy Collins, Graham Nash e Gunther Schuller. Também contribuiu com inúmeras peças musicais para o cinema e a TV. Algumas incluem *Northern Exposure*; *Walker, Texas Ranger*; *All My Children*; e o longa-metragem *Bleeding Hearts*, dirigido pelo ator e dançarino Gregory Hines.

Na carreira editorial, Chappell foi diretor adjunto de música da Cherry Lane Music, onde transcreveu, editou e fez arranjos de músicas de Joe Satriani, Steve Vai, Steve Morse, Mike Stern e Eddie Van Halen, entre outros. Mais de uma dúzia de livros sobre métodos tem seu nome, e ele é autor do *Rock Guitar For Dummies* (John Wiley & Sons, Inc.), *Blues Guitar For Dummies* (John Wiley & Sons, Inc.), *Build Your Own PC Recording Studio* (McGraw-Hill) e do livro *The Recording Guitarist — A Guide for Home and Studio* (Hal Leonard), todos sem publicação no Brasil.

Agradecimentos dos Autores

Os autores agradecem gentilmente ao pessoal da John Wiley & Sons, Inc.: Tracy Boggier, Michelle Hacker e Chad Sievers. Obrigado a Rusty Cutchin da RCM e Brett Parnell pela ajuda na produção do vídeo. Um agradecimento especial a Woytek e Krystyna Rynczak da W.R. Music Service pela composição musical.

Sumário Resumido

Introdução 1

Parte 1: Apresentando a Guitarra 7

CAPÍTULO 1: Fundamentos: Partes da Guitarra e Como Ela Faz Música. 9

CAPÍTULO 2: Como Afinar a Guitarra. 17

CAPÍTULO 3: Preparando-se para Tocar: Segure a Guitarra e Leia a Notação. 25

Parte 2: Pronto para Tocar: Fundamentos 37

CAPÍTULO 4: O Melhor Modo de Começar: Dedilhando Acordes. 39

CAPÍTULO 5: Tocando Melodias sem Ler Música!. 57

CAPÍTULO 6: Adicionando Tempero com Acordes de 7ª. 67

Parte 3: Além do Básico: Começando a Tocar Bem 83

CAPÍTULO 7: Suavize as Coisas Tocando em Posição 85

CAPÍTULO 8: Dobrando com Díades 95

CAPÍTULO 9: Esticando: Acordes com Pestana 103

CAPÍTULO 10: Articulação Especial: Fazendo a Guitarra Falar 127

Parte 4: Uma Mistura de Estilos 153

CAPÍTULO 11: Pronto para Balançar: Fundamentos da Guitarra Rock. 155

CAPÍTULO 12: Mais Triste que o Blues: Fundamentos da Guitarra Blues 183

CAPÍTULO 13: Ao Redor da Fogueira: Fundamentos da Guitarra Folk 207

CAPÍTULO 14: Maestro, Por Favor: Fundamentos do Violão Clássico. 233

CAPÍTULO 15: Óculos de Sol e Boina: Fundamentos da Guitarra de Jazz 251

Parte 5: Sua Própria Guitarra 267

CAPÍTULO 16: Comprando uma Guitarra 269

CAPÍTULO 17: Amplificadores, Efeitos, Estojos e Acessórios. 285

CAPÍTULO 18: Trocando as Cordas 303

CAPÍTULO 19: Bom Estado da Guitarra: Manutenção Básica. 317

Parte 6: A Parte dos Dez 333

CAPÍTULO 20: Dez (ou Mais) Guitarristas que Você Deveria Conhecer 335

CAPÍTULO 21: Dez Músicas Ótimas para Iniciantes 341

Parte 7: Apêndices 345

APÊNDICE A: Como Ler Música. 347

APÊNDICE B: 96 Acordes Comuns 357

APÊNDICE C: Como Usar o Site. 361

Índice 375

Sumário

INTRODUÇÃO 1

Sobre Este Livro. 1

Penso que... 3

Ícones Usados Neste Livro 3

Além Deste Livro 4

De Lá para Cá, Daqui para Lá 4

PARTE 1: APRESENTANDO A GUITARRA. 7

CAPÍTULO 1: Fundamentos: Partes da Guitarra e Como Ela Faz Música 9

Partes e Funcionamento da Guitarra 10

Como as Guitarras Produzem Som 13

Cordas fazendo seu trabalho 13

Usando as duas mãos juntas 14

Notas sobre o braço: Semitons e casas 14

Comparação dos sons em violões e guitarras. 15

CAPÍTULO 2: Como Afinar a Guitarra 17

Antes de Começar: Cordas e Casas com Números. 18

Afinando com a Própria Guitarra Usando o Método da 5ª Casa . . . 19

Afinando a Guitarra com uma Fonte Externa. 21

Afinando com o piano 21

Trabalhando com o diapasão de sopro 21

Experimentando um diapasão de garfo. 22

Escolhendo o diapasão eletrônico. 23

Usando faixas de áudio 24

CAPÍTULO 3: Preparando-se para Tocar: Segure a Guitarra e Leia a Notação 25

Posicionando-se 26

Sente-se e encante. 26

Levante-se e faça sua parte 27

Pressione com a mão esquerda. 27

Posição da mão direita. 30

Sumário   xiii

Entendendo a Notação da Guitarra. 32
Entendendo os diagramas de acordes 32
Entendendo a tablatura. 34
Leitura das barras de ritmo. 34
Descobrindo como Tocar um Acorde 35

PARTE 2: PRONTO PARA TOCAR: FUNDAMENTOS 37

CAPÍTULO 4: O Melhor Modo de Começar: Dedilhando Acordes 39

Acordes na Família A. 40
Dedilhando acordes da família A 40
Tocando acordes da família A. 42
Acordes na Família D 43
Dedilhando acordes da família D. 44
Tocando acordes da família D 45
Acordes na Família G 46
Dedilhando acordes da família G. 46
Tocando acordes da família G 46
Acordes na Família C. 47
Dedilhando acordes da família C 47
Tocando acordes da família C. 48
Músicas com Acordes Maiores e Menores Básicos 49
Divirta-se com os Acordes Maiores e Menores Básicos:
Progressão "Oldies" 55

CAPÍTULO 5: Tocando Melodias sem Ler Música! 57

Lendo a Tablatura 58
Começando no alto 58
Da esquerda para a direita 59
Entendendo o Dedilhado da Mão Esquerda 60
Um Estilo de Palheta Alternada 61
Músicas com Melodias Simples 62

CAPÍTULO 6: Adicionando Tempero com Acordes de 7ª 67

Acordes de 7ª da Dominante 68
D7, G7 e C7 68
E7 (versão com dois dedos) e A7 69
E7 (versão com quatro dedos) e B7. 70
Acordes de 7ª Menor: Dm7, Em7 e Am7. 70
Acordes de 7ª Maior: Cmaj7, Fmaj7, Amaj7 e Dmaj7 71

xiv   **Guitarra Para Leigos**

Músicas com Acordes de 7ª. 73

Divirta-se com os Acordes de 7ª: Blues de 12 Compassos 79

Tocando blues de 12 compassos. 80

Escrevendo seu próprio blues 81

PARTE 3: ALÉM DO BÁSICO: COMEÇANDO A TOCAR BEM 83

CAPÍTULO 7: Suavize as Coisas Tocando em Posição 85

Tocando Escalas e Exercícios em Posição 85

Tocando em posição versus com cordas soltas 86

Tocando exercícios em posição 87

Trocando as posições. 89

Criando seus próprios exercícios para ter força e destreza 89

Praticando Músicas em Posição 91

CAPÍTULO 8: Dobrando com Díades 95

Começando com o Básico das Díades 95

Definindo díades 96

Experimentando exercícios em díades. 96

Tocando Músicas em Díades. 98

CAPÍTULO 9: Esticando: Acordes com Pestana 103

Acordes Maiores com Pestana em E 104

Começando com um acorde E de posição solta. 104

Encontrando a casa certa para cada acorde
com pestana em E maior 106

Tocando progressões usando acordes maiores
com pestana em E 106

Acordes com Pestana Menores, de 7ª da Dominante
e 7ª Menor em E 108

Dominando os acordes menores. 108

Aprofundando-se nos acordes de 7ª da dominante 110

Experimentando acordes de 7ª menor. 111

Combinando acordes com pestana em E 111

Acordes Maiores com Pestana em A. 112

Dedilhando o acorde maior com pestana em A 113

Encontrando a casa certa para cada acorde maior
com pestana em A 114

Tocando progressões usando acordes maiores
com pestana em A 114

Sumário XV

Acordes Menores, de 7ª da Dominante, 7ª Menor
e 7ª Maior com Pestana em A..............................116
   Acordes menores 116
   Acordes de 7ª da Dominante 117
   Acordes de 7ª menor 117
   Acordes de 7ª maior..118
Power Chords..120
   Dedilhando power chords................................120
   Sabendo quando usar power chords 121
Músicas com Acordes com Pestana e Power Chords............123

CAPÍTULO 10: **Articulação Especial: Fazendo a Guitarra Falar**..........................127

Fazendo Hammer-Ons.......................................128
   Tocando um hammer-on...................................128
   Idiomatizando com hammer-ons........................131
Suavizando com Pull-Offs 132
   Tocando com pull-offs 133
   Idiomatizando com pull-offs 135
Deslizando com Slides 136
   Tocando slides..136
   Tocando improvisos idiomáticos com slides 138
Esticando com Bends 139
   Tocando bends 140
   Idiomatizando com bends.................................142
Variando o Som com Vibrato 146
   Vendo métodos para produzir vibrato 146
   Praticando o vibrato.......................................147
Suavizando com Muting......................................148
   Criando um som abafado e pesado como um efeito.......149
   Sem barulhos indesejados na corda.....................149
   Idiomatizando improvisos com muting..................150
Tocando uma Música com Articulação Variada.................151

PARTE 4: UMA MISTURA DE ESTILOS 153

CAPÍTULO 11: **Pronto para Balançar: Fundamentos da Guitarra Rock** 155

Tocando Rock'n'Roll Clássico.................................156
   Base da guitarra 156
   Solo da guitarra..159

xvi   **Guitarra Para Leigos**

Dominando o Rock Moderno 169

    Acordes sus e add. 169

    Acordes compostos 170

    Afinações alternativas. 171

Conhecendo o Solo de Guitarra para Country Rock
e Rock do Sul dos EUA. 174

    Escala maior pentatônica 175

    Improvisos baseados na escala maior pentatônica 176

Tocando Músicas no Estilo Rock. 177

CAPÍTULO 12: **Mais Triste que o Blues: Fundamentos da Guitarra Blues**. 183

Ligando o Blues Elétrico. 184

    Base do blues na guitarra 184

    Solo do blues na guitarra. 189

Chegando à Raiz do Blues Acústico. 197

    Conceitos gerais 197

    Técnicas específicas 199

    Turnarounds 201

Tocando Blues 204

CAPÍTULO 13: **Ao Redor da Fogueira: Fundamentos da Guitarra Folk** 207

Tocando com Dedilhado 208

    Técnica do dedilhado 208

    Posição da mão direita. 209

Usando uma Pestana Fixa 210

Focando os Arpejos 212

    Tocando arpejos 212

    Tocando o padrão de "ninar" 214

Lidando com a Técnica "Toca e Arranha" 214

Considerando o Estilo Carter 216

Experimentando o Estilo Travis 217

    Padrão básico 217

    Estilo de acompanhamento 219

    Estilo de solo 220

    Afinação solta. 221

Tocando no Estilo Folk 222

CAPÍTULO 14: **Maestro, Por Favor: Fundamentos do Violão Clássico** 233

Preparando-se para Tocar Violão Clássico 234

    Sabendo sentar-se 234

Descobrindo o que fazer com a mão direita 236

Usando a posição correta da mão esquerda. 238

Focando Batidas Livres e de Pausa 239

Tocando batidas livres 239

Tocando batidas de pausa 241

Examinando os Estilos de Arpejo e Contraponto 242

Combinando batidas livres e de pausa nos arpejos. 243

Experimentando um exercício de contraponto. 244

Tocando Peças Clássicas 245

CAPÍTULO 15: **Óculos de Sol e Boina: Fundamentos da Guitarra de Jazz**. 251

Apresentando uma Nova Harmonia 252

Acordes estendidos 252

Acordes alterados. 253

Apoiando a Melodia: Acompanhamento da Base 253

Acordes internos. 253

Acordes externos 255

Acordes completos. 257

Solando: Melodia com Acordes 257

Fazendo substituições 258

Fingindo com três acordes 258

Solando: Melodia do Jazz. 259

Apresentando os tons alterados 259

Abordagem das notas-alvo 260

Criando melodias a partir de acordes com arpejo 261

Tocando Jazz. 262

PARTE 5: SUA PRÓPRIA GUITARRA. 267

CAPÍTULO 16: **Comprando uma Guitarra**. 269

Uma Coisa de Cada Vez: Desenvolvendo um Plano de Compra . . 270

Entendendo o Preço de uma Guitarra Nova 271

Algumas Considerações para Sua Primeira Guitarra 272

Separando Modelos que Combinam com Seu Estilo 274

Indo para Sua Segunda Guitarra (e Além). 275

Construção e tipo de corpo 277

Materiais: Madeiras, engrenagens e outros. 278

Acabamento. 280

Acessórios (customização) 281

xviii   **Guitarra Para Leigos**

Antes de Comprar: Conhecendo o Processo de Compra 281

    Escolhendo entre revendedores online e físicos 282

    Buscando consultoria especializada 282

    Negociando com o vendedor 283

    Fechando o negócio 283

CAPÍTULO 17: **Amplificadores, Efeitos, Estojos e Acessórios** 285

Ficando Ligado com os Amplificadores 286

    Começando com um amplificador prático 286

    Ligando um amplificador de desempenho 288

Efeitos: Pedais e Outros Dispositivos 290

    Examinando os efeitos individuais 291

    Considerando processadores de multiefeitos 293

Justificando os Estojos 293

    Estojos rígidos 294

    Estojos macios 294

    Bolsas de turnê 294

Acessórios: Outras Coisas Essenciais para Completar o Preparo 295

    Cordas 295

    Palhetas 296

    Cabos 296

    Afinadores eletrônicos 296

    Correias 297

    Pestanas fixas 298

    Outros acessórios úteis 299

CAPÍTULO 18: **Trocando as Cordas** 303

Examinando Estratégias para Trocar as Cordas 304

Removendo as Antigas Cordas 304

Cordas no Violão 305

    Trocando as cordas passo a passo 305

    Afinando 308

Trocando Cordas de Náilon 309

    Trocando as cordas passo a passo 309

    Afinando 312

Cordas na Guitarra 312

    Trocando as cordas passo a passo 312

    Afinando 314

    Instalando uma ponte flutuante 314

Sumário   xix

CAPÍTULO 19: Bom Estado da Guitarra: Manutenção Básica 317

Mantendo a Guitarra Limpa 318
Removendo poeira, sujeira e fuligem 318
Cuidando do acabamento 320
Protegendo a Guitarra 321
Na estrada 321
Em casa 322
Fornecendo um Ambiente Saudável 322
Temperatura 322
Fazendo Você Mesmo os Reparos 323
Apertando as conexões frouxas 323
Ajustando o braço e a ponte 324
Substituindo partes gastas ou quebradas 326
Reunindo as Ferramentas Certas 330
Tarefas que Você Não Deve Tentar em Casa 331

PARTE 6: A PARTE DOS DEZ 333

CAPÍTULO 20: Dez (ou Mais) Guitarristas que Você Deveria Conhecer 335

Andrés Segovia (1893–1987) 335
Django Reinhardt (1910–1953) 336
Charlie Christian (1916–1942) 336
Wes Montgomery (1923–1968) 336
Chet Atkins (1924–2001) 337
B.B. King (1925–2015) 337
Chuck Berry (1926–2017) 337
Jimi Hendrix (1942–1970) 337
Jimmy Page (1944–) 338
Eric Clapton (1945–) 338
Stevie Ray Vaughan (1954–1990) 338
Eddie Van Halen (1955–) 339

CAPÍTULO 21: Dez Músicas Ótimas para Iniciantes 341

Blowin' in the Wind 342
Brown Eyed Girl 342
Hang On Sloopy 342
House of the Rising Sun 342
I Saw Her Standing There 343
I'm a Believer 343

Leaving on a Jet Plane...343
My Girl..343
Stand by Me..344
Twist and Shout..344

PARTE 7: APÊNDICES...345

APÊNDICE A: **Como Ler Música**..............................347

Elementos da Notação Musical.....................................348

  Leitura do tom..349

  Leitura da duração..350

  Entendendo a expressão, a articulação,
  e outros termos e símbolos....................................352

Encontrando Notas na Guitarra....................................354

APÊNDICE B: **96 Acordes Comuns**............................357

APÊNDICE C: **Como Usar o Site**.............................361

Relacionando Texto e Arquivos no Site............................361

Requisitos do Sistema..363

O que Você Encontrará no Site....................................363

  Faixas de áudio..363

  Videoclipes..370

Solução de Problemas...373

ÍNDICE...375

xxii   **Guitarra Para Leigos**

Introdução

Então você quer tocar guitarra, heim? Por que não?

Você deve aceitar este fato: no mundo da música, as guitarras definem o que é *legal* (e não somos *apenas* tendenciosos aqui). Desde os anos 1950, muitas das maiores estrelas do rock 'n' roll, blues e country tocam guitarra. Lembre-se de Chuck Berry saltando no palco (o "duck walk" ou passo do pato) enquanto tocava "Johnny B. Goode"; Jimi Hendrix se lamentando com sua Stratocaster canhota e invertida (às vezes flamejante); Bonnie Raitt tocando a guitarra com slide; Garth Brooks com seu violão e camisas de flanela; a inflexão poderosa e o vibrato expressivo de B.B. King em sua guitarra "Lucille"; ou o estilo suave de jazz na guitarra de Jim Hall. (Até Elvis Presley, cujo talento para a guitarra não passava de cinco acordes, a usava com eficiência no palco como um acessório.) E a lista continua.

Tocar guitarra pode colocá-lo na frente da banda, onde você estará livre para passear, cantar e fazer contato com seus fãs. Tocar violão pode torná-lo uma estrela em torno da fogueira no acampamento de férias. E tocar qualquer tipo de guitarra pode levar música para a alma e tornar-se um passatempo valioso e permanente.

Sobre Este Livro

Guitarra Para Leigos, 4ª Edição, tem tudo de que um guitarrista iniciante ou intermediário precisa: desde comprar a guitarra até fazer ajustes, tocar, cuidar dela... Este livro tem tudo!

Acredite se quiser, mas muitos aspirantes a guitarrista nunca pegaram o gosto por tocar porque tinham a guitarra errada. Ou talvez porque as cordas eram muito difíceis de pressionar (causando muita dor). O livro *Guitarra Para Leigos*, 4ª Edição, diferente de outros livros que poderíamos mencionar, não supõe que você já tem a guitarra certa, ou até mesmo qualquer guitarra. Neste livro você encontrará tudo o que precisa saber (desde um guia do comprador até estratégias de compra e acessórios para estilos específicos) para se adequar à guitarra e aos equipamentos ideais para suas necessidades e seu orçamento.

A maioria dos livros sobre guitarra quer que você pratique na guitarra da mesma maneira como pratica no piano. Primeiro, a pessoa aprende onde as notas ficam na pauta, depois aprende por quanto tempo deve segurar as notas, pratica as escalas, e a grande recompensa é treinar músicas e mais músicas irreconhecíveis que não gosta de tocar. Se você estiver procurando esse tipo de livro de guitarra comum, definitivamente veio ao lugar errado. Mas não se preocupe, é fácil encontrar.

A verdade é que muitos dos grandes guitarristas não sabem como ler música, e os que *conseguem* ler aprenderam depois de tocar guitarra. Repita conosco: *você não precisa ler música para tocar guitarra.* Repita esse mantra até acreditar nele, porque esse princípio é essencial no projeto do *Guitarra Para Leigos*, 4ª Edição.

Uma das coisas mais legais na guitarra é que, embora você possa dedicar toda a sua vida para aperfeiçoar suas habilidades, é possível começar fingindo logo de cara. Supomos que, em vez de se concentrar em entender o que significa o compasso 3/4, você quer tocas músicas, músicas reais (ou pelo menos as conhecidas). Também queremos que você toque, porque isso o deixará motivado e praticando.

Como o livro *Guitarra Para Leigos*, 4ª Edição, cumpre o prometido? Que bom que perguntou. A lista a seguir mostra como o livro dá início rapidamente à aprendizagem e ao desenvolvimento de suas habilidades com a guitarra:

> » **Observe as fotos.** O dedilhado que você precisa saber aparece em fotos no livro. Basta posicionar as mãos como mostrado. É simples.
>
> » **Leia a tablatura de guitarra.** *Tablatura* de guitarra é um atalho específico para ler música que, na verdade, mostra quais cordas tocar e quais casas pressionar na guitarra para reproduzir o som. A *tab* (como conhecida por amigos e admiradores) ajuda muito para que você consiga *tocar* música sem *ler*. Não tente isso no piano!
>
> » **Assista aos vídeos e ouça as faixas.** Mais de 80 vídeos curtos permitem ver como as principais técnicas selecionadas são executadas. Você também pode ouvir todas as músicas e exercícios do livro reproduzidos em quase 100 faixas de áudio. É importante fazer isso por vários motivos: você consegue descobrir a base da música e por quanto tempo segurar as notas, e faz isso escutando, em vez de lendo. Poderíamos contar várias coisas legais sobre as faixas, tais como, elas têm a guitarra apresentada em um canal e o acompanhamento em outro (para que a pessoa possa trocar usando o controle de balanço no estéreo), mas, ora bolas, não queremos nos vangloriar demais.
>
> » **Veja a pauta enquanto progride.** Para as pessoas que acusariam o livro *Guitarra Para Leigos*, 4ª Edição, de rejeitar a ideia de ler música, respondemos: "Não é bem assim!" A melodia de todos os exercícios e músicas aparece acima da tablatura. Portanto, você terá o melhor: poderá associar a notação musical ao som que está produzindo depois de já saber como fazer o som. Muito legal, não é?

Uma dedicação verdadeira à guitarra é um investimento sério, e como em qualquer outro investimento sério, você precisa persistir. O livro *Guitarra Para Leigos*,

4ª Edição, fornece as informações necessárias para você guardar, manter e cuidar corretamente das seis cordas, inclusive como trocá-las e quais pequenos acessórios deve guardar no estojo da guitarra.

Penso que...

Não faremos muitas suposições sobre você. Não supomos que você já tem uma guitarra. Não supomos que tem preferência por violões ou guitarras, ou que prefere um estilo em particular. Nossa, este é um belo livro de oportunidades iguais!

Mas... bem, supomos algumas coisas. Supomos que você quer tocar *guitarra*, não um banjo, Dobro ou bandolim, e focamos a variedade de seis cordas. Supomos que você seja relativamente novo no mundo da guitarra e que deseja começar a tocar rapidamente, sem se confundir com a leitura das notas, claves e compassos. Você encontrará tudo sobre leitura de música no livro, mas esse não é objetivo principal. Nossa intenção é ajudá-lo a fazer músicas boas e interessantes usando as seis cordas.

Ícones Usados Neste Livro

Nas margens deste livro você encontrará vários ícones pequenos e úteis que facilitam um pouco sua jornada:

Um conselho de especialista que pode apressar sua jornada para ter excelência em guitarra.

Pule para a música real, para ter um instante de satisfação na guitarra. Vá para www.altabooks.com.br para assistir aos vídeos e audioclipes (procure pelo título do livro).

Algo para escrever em um guardanapo e guardar no estojo da guitarra.

Tenha cuidado ou poderá causar danos à guitarra ou ao ouvido de alguém.

Os motivos e causas por trás do que você toca. O material teórico e, às vezes, obscuro que você pode pular, se quiser, mas ao qual poderá voltar mais tarde para entender melhor os conceitos e as técnicas.

Introdução   3

Além Deste Livro

Guitarra Para Leigos, 4ª Edição, fornece texto, fotos e diagramas para ajudá-lo a assimilar e praticar a guitarra. Mas ser sócio do clube *Guitarra Para Leigos* traz algo de grande valor: acesso a recursos online que o ajudam a ficar conectado, mesmo quando seus olhos não estão no livro.

Para começar, temos uma versão online da Folha de Cola que fornece um guia rápido e prático para vários aspectos da guitarra que o ajudam a tocar. A Folha de Cola online é dividida em quatro seções, tratando de assuntos diversos, como explicações da notação, acordes comuns de vários estilos de música, ferramentas e acessórios recomendados para se ter à mão em suas sessões de guitarra. Verifique em `www.altabooks.com`. (Você pode acessar a Folha de Cola Online no site da editora Alta Books. Procure pelo título do livro.)

Você também pode encontrar arquivos de vídeo e áudio online, no mesmo endereço (procure pelo título do livro), que mostram exatamente como são os exercícios e as músicas, e como devem ser tocados. Verifique o Apêndice C para uma explicação completa e guia para os arquivos online.

De Lá para Cá, Daqui para Lá

O livro *Guitarra Para Leigos*, 4ª Edição, foi cuidadosamente idealizado para que você encontre o que deseja ou precisa saber sobre guitarra, nada mais. Como cada capítulo é independente, é possível pular as informações já dominadas sem ficar perdido. No entanto, você também pode seguir do início ao fim e praticar a guitarra de modo a se basear passo a passo em seu conhecimento anterior.

Para encontrar as informações necessárias, basta verificar o sumário para encontrar a área de interesse, ou é possível pesquisar determinada informação no índice no fim do livro.

Se você é iniciante e está pronto para começar a tocar, pode pular o Capítulo 1 e ir direto para o Capítulo 2, no qual afinará sua guitarra. Depois passe pelo Capítulo 3, sobre como desenvolver as habilidades necessárias para tocar,e vá direto para o Capítulo 4. Embora você possa pular algumas informações nos capítulos para tocar, se for iniciante, pedimos que leia os capítulos em ordem, um de cada vez. E mais: você deve ficar no Capítulo 4 até começar a ter calos nos dedos, o que o ajudará a fazer os acordes soarem corretamente, com um som limpo.

Se você não tem uma guitarra, deve iniciar pela Parte V, o guia do comprador, e procurar o que precisa em uma guitarra básica e prática. Depois de comprar a guitarra, poderá começar a tocar, que é a parte mais divertida, certo?

Sobretudo, lembre-se de que a marca de qualquer livro *Para Leigos* é que ele não é linear. É possível começar lendo no início de qualquer capítulo em qualquer Parte do livro, e o texto fará sentido. Recomendamos que você pule entre os capítulos de introdução, de instrução, de estilo e de compra e manutenção. E não se esqueça de abastecer a sessão de leitura com um capítulo ou dois da Parte dos Dez. Esses capítulos dão muitas informações para impressionar até o convidado mais entediado em uma festa. E se você decidir ler o livro de modo linear, mesmo que não seja necessário, bem, achamos bom também.

Introdução 5

6   Guitarra Para Leigos

1

Apresentando a Guitarra

NESTA PARTE...

Saiba como identificar as partes do violão e da guitarra, e o que os torna únicos.

Entenda como a guitarra funciona para perceber como ela consegue produzir sons suaves.

Descubra como afinar a guitarra para fazer uma música harmônica e evitar que os cães por perto uivem.

Compreenda como posicionar corretamente seu corpo e mãos antes de tocar.

Entenda como ler a notação da guitarra para ter mais modos de absorver a música tocada nela.

Toque um acorde passo a passo para posicionar os dedos e reproduzir a música real.

NESTE CAPÍTULO

» **Identificando as diferentes partes da guitarra**

» **Entendendo como funciona a guitarra**

» **Acesse as faixas de áudio e os videoclipes em** www.altabooks.com.br **(procure pelo título do livro)**

Capítulo **1**

Fundamentos: Partes da Guitarra e Como Ela Faz Música

Todas as guitarras, roxas, com caveiras decoradas a jato de tinta e pinos luminosos ou trabalhadas em um padrão de madeira com acabamento em laca, compartilham certas características que as fazem agir como guitarras, não como violinos ou tubas. Se estiver confuso em relação à diferença entre um headstock e um captador, ou estiver pensando em qual parte da guitarra deve segurar abaixo do queixo, está no capítulo certo.

Descrevemos as diferenças entre as várias partes da guitarra e mostramos o que elas fazem. Também explicamos como segurar o instrumento e por que a guitarra tem seu som característico. E no caso de você nos levar a sério, *não* segure a guitarra abaixo do queixo, a menos, claro, que seja Jimi Hendrix.

Partes e Funcionamento da Guitarra

Há dois tipos: *violão* (instrumento acústico) e *guitarra* (instrumento elétrico). Do ponto de vista do equipamento, as guitarras têm mais componentes e apetrechos do que os violões. Porém, os fabricantes de guitarras geralmente concordam que fabricar um violão é mais difícil do que uma guitarra. É por isso que, considerando todos os fatores, os violões custam tanto ou mais que seu correspondente elétrico. (Quando você estiver pronto para comprar uma guitarra ou acessórios, poderá verificar o Capítulo 16 ou 17, respectivamente.) Mas os dois tipos têm a mesma abordagem básica para os princípios, como a construção do braço e a tensão das cordas. Essa é a razão para violões e guitarras apresentarem formas e características semelhantes, apesar de haver algumas diferenças radicais na produção do tom (a menos, claro, que você pense que Segovia e Metallica sejam idênticos). As Figuras 1-1 e 1-2 mostram as várias partes de um violão e de uma guitarra.

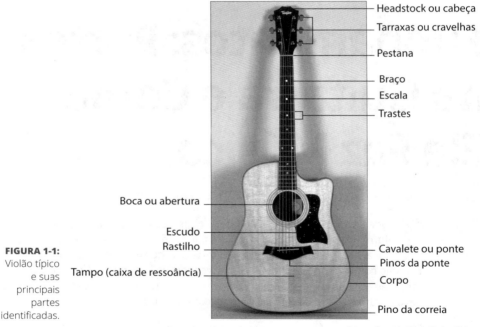

FIGURA 1-1: Violão típico e suas principais partes identificadas.

Fotografia cortesia da Taylor Guitars

A lista a seguir mostra as funções das diferentes partes:

- » **Fundo (violão apenas):** Parte do corpo que mantém os lados no lugar, composta por duas ou três peças de madeira.
- » **Alavanca (guitarra apenas):** Em alguns modelos, uma haste de metal anexada ao cavalete que varia a tensão das cordas inclinando o cavalete para frente e para trás. Também chamada de tremolo, haste e vibrato.
- » **Corpo:** Caixa que produz uma âncora para o braço e para o cavalete, criando uma área de tocar para a mão direita. No violão, o corpo inclui uma câmara de som amplificadora que produz o tom. Na guitarra, consiste em um compartimento para o conjunto de cavalete e potenciômetros (captadores e controles do volume e do tom).
- » **Cavalete ou ponte:** Suporte de metal (guitarra) ou madeira (violão) que ancora as cordas no corpo.
- » **Pinos da ponte (violão apenas):** Pinos de plástico ou madeira inseridos nos orifícios da ponte, mantendo as cordas presas.
- » **Pino da correia:** Lugar onde se encaixa a extremidade da correia. Nas *eletroacústicas* (violões com captadores embutidos e potenciômetros), o pino muitas vezes funciona também como *tomada de saída* onde você conecta o cabo.

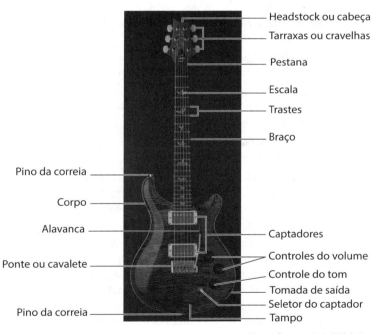

FIGURA 1-2: Guitarra típica com suas principais partes identificadas.

Fotografia cortesia da PRS Guitars

» **Escala:** Madeira plana no formato de uma prancha e posicionada sobre o braço, onde se colocam os dedos da mão esquerda para produzir notas e acordes. Uma escala também é conhecida como *fretboard*, pois as casas (frets) ficam embutidas nela.

» **Trastes ou frets:** (1) Filetes de metal ou barras perpendiculares às cordas que encurtam o comprimento vibratório eficaz de uma corda, permitindo a reprodução de diferentes alturas de som. (2) Um verbo em inglês que significa "preocupação", como em "Ele se preocupa com quantas partes sua guitarra tem".

» **Headstock ou cabeça:** A seção que contém as tarraxas (engrenagens) e fornece um lugar para o fabricante mostrar seu logotipo. Não confunda com "Woodstock", a parte de Nova York que disponibilizou um lugar para a geração dos anos 1960 mostrar sua música.

» **Braço:** A peça longa de madeira que liga a cabeça ao corpo.

» **Pestana:** Um sulco de náilon ou outro material sintético que interrompe a vibração das cordas além do braço. As cordas passam pelas ranhuras, indo até as cravelhas na cabeça. A pestana é um dos dois pontos nos quais a área de vibração da corda termina (o outro é a ponte).

» **Tomada de saída (guitarra apenas):** Ponto de inserção do cabo que conecta a guitarra ao amplificador ou outro dispositivo eletrônico.

» **Seletor do captador (guitarra apenas):** Uma chave que determina quais captadores estão ativos no momento.

» **Captadores (guitarra apenas):** Alavancas, com ímãs, que criam uma corrente elétrica que o amplificador converte em som musical.

» **Rastilho:** Nos violões, uma tira fina de plástico que fica dentro de uma ranhura na ponte; nas guitarras, são as peças de metal separadas que são um ponto de contato entre as cordas e a ponte.

» **Laterais (violão apenas):** Peças de madeira curvas e separadas no corpo que se ligam ao topo pela parte de trás.

» **Pino da correia:** Metal inserido na frente ou no topo, e no final da correia. (*Nota:* nem todos os violões têm um pino da correia. Se a guitarra não tiver, prenda o topo da correia em volta do headstock.)

» **Cordas:** Os seis fios de metal (para as guitarras ou alguns violões com cordas de aço) ou náilon (para os violões clássicos) que, esticados, produzem as notas. Embora não sejam estritamente parte da guitarra real (você as coloca e retira do topo da guitarra quando deseja), as cordas são parte integrante do sistema completo, e toda a estrutura da guitarra ou do violão tem como objetivo fazer com que elas toquem com um som mais agradável. (Veja o Capítulo 18 para ter informações sobre a troca das cordas.)

» **Tampo:** O rosto da guitarra. No violão, essa peça também é a *caixa de ressonância,* que produz quase todas as qualidades acústicas. Na guitarra, tem meramente uma função estética ou decorativa, e reveste o resto do material do corpo.

> » **Tarraxas:** Mecanismos dentados que aumentam e diminuem a tensão das cordas, esticando-as em diferentes alturas de som. As cordas se enrolam firmemente em torno de um pino que passa pelo topo, ou rosto, do headstock. O pino passa por trás do headstock, onde os mecanismos se conectam à chave de afinação. Também conhecidos como afinadores, pinos de afinação, chaves de afinação e mecanismos de afinação.
>
> » **Controles de volume e tom (guitarra apenas):** Botões que variam a intensidade do som da guitarra e suas frequências graves ou agudas.

Como as Guitarras Produzem Som

Depois de reconhecer as partes básicas do instrumento (veja a seção anterior), você também pode querer entender como essas partes funcionam juntas para produzir o som (no caso de escolher a categoria *Partes de uma Guitarra* em um programa de TV com perguntas e respostas ou ter que argumentar bem com outro guitarrista sobre vibração e comprimento das cordas). Apresentamos essas informações a seguir só para que saiba como sua guitarra produz os sons que produz, em vez de parecer um kazoo ou um acordeão. O importante é se lembrar de que a guitarra produz o som, mas você faz a música.

Cordas fazendo seu trabalho

Qualquer instrumento deve ter uma parte que faz um movimento regular e repetido para produzir um som musical (uma nota sustentada ou tom). Na guitarra, isso é obtido com a vibração das cordas. Uma corda na qual você aplicou certa tensão e a qual colocou em movimento (com uma palheta ou com os dedos) produz um som previsível, por exemplo, a nota A (lá). Se você afinar uma corda da guitarra com tensões diferentes, terá sons diferentes. Quanto maior a tensão da corda, maior será o tom.

LEMBRE-SE

Porém, não seria possível fazer muita coisa com uma guitarra se a única maneira de mudar o tom fosse ajustar constantemente a tensão das cordas sempre que você as toca. Assim, os guitarristas recorrem a outro modo de mudar a afinação da corda, ou seja, encurtando o comprimento vibratório efetivo. Eles fazem isso pressionando, indo e voltando, resmungando consigo mesmos. (Brincadeira. Os guitarristas nunca fazem *isso*, a menos que não tenham pegado na guitarra por alguns dias.) No jargão da guitarra, *pressionar* se refere a segurar a corda contra o braço para que vibre apenas entre o traste dedilhado (filete de metal) e a ponte. Assim, movendo a mão esquerda para cima e para baixo no braço (em direção à ponte e à pestana, respectivamente), é possível mudar o tom à vontade e com facilidade.

PAPO DE ESPECIALISTA

Não é por acaso que instrumentos menores, como bandolins e violinos, têm uma afinação mais alta do que os violoncelos e baixos (e guitarras, por falar nisso). Sua afinação é mais alta porque as cordas são menores. A tensão das cordas de todos esses instrumentos pode estar intimamente relacionada, fazendo com que sejam mais consistentes em resposta às mãos e dedos, mas a drástica diferença no comprimento das cordas é o que resulta na enorme diferença de tom entre eles. Esse princípio também vale para os animais. Um chihuahua tem um latido com afinação mais alta do que um são bernardo porque suas cordas, digo, cordas vocais, são muito menores.

Usando as duas mãos juntas

Normalmente a guitarra requer duas mãos trabalhando juntas para criar música. Se você quiser tocar, digamos, o dó (C) central no piano, tudo que precisa fazer é pegar o dedo indicador, posicioná-lo na tecla branca apropriada abaixo da marca do piano e pressionar: *donnnn*. Um aluno da pré-escola pode parecer Elton John tocando apenas o dó central, pois apenas um dedo da mão, pressionando a tecla, reproduz o som.

A guitarra é diferente. Para tocar o C central na guitarra, é preciso colocar o dedo indicador da mão esquerda e pressionar a 2ª corda (ou seja, pressionar no braço) na 1ª casa. Porém, essa ação isolada não produz um som. Você deve tocar na 2ª corda com a mão direita para realmente produzir a nota C central de forma audível. *Leitores de música, tomem nota:* a guitarra soa uma oitava abaixo de suas notas escritas. Por exemplo, tocar um C escrito no terceiro espaço na guitarra na verdade produz um C central.

Notas sobre o braço: Semitons e casas

O menor *intervalo* (unidade de distância musical na altura do som) da escala musical é o *semitom*. No piano, as teclas brancas e pretas alternadas representam esse intervalo (com exceção dos lugares onde há duas teclas brancas juntas, sem tecla preta no meio). Para executar semitons em um instrumento com teclado, mova o dedo para cima e para baixo até a próxima tecla disponível, branca ou preta. Na guitarra, os *trastes* (os filetes de metal horizontais ou barras embutidos na escala, perpendiculares às cordas) representam os semitons. Subir ou descer semitons na guitarra significa mover a mão esquerda um traste de cada vez, subindo ou descendo no braço.

Comparação dos sons em violões e guitarras

A vibração das cordas produz sons diferentes na guitarra. No entanto, você deve conseguir *ouvir* esses sons ou enfrentará uma daquelas questões filosóficas que discutem se um som existe mesmo que não seja ouvido. Para um violão, não há problema, porque um instrumento acústico produz seu próprio amplificador na forma de uma câmara de som côncava que aumenta o som... bem, acusticamente.

Mas uma guitarra não tem praticamente nenhum som acústico (bem, só um pouquinho, como o zumbindo de um mosquito, mas nem de longe o bastante para encher um estádio ou enfurecer seu vizinho). Um instrumento elétrico cria seu som inteiramente por meios eletrônicos. A vibração das cordas é a fonte do som, mas a câmara de som côncava não é o que torna as vibrações audíveis. Pelo contrário, as vibrações perturbam, ou *modulam*, o campo magnético que os *captadores*, ímãs enrolados em fios e posicionados sob as cordas, produzem. Quando as vibrações das cordas modulam o campo magnético dos captadores, eles produzem uma corrente elétrica mínima que reflete exatamente a modulação.

LEMBRE-SE

Então as guitarras produzem som amplificando as vibrações das cordas de modo acústico (passando as ondas sonoras por uma câmara côncava) ou eletrônico (amplificando e produzindo corrente por um alto-falante). Esse é o processo físico. Como uma guitarra produz sons *diferentes*, aqueles que queremos produzir, é você quem decide e controla os sons que as cordas produzem. A pressão com a mão esquerda é o que muda os sons. Os movimentos da mão direita não só ajudam a produzir o som colocando a corda em movimento, como também determinam a *base* (a batida ou pulso), *andamento* (a velocidade da música), e *sentimento* (interpretação, estilo desenvolvimento, mágica, magia, *je ne sais quoi*, qualquer coisa) desses sons. Junte o movimento das duas mãos e elas produzirão música — criarão aquela música na *guitarra*.

CAPÍTULO 1 **Fundamentos: Partes da Guitarra e Como Ela Faz Música** 15

16   PARTE 1 **Apresentando a Guitarra**

NESTE CAPÍTULO

» **Contando cordas e casas**

» **Afinando a guitarra de modo relativo (com ela mesma)**

» **Afinando com uma fonte fixa**

» **Acesse as faixas de áudio e os videoclipes em** www.altabooks.com.br **(procure pelo título do livro)**

Capítulo **2**

Como Afinar a Guitarra

A afinação está para os guitarristas como o estacionamento está para os motoristas: uma atividade diária e necessária que pode ser um tormento até dominá-la. Diferente do piano, que um profissional afina e você nunca ajusta até a próxima afinação, a guitarra normalmente é afinada por seu dono, e precisa de constante ajuste.

Uma das maiores injustiças da vida é que antes de tocar músicas na guitarra, você deve passar pelo cuidadoso processo de afinar o instrumento. Felizmente para os guitarristas, há apenas seis cordas para afinar, diferente das duzentas cordas em um piano. Também é encorajador o fato de que você pode usar vários métodos diferentes para afinar a guitarra, como este capítulo descreve.

Antes de Começar: Cordas e Casas com Números

Começaremos na estaca zero, ou, neste caso, na primeira corda. Antes de afinar a guitarra, você precisa saber como se referir aos dois principais participantes: cordas e casas.

» **Cordas:** As cordas são numeradas em sequência, de 1 a 6. A 1ª corda é a mais fina, localizada próxima ao chão (quando você segura a guitarra na posição de tocar). Seguindo para cima, a 6ª corda é a mais grossa, próxima do teto.

DICA

Recomendamos que você memorize o nome das letras das cordas soltas (E, A, D, G, B, E, da 6ª para a 1ª) para não ficar limitado a se referir a elas pelo número. Um modo fácil de memorizar as cordas soltas em ordem é lembrando da frase *E*dgar *A*dora *D*inamite; *G*rande *B*omba, *E*dgar.

» **Casas ou trastes:** É o espaço onde você coloca o dedo da mão esquerda ou a barra de metal fina ao longo do braço. Sempre que você toca a guitarra, casa significa o espaço entre as barras de metal, onde é possível colocar um dedo da mão esquerda com naturalidade. (Apresentamos as casas, trastes e outras partes importantes da guitarra no Capítulo 1.)

A 1ª casa é a região entre a pestana (a tira fina entalhada que separa o headstock do braço) e a primeira barra de metal. A 5ª casa é o quinto quadrante a partir da pestana; tecnicamente, a região entre a quarta e quinta barras de metal do traste.

DICA

A maioria das guitarras tem uma marca na 5ª casa, assim como um desenho decorativo no braço, um ponto no lado do braço, ou ambos.

LEMBRE-SE

Mais um ponto importante a lembrar. Você encontrará os termos *cordas soltas* e *cordas pressionadas* deste ponto em diante no livro. Veja o que significam:

» **Corda solta:** Uma corda que você toca sem pressioná-la com o dedo da mão esquerda.

» **Corda pressionada:** Uma corda que você toca pressionando-a em uma casa em particular.

Afinando com a Própria Guitarra Usando o Método da 5ª Casa

Afinação relativa tem esse nome porque você não precisa de nenhuma referência externa para afinar o instrumento. Desde que as cordas estejam afinadas entre si, é possível produzir sons bonitos e harmoniosos. Contudo, esses mesmos sons poderão parecer uma briga de gatos se você tentar tocar junto de outro instrumento; contanto que afine as cordas entre si, a guitarra estará afinada com ela mesma.

Para afinar a guitarra usando o método relativo, escolha uma corda, digamos a 6ª, como ponto de partida. Deixe a afinação dessa corda como está, e então afine todas as outras em relação a essa 6ª corda.

O *método da 5ª casa* recebe seu nome do fato de que você quase sempre toca uma corda na 5ª casa e compara o som dessa nota com o da próxima corda solta. No entanto, tenha cuidado porque a 4ª casa (a substituta ciumenta da 5ª casa) aparece no final do processo.

Veja como afinar sua guitarra usando o método da 5ª casa (verifique o diagrama da Figura 2-1 que descreve as cinco etapas):

1. **Toque na 5ª casa da 6ª corda (E grave) (a mais grossa, próxima do teto) e toque a 5ª corda (A) (a próxima).**

Deixe as duas notas soarem juntas (em outras palavras, deixe a 6ª corda vibrando enquanto você toca a 5ª corda). Os sons devem ser exatamente iguais. Se não forem, determine se a 5ª corda está mais baixa ou alta do que a 6ª corda pressionada.

- Se a 5ª corda parecer mais baixa ou *grave*, gire a tarraxa com a mão esquerda (para a esquerda, olhando diretamente para ela) para aumentar a afinação.

- Se a 5ª corda parecer *aguda*, ou mais alta, use a tarraxa para diminuir a afinação (girando-a para a direita, olhando diretamente para ela).

DICA

Você pode girar demais a tarraxa se não tiver cuidado. Se isso acontecer, precisará voltar o movimento. Na verdade, se não conseguir saber se a 5ª corda está mais alta ou baixa, deixe-a frouxa de propósito (ou seja, muito baixa), e então volte à afinação desejada.

2. **Toque na 5ª casa da 5ª corda (A) e toque a 4ª corda solta (D).**

   Deixe ambas soarem juntas. Se a 4ª corda parecer grave ou aguda em relação à 5ª corda pressionada, use a tarraxa da 4ª corda para ajustar seu som. De novo, se não tiver certeza se a 4ª corda está mais alta ou baixa, gire-se em uma direção (grave ou mais baixa é melhor), e então volte.

3. **Toque na 5ª casa da 4ª corda (D) e toque a 3ª corda solta (G).**

   Deixe ambas as notas soarem juntas de novo. Se a 3ª corda parecer grave ou aguda em relação à 4ª corda pressionada, use a tarraxa da 3ª corda para ajustar o som.

4. **Toque na 4ª casa (*não* na 5ª!) da 3ª corda (G) e toque a 2ª corda (B).**

   Deixe ambas as cordas soarem juntas. Se a 2ª corda parecer grave ou aguda, use sua tarraxa para ajustar o som.

5. **Toque na 5ª casa (sim, volte para a 5ª) da 2ª corda (B) e toque a 1ª corda solta (E agudo).**

   Deixe ambas as notas soarem juntas. Se a 1ª corda parecer grave ou aguda, use sua tarraxa para ajustar o som. Se você ficar satisfeito com as duas cordas produzindo o mesmo som, afinou ao máximo (ou seja, **máximo** como afinação mais alta) as cinco cordas da guitarra em relação à 6ª corda fixa (não afinada). Agora a guitarra foi afinada com ela mesma.

TOQUE ISSO

Você pode querer voltar e repetir o processo, porque algumas cordas podem perder a afinação. Para pegar o jeito do método de afinação da 5ª casa e combinar as cordas pressionadas e soltas, assista ao Videoclipe 1.

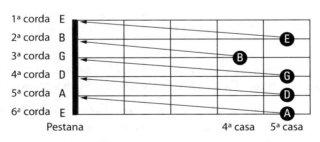

FIGURA 2-1: Coloque os dedos nas casas, como mostrado, e iguale o som com a próxima corda solta.

© John Wiley & Sons, Inc.

DICA

Quando você afina normalmente, usa a mão esquerda para girar a tarraxa. Mas depois de tirar o dedo da corda em que estava pressionando, ela para de soar, portanto, não é possível ouvir mais a corda que estava tentando afinar (a corda pressionada) à medida que ajusta a corda solta. No entanto, você pode afinar a corda solta enquanto mantém o dedo da mão esquerda na corda pressionada.

Basta usar a mão direita! Depois de tocar duas cordas em sucessão (as cordas pressionada e solta), passe a mão direita sobre a mão esquerda (que permanece imóvel enquanto você pressiona a corda) e gire a tarraxa da corda apropriada até que as duas cordas tenham o mesmo som exato.

Afinando a Guitarra com uma Fonte Externa

Afinar a guitarra com ela mesma usando o método da 5ª casa, descrito na seção anterior, é bom para o ouvido, mas não será prático se você precisar tocar com outros instrumentos ou vozes acostumadas com referências de afinação padrão (veja a seção "Experimentando um diapasão de garfo", mais adiante neste capítulo). Se você quiser levar sua guitarra para o mundo de outras pessoas ou instrumentos, precisará saber afinar com uma fonte fixa, como um piano ou um diapasão de sopro, de garfo ou eletrônico. Usá-los como base assegura que todos estarão tocando segundo as mesmas regras de afinação. Além disso, sua guitarra e cordas são fabricadas para terem uma afinação ideal, caso você afine com uma afinação padrão.

As seções a seguir descrevem os modos típicos de afinar a guitarra usando referências fixas. Esses métodos permitem não só estar afinado, mas também fazer bonito com todos os outros instrumentos na vizinhança.

Afinando com o piano

Como ele mantém bem a afinação (precisando apenas de ajustes anuais ou a cada dois anos, dependendo das condições), um piano é uma ótima ferramenta a usar para afinar uma guitarra. Supondo que você tenha um teclado eletrônico ou um piano bem afinado, tudo que precisará fazer é combinar as cordas soltas da guitarra com as devidas teclas do piano. A Figura 2-2 mostra um teclado de piano e as cordas soltas da guitarra correspondentes.

Trabalhando com o diapasão de sopro

Obviamente, se você estiver na praia com sua guitarra, não desejará colocar um piano na traseira do carro, mesmo que seja muito exigente com a afinação. Portanto, é preciso um dispositivo menor e mais prático que forneça sons de referência com afinação padrão. É aqui que entra o diapasão de sopro. Esse *diapasão* evoca imagens de maestros severos e conservadores fazendo bico com os lábios em torno de uma harmônica circular, produzindo um chiado fraco que orienta instantaneamente as vozes relutantes do coro. Contudo, os diapasões de sopro servem a seu propósito.

CAPÍTULO 2 **Como Afinar a Guitarra** 21

Para os guitarristas, há diapasões de sopro especiais, que consistem em tubos que reproduzem as notas das cordas soltas da guitarra (mas com som de alto alcance) e nenhuma nota intermediária. A vantagem de um diapasão de sopro é que você pode segurá-lo firme na boca enquanto sopra, mantendo as mãos livres para afinar. A desvantagem é que, algumas vezes, você pode demorar um pouco para se acostumar a ouvir o som produzido em comparação com o som da corda pressionada. Mas com prática, é possível afinar com um diapasão de sopro tão facilmente quanto com um piano. E um diapasão de sopro cabe melhor no bolso da camisa do que um piano!

Experimentando um diapasão de garfo

Depois de praticar bem para distinguir os sons, você precisará apenas de uma referência para afinar sua guitarra. O diapasão de garfo reproduz um único som e geralmente tem um único tipo: A (lá; acima do C central, vibrando a 440 ciclos por segundo, em geral conhecido como A-440). Mas essa nota é realmente tudo de que você precisa. Se você afinar a 5ª corda solta (A) com o A do diapasão de garfo (embora o A da guitarra pareça estar em um intervalo mais baixo), poderá afinar as outras cordas usando o método de afinação relativa visto na seção "Afinando com a Própria Guitarra Usando o Método da 5ª Casa", anteriormente neste capítulo.

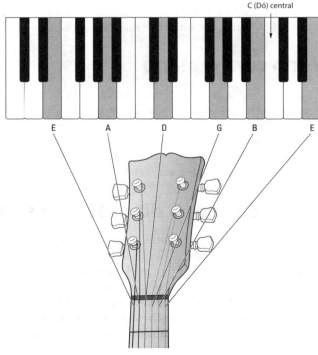

FIGURA 2-2: Visão do teclado do piano, destacando as teclas que correspondem às cordas soltas da guitarra.

© John Wiley & Sons, Inc.

Usar um diapasão de garfo requer certa delicadeza. Você deve bater o garfo em algo firme, como uma mesa ou joelho e segurá-lo perto do ouvido ou colocar a haste (ou alça), *não* os dentes (do garfo), em algo que ressoe. Esse ressonador pode ser a mesa novamente ou até o tampo da guitarra. (Você pode segurá-lo entre os dentes, deixando as mãos livres! Funciona mesmo!) Ao mesmo tempo, deve tocar de alguma forma a nota A e afiná-la pelo som do diapasão. O processo é parecido com tirar as chaves de casa no bolso enquanto está com os braços ocupados com as compras do mercado. A tarefa não é fácil, mas se você praticar bastante, finalmente será um especialista.

Escolhendo o diapasão eletrônico

LEMBRE-SE

O modo mais rápido e preciso de afinar é usando um *diapasão eletrônico*. Esse aparelho útil parece ter poderes mágicos. Os diapasões eletrônicos mais novos, fabricados especialmente para as guitarras, geralmente podem perceber qual corda você toca, informar de qual som você está mais próximo e indicar se você afrouxa (diminui) ou aperta (aumenta). A única coisa que esses aparelhos não fazem é girar as tarraxas (embora tenhamos escutado que estão trabalhando nisso). Alguns diapasões antigos, do tipo gráficos, têm um interruptor que seleciona qual corda você deseja afinar. A Figura 2-3 mostra um diapasão eletrônico típico.

FIGURA 2-3: O diapasão eletrônico afina em um piscar de olhos.

Fotografia cortesia da KORG USA, Inc.

É possível plugar a guitarra no diapasão (se estiver usando um instrumento eletrônico) ou usar o microfone embutido do diapasão para afinar um violão. Nos dois tipos de diapasão, com as cordas selecionadas e com a percepção automática da corda, o visor indica duas coisas: de qual nota você está mais próximo (E, A, D, G, B, E) e se você afrouxa ou aperta para conseguir a nota.

Os diapasões eletrônicos têm baterias de 9 volts ou duas pilhas AA que podem durar um ano com um uso regular (até dois ou três anos com um uso esporádico).

Muitos diapasões eletrônicos são baratos (a partir de US$20,00 aproximadamente) e valem o custo. Você também pode encontrar esses diapasões em forma de aplicativos em smartphones e outros dispositivos portáveis, e na web. (Para saber mais sobre os diapasões, consulte o Capítulo 17.)

Usando faixas de áudio

Antes que esqueçamos, você tem à disposição uma fonte mais fixa como referência de afinação: as faixas de áudio do livro *Guitarra Para Leigos*.

TOQUE ISSO

Para sua conveniência ao afinar, tocamos as cordas soltas na Faixa 1. Ouça o som de cada corda solta lentamente, uma de cada vez (da 1ª até a 6ª, ou da mais fina à mais grossa) e afine as cordas soltas da guitarra de acordo com a faixa de áudio. Volte ao início da Faixa 1 para repetir as notas afinadas quantas vezes forem necessárias para afinar com exatidão as cordas segundo a faixa de áudio.

A vantagem de usar a Faixa 1 para ajudar a afinar é que ela sempre repete o som exato e nunca semitona, nem um pouquinho. Portanto, você pode usar a Faixa 1 a qualquer momento para ter notas perfeitamente afinadas.

> **NESTE CAPÍTULO**
>
> » **Posicionando o corpo e as mãos antes de tocar**
>
> » **Lendo os acordes, tablatura e barras de ritmo**
>
> » **Tocando acordes**
>
> » **Acesse as faixas de áudio e os videoclipes em** www.altabooks.com.br **(procure pelo título do livro)**

Capítulo **3**

Preparando-se para Tocar: Segure a Guitarra e Leia a Notação

G uitarras são instrumentos fáceis de tocar. Elas cabem sem problemas nos braços da maioria das pessoas, e o modo natural como as duas mãos ficam nas cordas é exatamente a posição que se deve tocar. Neste capítulo, mostramos tudo sobre as boas técnicas de postura e como posicionar as mãos, como se você fosse uma jovem socialite em uma escola de boas maneiras.

Brincamos porque nos preocupamos. No entanto, você realmente precisa se lembrar de que uma boa postura e posição, no mínimo, evitam esforço e fadiga e, no máximo, ajudam a desenvolver bons hábitos de concentração e som. Depois de você posicionar corretamente a guitarra, veremos algumas habilidades básicas para decifrar músicas e como tocar um acorde.

Posicionando-se

Você pode se sentar ou ficar em pé enquanto toca a guitarra, e a posição escolhida não fará nenhuma diferença no som ou na técnica. A maioria das pessoas prefere praticar sentada, mas em pé quando se apresenta em público. (**Nota:** a única exceção para a opção de sentar-se ou ficar de pé é o violão clássico, que você toca normalmente sentado. A prática ortodoxa é tocar somente sentado. Isso não significa que você *não pode* tocar um estilo clássico de violão ou música quando está de pé, mas adotar uma postura séria em relação ao violão clássico requer sentar-se quando você toca. Veja o Capítulo 14 para obter mais detalhes.)

Nas seções a seguir, descreveremos as posturas sentada e em pé para tocar guitarra, e como você deve posicionar as duas mãos.

Sente-se e encante

LEMBRE-SE

Para segurar a guitarra na posição sentada, repouse a *parte estreita* do instrumento na perna direita. (A parte estreita é a área recortada da guitarra entre as *extremidades*, que são as partes curvas salientes que lembram os ombros e os quadris.) Posicione os pés levemente separados. Equilibre a guitarra ligeiramente apoiada no antebraço da parte de baixo, como mostrado na Figura 3-1. Não use a mão esquerda para segurar o braço. Você deve tirar completamente a mão da escala sem que a guitarra caia no chão.

A técnica do violão clássico, por outro lado, requer segurar o instrumento sobre a perda *esquerda*, não sobre a direita. Essa posição coloca o centro do violão próximo do centro do seu corpo, tornando o instrumento mais fácil de tocar, sobretudo com a mão esquerda, porque é possível executar melhor os difíceis dedilhados das músicas de violão clássico. O Capítulo 14 mostra a posição sentada do violão clássico.

FIGURA 3-1: Posição sentada típica.

Fotografia cortesia da Cherry Lane Music

Você também deve elevar o violão clássico, o que pode ser feito levantando-se a perna esquerda com um *apoio de pé para violão* (a maneira tradicional) ou usando um *apoio de braço*, que fica entre a coxa esquerda e a parte inferior do violão (a maneira moderna). Esse acessório permite que o pé esquerdo fique no chão enquanto eleva o violão.

Levante-se e faça sua parte

Para ficar em pé e tocar a guitarra, você precisa de uma correia (ou amarração) que se fixe com segurança em ambos os pinos do instrumento. Então pode se levantar normalmente e verificar como é legal se ver no espelho com a guitarra pendurada nos ombros. Talvez seja preciso ajustar a correia para deixar a guitarra em uma altura confortável de ser tocada.

Se a correia sair do pino enquanto estiver tocando de pé, você terá 50% de chance de pegá-la antes de atingir o chão (se for rápido e experiente com guitarras escorregadias). Portanto, não arrisque danificar sua guitarra usando uma correia velha ou usada, ou uma com buracos grandes demais para os pinos prenderem com firmeza. As guitarras não são fabricadas para pular, como a banda The Who mostrou tantas vezes.

Seu corpo se ajusta naturalmente indo da posição sentada para a em pé, então não tente analisar demais onde ficam seus braços em relação à posição sentada. Apenas relaxe e, acima de tudo, *mantenha a pose.* (Você é um guitarrista agora! Manter a pose é tão importante quanto saber tocar... bem, *quase.*) A Figura 3-2 mostra uma posição em pé típica.

Pressione com a mão esquerda

Para ter uma ideia do posicionamento correto da mão esquerda na guitarra, estenda-a com a palma para cima, solte o punho e coloque o polegar entre o primeiro e segundo dedos. Todas as articulações devem ficar curvas. Sua mão deve ficar assim depois de segurar o braço da guitarra. O polegar desliza na parte de trás do braço, mais reto do que se estivesse com a mão fechada, mas não rígido. As articulações dos dedos ficam curvas, pressionadas ou relaxadas. De novo, a mão esquerda deve repousar naturalmente sobre o braço da guitarra, como se você estivesse pegando uma ferramenta que usou por toda a sua vida.

Para *pressionar* uma nota, aperte a ponta do dedo sobre a corda, mantendo a articulação curvada. Tente colocar a ponta do dedo sobre a corda na vertical, não inclinada. Essa posição exerce uma pressão maior sobre a corda e também evita que as laterais do dedo toquem na corda adjacente, podendo causar um zumbido ou *abafamento* (amortecendo a corda ou impedindo que ela toque). Use o polegar nessa posição abaixo do braço para ajudar a *segurar* a escala em um aperto maior. O Videoclipe 2 mostra como pressionar corretamente os dedos da mão esquerda na escala.

FIGURA 3-2:
Posição de
pé típica.

Fotografia cortesia da Cherry Lane Music

DICA

Ao tocar em uma casa em particular, lembre-se de que você não coloca o dedo diretamente no metal, mas entre os dois trastes (ou entre a pestana e o primeiro traste). Por exemplo, se você estiver tocando na 5ª casa, coloque o dedo no quadrante entre o 4º e 5º filetes de metal. Não o coloque no centro do quadrante (no meio, entre os filetes), mas perto do filete superior. Essa técnica lhe dará o som mais limpo e evitará zumbidos.

A pressão da mão esquerda requer força, mas não tente acelerar o processo de fortalecimento das mãos com meios artificiais. Aumentar a força da mão esquerda leva tempo. Você pode ver propagandas de equipamentos para fortalecer a mão e acreditar que esses produtos podem acelerar a resistência da mão. Embora não possamos declarar que esses equipamentos não funcionem (e o mesmo ocorre com o método caseiro de segurar uma raquete ou bola de tênis), uma coisa é certa: nada o ajudará mais a desenvolver sua capacidade de pressionar com a mão esquerda ou será mais rápido do que simplesmente tocar guitarra.

DICA

Por causa da força que a mão esquerda exerce ao pressionar as cordas, outras partes de seu corpo podem tensionar como uma compensação. Em intervalos periódicos, relaxe o ombro esquerdo, que tem a tendência de se levantar enquanto você pressiona. Faça intervalos frequentes para "deixar cair o ombro". Você precisa manter o braço e o antebraço paralelos ao lado do corpo. Relaxe o cotovelo para que ele fique na lateral.

LEMBRE-SE

Para manter uma boa posição da mão esquerda, você precisa deixá-la confortável e natural. Se a mão começar a ficar machucada ou a doer, *pare de tocar e descanse*. Como em qualquer outra atividade que requer desenvolvimento muscular, descansar permite que o corpo se recupere.

Nas seções a seguir, daremos mais detalhes específicos sobre a pressão da mão esquerda para o violão clássico e a guitarra.

Esforços na guitarra

O braço da guitarra é mais estreito (da 1ª à 6ª cordas) e mais fino (da escala até a parte de trás do braço) do que o do violão. Por isso, as guitarras são mais fáceis de pressionar. Mas o espaço entre cada corda é menor, e você estará mais propenso a tocar e abafar uma corda próxima com os dedos pressionados. Porém, a maior diferença entre pressionar em uma guitarra e um violão com cordas de náilon ou de aço é a ação.

A *ação* de uma guitarra se refere a que altura acima dos trastes estão as cordas e, em menor proporção, à facilidade para pressionar as cordas. Em uma guitarra, pressionar as cordas é como cortar manteiga com faca quente. A ação mais fácil de uma guitarra permite usar uma posição da mão esquerda mais relaxada do que normalmente seria em um violão, com a palma da mão esquerda voltada levemente para fora. A Figura 3-3 mostra uma foto da mão esquerda repousando sobre a escala de uma guitarra, pressionando uma corda.

FIGURA 3-3: O braço da guitarra fica confortavelmente entre o polegar e o primeiro dedo ao pressionar uma nota.

Fotografia cortesia da Cherry Lane Music

Condições clássicas

Como os violões com cordas de náilon têm uma escala larga e são o modelo escolhido para a música clássica, seu braço requer uma abordagem um pouco mais formal da mão esquerda (ahã). Tente deixar o lado interno das articulações (que conectam os dedos à mão) perto e paralelo ao lado do braço para que os dedos fiquem perpendiculares às cordas e todos os dedos tenham a mesma distância do braço. (Se sua mão não ficar perfeitamente paralela, o dedo mindinho "sairá" ou ficará mais distante do braço do que o dedo indicador.) A Figura 3-4 mostra a posição correta da mão esquerda para um violão com cordas de náilon.

FIGURA 3-4: Posição correta da mão esquerda para um violão clássico.

Fotografia cortesia da Cherry Lane Music

Posição da mão direita

LEMBRE-SE

Se você segurar a guitarra no colo e colocar seu braço direito sobre a extremidade superior, a mão direita, levemente estendida, cruzará as cordas em um ângulo de 60º. Essa posição é boa para tocar com uma palheta. Para o estilo dedilhado, você precisa colocar a mão direita mais perpendicular às cordas. Para o violão clássico, precisa manter a mão direita próxima a um ângulo de 90º, se possível.

TOQUE ISSO

Nas seções a seguir, daremos orientações sobre como tocar com a mão direita usando uma palheta e dedilhando. Consulte o Videoclipe 3 para conferir se está tocando corretamente.

Se estiver usando uma palheta

Você faz quase todos os toques na guitarra com uma palheta, tocando rock 'n' roll, blues, jazz, country ou pop. No violão, é possível tocar com uma palheta ou dedilhando. Nos dois casos, você toca a maior parte da *base* (acompanhamento de acorde) e praticamente todos os *solos* (melodias de uma nota) segurando a palheta ou *plectro* (o termo antigo) entre o polegar e o dedo indicador. A Figura 3-5 mostra a maneira correta de segurar uma palheta, com apenas a ponta para fora, perpendicular ao polegar.

Se estiver *dedilhando* (tocando a base), você toca nas cordas com a palheta usando o movimento do pulso e do cotovelo. Quanto mais forte for o dedilhado, mais o ombro será usado. Para tocar o solo, use apenas o movimento mais econômico do pulso. Não segure a palheta com força demais quando tocar, e acostume-se a deixá-la cair muito nas primeiras semanas de uso.

FIGURA 3-5: Técnica correta de segurar a palheta.

Fotografia cortesia da Cherry Lane Music

DICA

As palhetas têm vários *padrões*. O padrão indica a firmeza ou espessura.

» As palhetas mais finas são mais fáceis de manusear para o iniciante.

» As palhetas médias são mais populares, porque são bem flexíveis para tocar naturalmente, mas também firmes o bastante para os solos.

» As palhetas grossas podem parecer pesadas no início, mas são a melhor escolha para profissionais e, com o tempo, todos os instrumentistas habilitados (embora existam alguns que as evitam, com Neil Young sendo um grande exemplo).

Se você estiver dedilhando

Se você evita parafernálias como palhetas e quer tocar ao natural com a mão direita, pode dedilhar (embora possa usar palhetas especiais revestidas presas aos dedos, chamadas de *dedeiras*). *Dedilhar* significa que você toca a guitarra puxando as cordas com os dedos da mão direita individualmente. O polegar toca as cordas *graves*, ou baixas, e os outros dedos tocam as cordas *agudas*, ou altas. Ao dedilhar, você usa a ponta dos dedos para tocar as cordas, posicionando a mão sobre a abertura (se estiver tocando violão), mantendo o pulso parado, mas não rígido. Manter o pulso com um arco leve para que os dedos fiquem mais verticais nas cordas também ajuda. O Capítulo 13 tem mais informações sobre o estilo dedilhado, inclusive figuras mostrando as posições corretas da mão.

PAPO DE ESPECIALISTA

Por causa dos toques especiais da mão direita usados para tocar o violão clássico (o *toque livre* e o *toque de pausa*), você deve manter os dedos quase perpendiculares às cordas para executar a técnica correta. A abordagem perpendicular permite que os dedos se arrastem nas cordas com o máximo de força. Veja o Capítulo 14 para ter mais informações sobre os toques de pausa e livre.

Entendendo a Notação da Guitarra

Embora você não precise ler música para tocar guitarra, com os anos, os músicos desenvolveram alguns truques simples que ajudam a comunicar ideias básicas, como a estrutura da música, construção e progressão dos acordes, e figuras rítmicas importantes. Aprenda a notação simplificada dos *diagramas de acordes*, *tablatura* e *barras de ritmo* (que descreveremos nas próxima seções) e estará pronto para começar a lidar com figuras musicais mais rápido do que Vince Gill dedilhando após três xícaras de café.

DICA

Prometemos que você não precisa saber ler música para tocar guitarra. Com a ajuda de diagramas de acordes, tablatura e barras de ritmo que explicamos nesta seção, além de ouvir todo o material com as faixas de áudio e videoclipes mágicos, você terá tudo de que precisa para entender e tocar guitarra. Começando no Capítulo 4, ouça com atenção às faixas e videoclipes, e siga os exemplos escritos correspondentes para ter certeza de que entendeu como ambos se relacionam.

Entendendo os diagramas de acordes

LEMBRE-SE

Não se preocupe, ler um diagrama de acordes *não* é como ler música; é muito mais simples. Tudo que você precisa fazer é entender onde colocar os dedos para formar um acorde. *Acorde* é definido como o som simultâneo de três ou mais notas.

A Figura 3-6 mostra a anatomia de um gráfico de acorde, e a lista a seguir explica rapidamente o que significam as diferentes partes do diagrama:

» A grade com seis linhas verticais e cinco horizontais representa a escala da guitarra, como se ela estivesse em pé no chão ou em uma cadeira, vista na parte superior do braço, de frente.

» As linhas verticais representam as cordas. Uma linha vertical na extrema esquerda é a 6ª corda, e a linha vertical mais à direita é a 1ª corda.

» As linhas horizontais representam os trastes. A linha horizontal grossa no topo é a pestana da guitarra, onde a escala termina. Portanto, o 1º traste é, na verdade, a segunda linha vertical a partir de cima. (Não deixe que isso o confunda: basta olhar a guitarra.)

» Os pontos que aparecem nas linhas das cordas verticais entre as linhas horizontais dos trastes representam as notas pressionadas.

» Os números logo abaixo de cada linha da corda (abaixo da última linha do traste) indicam qual dedo da mão esquerda você usa para pressionar a nota. Na mão esquerda, 1 = dedo indicador; 2 = dedo médio; 3 = dedo anular; e 4 = dedo mindinho. Não se usa o polegar para pressionar, exceto em raras circunstâncias.

» Os símbolos X ou O acima de algumas linhas da corda indicam as cordas que você deixa soltas (não pressionadas) ou que não toca. Um X (não mostrado na Figura 3-6) acima da corda significa que você não toca nessa corda com a mão direita. Um O indica uma corda solta que você toca.

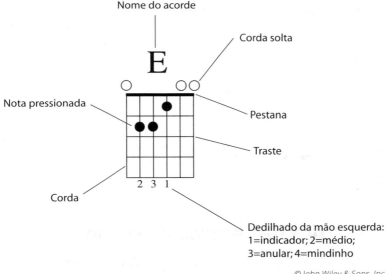

FIGURA 3-6: Diagrama de cordas padrão para o acorde E (mi).

© John Wiley & Sons, Inc

LEMBRE-SE

Se um acorde começar com um traste *diferente* do 1º (como se pode ver nos Capítulos 11 e 12), aparecerá um número à direita do digrama, quase no topo da linha do traste, para indicar em qual traste você realmente começa. (Em tais casos, a linha superior *não* é a pestana.) Contudo, na maioria das vezes você lida basicamente com acordes que ficam apenas nos quatro primeiros trastes da guitarra. Tais acordes normalmente usam cordas soltas, portanto, são referidos como acordes *soltos*.

CAPÍTULO 3 **Preparando-se para Tocar: Segure a Guitarra e Leia a Notação** 33

Entendendo a tablatura

LEMBRE-SE

Tablatura (ou apenas *tab*, para abreviar) é um sistema de notação que representa graficamente as casas e as cordas da guitarra. Enquanto os diagramas de cordas fazem isso de uma maneira estática, as tablaturas mostram como tocar música em um período de tempo. Para todos os exemplos que aparecem neste livro, você verá uma *tablatura* sob a pauta padrão. A segunda pauta reflete exatamente o que acontece na pauta musical normal acima dela, mas na *linguagem da guitarra*. A tab é específica da guitarra; na verdade, muitas pessoas a chamam simplesmente de *tab da guitarra*. A tab não informa qual *nota* tocar (como C [dó], F# [fá sustenido] ou Eb [mi bemol]). No entanto, mostra a *corda* a pressionar e onde exatamente na escala *pressionar* essa corda.

A Figura 3-7 exibe a tablatura e algumas notas de exemplo e um acorde. A linha superior da tab representa a 1ª corda da guitarra, E agudo. A linha inferior corresponde à 6ª corda na guitarra, E grave. As outras linhas representam as quatro intermediárias: a segunda linha inferior no meio é a 5ª corda, e assim por diante. Um número que aparece em qualquer linha dada informa para pressionar essa corda na casa numerada. Por exemplo, se você vir o número 2 na segunda linha a partir de cima, precisará pressionar a 2ª corda na 2ª casa acima da pestana (na verdade, o espaço entre o 1º e 2º filetes de metal). Um 0 em uma linha significa que você toca a corda solta.

FIGURA 3-7: Três exemplos de tab.

© John Wiley & Sons, Inc.

Leitura das barras de ritmo

Os músicos usam vários truques de simplificação para indicar certas orientações musicais. Eles utilizam isso porque, embora um conceito musical em particular seja bem simples, indicar essa ideia de forma musical com escrita padrão pode ser bem complicado e difícil. Por isso, eles utilizam um "mapa" para essa tarefa, e ainda evitam o problema de ler (ou escrever) música.

Barras de ritmo são barras (/) que simplesmente mostram *como* tocar com ritmo, mas não *o que* tocar. O acorde na mão esquerda determina o que tocar. Digamos, por exemplo, que você veja o diagrama mostrado na Figura 3-8.

FIGURA 3-8: Um compasso do acorde E.

© John Wiley & Sons, Inc.

Se você vir um símbolo de acorde com quatro barras, como mostrado na figura, saberá que deve dedilhar o acorde E e tocá-lo em quatro tempos. Porém, o que não vê são várias notas com alturas diferentes em diversas linhas da pauta, inclusive muitas notas mínimas e semínimas; resumindo, toda aquela bobagem que você precisou memorizar na escola só para tocar "Atirei o Pau no Gato". Tudo de que precisa se lembrar sobre o diagrama é de "tocar o acorde E em quatro tempos". Simples, não é?

Descobrindo como Tocar um Acorde

Os acordes são a base das músicas. Você pode tocar um acorde (o som simultâneo de três ou mais notas) de várias maneiras na guitarra, *passando* (arrastando uma palheta ou a parte de trás dos dedos nas cordas, em um movimento rápido), *dedilhando* (com os dedos individuais da mão direita) ou até tocando nas cordas com a mão aberta ou com o punho. (Tudo bem, é raro, a menos que você faça parte de uma banda de heavy metal.) Mas não pode simplesmente tocar *qualquer* grupo de notas; precisa tocar um grupo organizado em algum arranjo com significado musical. Para o guitarrista, isso significa aprender alguns acordes da mão esquerda.

Depois de entender (um pouco) a notação da guitarra descrita nas seções anteriores, o melhor a fazer é começar a tocar seu primeiro acorde. Sugerimos começar com E maior, porque é um acorde particularmente fácil e que será muito usado.

Após pegar o jeito de tocar acordes, você descobrirá que pode mover vários dedos para a posição simultaneamente. Porém, agora, basta colocar os dedos, um por vez, nas casas e cordas, como as instruções a seguir indicam (você também pode consultar a Figura 3-6):

1. **Coloque seu 1º dedo (indicador) na 3ª corda, 1ª casa (entre a pestana e o primeiro filete do traste, porém mais próximo do filete).**

   Não pressione muito até colocar os outros dedos no lugar. Aplique uma pressão suficiente para impedir que o dedo saia da corda.

2. **Coloque o 2º dedo (médio) na 5ª corda, 2ª casa.**

   De novo, aplique apenas pressão suficiente para manter os dedos no lugar. Agora você tem dois dedos na guitarra, na 3ª e 5ª cordas, com uma corda ainda não pressionada (4ª) no meio.

3. **Coloque o 3º dedo (anular) na 4ª corda, 2ª casa.**

   Pode ser necessário mover o dedo anelar um pouco para caber entre o 1º e 2º dedos, e abaixo do filete do traste.

TOQUE ISSO

A Figura 3-9 mostra uma foto de como fica o acorde E depois de todos os dedos serem posicionados corretamente. Agora que seus dedos estão na posição, toque todas as seis cordas com a mão direita para ouvir o primeiro acorde, E. Para ver como formar um acorde E passo a passo, assista ao Videoclipe 4.

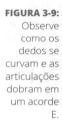
FIGURA 3-9: Observe como os dedos se curvam e as articulações dobram em um acorde E.

Fotografia cortesia de Jon Chappel

LEMBRE-SE

Uma das coisas mais difíceis de fazer ao tocar acordes é evitar o *zumbido*. Isso ocorre se você não aperta o bastante quando pressiona. Um zumbido também aparece se o dedo que pressiona entra em contato, sem querer, com uma corda adjacente, impedindo que ela toque livremente. Sem tirar os dedos das casas, tente "botar em ação" a ponta dos dedos para eliminar qualquer zumbido quando tocar o acorde.

2 Pronto para Tocar: Fundamentos

NESTA PARTE...

Verifique os acordes maiores e menores nas famílias A, D, G e C para se preparar e tocar uma grande variedade de músicas.

Entenda como ler a tablatura para tocar melodias e riffs sem ler música.

Concentre-se em tocar a melodia da música, em vez de dedilhar seus acordes, o que o deixa pronto para tocar riffs e solos.

Acrescente emoção com os acordes de 7ª para sua música lembrar mais o estilo blues, funk ou jazz.

NESTE CAPÍTULO

» **Verificando acordes nas famílias A, D, G e C**

» **Tocando músicas com acordes maiores e menores básicos**

» **Aquecendo com as antigas**

» **Acesse as faixas de áudio e os videoclipes em** `www.altabooks.com.br` **(procure pelo título do livro)**

Capítulo **4**

O Melhor Modo de Começar: Dedilhando Acordes

Acompanhar a si mesmo enquanto canta suas músicas favoritas, ou alguém as canta, se sua voz não é tão boa, é um dos melhores modos de aprender os acordes básicos de guitarra. Se você souber como tocar os acordes básicos, poderá tocar muitas músicas populares de cara, desde "Skip to My Lou" até "Louie Louie".

Neste capítulo, organizamos os acordes maiores e menores em famílias. Uma *família de acordes* é apenas um grupo de acordes relacionados. Dizemos que eles são *relacionados* porque são usados normalmente juntos para tocar músicas. O conceito é o mesmo ao coordenar as cores de suas roupas ou reunir um grupo de alimentos para criar uma refeição balanceada. Os acordes em uma família andam juntos como queijo e goiabada (exceto que os acordes são menos grudentos). Ao longo do caminho, iremos ajudá-lo a expandir seu vocabulário de notação da guitarra quando você começar a tocar acordes e desenvolver o dedilhado.

LEMBRE-SE

Considere uma família de acordes como uma planta. Se um acorde, aquele que parece a base da música (em geral o acorde que inicia e termina a música), é a raiz da planta, os outros na família são os diferentes galhos saindo dessa mesma raiz. Juntos, a raiz e os galhos formam a família. Reúna todos e você terá um jardim viçoso... ou fará uma *música*. A propósito, o termo técnico para uma família é *tom*. Portanto, você pode dizer algo como "Essa música usa acordes da família A (lá)" ou "Essa música está no tom A".

Acordes na Família A

A família A (lá) é popular para tocar músicas na guitarra porque, como as outras famílias que apresentamos neste capítulo, seus acordes são fáceis de tocar. Isso se deve ao fato de os acordes da família A terem *cordas soltas* (cordas que você toca sem pressionar nenhuma nota). Os acordes com cordas soltas são chamados de *acordes soltos* ou *acordes de posição solta*. Ouça "Fire and Rain", de James Taylor, ou "Tears in Heaven", de Eric Clapton, para escutar o som de uma música que usa acordes da família A.

Os acordes básicos na família A são: A (lá), D (ré) e E (mi). Cada um desses acordes é conhecido como acorde *maior*. Um acorde nomeado com uma letra apenas, como esses (A, D e E), é sempre maior. (Veja a seção "Verificando as qualidades dos acordes" para ter uma explicação sobre os diferentes tipos de acordes.) As seções a seguir explicam como dedilhar e tocar acordes na família A.

Dedilhando acordes da família A

LEMBRE-SE

Ao dedilhar acordes, você usa a "bola" na ponta dos dedos, colocando-a após o traste (no lado próximo às tarraxas). Arqueie os dedos para que as pontas fiquem perpendiculares ao braço e verifique se as unhas da mão esquerda estão curtas para que não o impeçam de pressionar as cordas até o fim na escala.

A Figura 4-1 mostra o dedilhado dos acordes A, D e E, ou seja, os acordes básicos na família A. (Se você tiver dúvidas ao ler os diagramas de acordes, verifique o Capítulo 3.)

VERIFICANDO AS QUALIDADES DOS ACORDES

Os acordes têm qualidades diferentes, o que não tem nada a ver com o fato de serem bons ou ruins. Você pode definir qualidade como a relação entre as diferentes notas que compõem o acorde ou simplesmente o som que ele tem.

Além de maior, outras qualidades incluem menor, 7ª, 7ª menor e 7ª maior. A lista a seguir descreve cada qualidade dos acordes:

- Acordes maiores: **São acordes simples com um som estável.**
- Acordes menores: **São acordes simples com um som suave, às vezes triste.**
- Acordes de 7ª: **São acordes melancólicos, ao estilo funk norte-americano.**
- Acordes de 7ª menores: **O som desses acordes é macio e jazzístico.**
- Acordes de 7ª maiores: **O som desses acordes é brilhante e jazzístico.**

Cada tipo de acorde, ou qualidade de acorde, tem um tipo diferente de som, e geralmente é possível distinguir o acorde só de ouvi-lo. Ouça, por exemplo, o som de um acorde maior tocando A, D e E. (Para ter mais informações sobre os acordes de 7ª, 7ª menor e 7ª maior, verifique o Capítulo 6.)

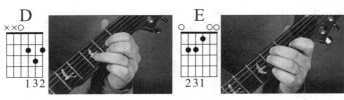

FIGURA 4-1: Diagramas mostrando os acordes A, D e E. Observe como os diagramas mostram graficamente as posições da mão esquerda nas fotos.

© John Wiley & Sons, Inc.; fotografias cortesia de Jon Chappell

CUIDADO

Não toque as cordas marcadas com *X* (a 6ª corda do acorde A e as 5ª e 6ª cordas do acorde D, por exemplo). Toque apenas as cinco cordas de cima (5ª até a 1ª) no acorde A e as quatro cordas de cima no acorde D. Tocar seletivamente as cordas pode ser difícil no começo, mas persista e pegará o jeito. Se você tocar uma corda marcada com *X*, será pego e revogaremos imediatamente seus privilégios de tocar.

CAPÍTULO 4 **O Melhor Modo de Começar: Dedilhando Acordes** 41

Tocando acordes da família A

Use a mão direita para tocar os acordes da família A com uma das seguintes opções:

- » Palheta
- » Polegar
- » Parte de trás das unhas (em um toque leve em direção ao chão)

Comece a tocar a partir da corda mais grave do acorde (o lado do acorde voltado para o teto quando você segura a guitarra) e toque em direção ao chão.

TOQUE ISSO

Uma *progressão* é apenas uma série de acordes que você toca um após o outro. A Figura 4-2 mostra uma progressão simples no tom de A e o instrui para tocar cada acorde, na ordem mostrada (lendo da esquerda para a direita), em quatro tempos. Use todos os *movimentos para baixo* (arrastando a palheta nas cordas em direção ao chão) quando tocar. Ouça o exemplo na Faixa 2 para escutar a base da progressão e tente tocar junto. Você também pode assistir ao Videoclipe 5 para ver e ouvir a Figura 4-2.

TOCANDO PARA CALEJAR

Tocar acordes pode doer um pouco no início. (Quer dizer, para você, não para quem está ouvindo; não somos tão cruéis assim.) Não importa sua resistência, se você nunca tocou guitarra antes, as pontas dos dedos de sua mão esquerda estão macias. Portanto, pressionar a corda da guitarra fará sentir como se a ponta de seus dedos estivesse martelando um espigão de ferrovia sem proteção nas mãos. (Ai!)

Resumindo, pressionar as cordas dói. Essa situação não é de toda esquisita; na verdade, é muito comum para os guitarristas iniciantes. (Bem, será esquisito se você gostar da dor.) Você precisa ter calos grossos nas pontas dos dedos antes de tocar guitarra para se sentir totalmente confortável. Pode levar semanas ou mesmo meses até conseguir essas camadas de proteção de pele morta, dependendo da quantidade e frequência com a qual toca. Mas depois de finalmente ter calos, nunca mais os perderá (por completo). Como um juiz do Supremo Tribunal, você será guitarrista para sempre.

É possível criar calos tocando os acordes básicos neste capítulo repetidas vezes. À medida que progredir, também terá força nas mãos e nos dedos, sentindo-se mais confortável, em geral, enquanto toca guitarra. Antes que perceba o que está acontecendo, pressionar uma guitarra será tão natural quanto apertar a mão de seu melhor amigo.

Como em qualquer rotina de condicionamento físico, pare e descanse se começar a sentir os dedos ou as mãos doerem. Criar calos requer tempo, e não se apressa o tempo (ou o amor, como diria Diana Ross).

FIGURA 4-2: Uma progressão de acorde simples no tom de A (usando apenas acordes da família A).

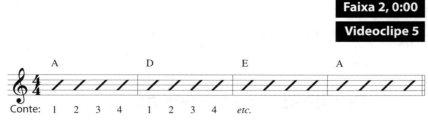

©John Wiley & Sons, Inc.

Após tocar cada acorde em quatro tempos, você encontra uma linha vertical na música depois dos quatro símbolos de tocar. Essa linha é a *barra de compasso*. Não é algo para tocar. As barras de compasso separam visualmente a música em seções menores conhecidas como *compassos*. Os compassos tornam a música escrita mais fácil de entender, porque a dividem em partes pequenas e digeríveis. Veja o Apêndice A para ter mais informações sobre as barras de compasso e compassos.

Não hesite e nem pare na barra de compasso. Mantenha a mesma velocidade do toque do começo ao fim, mesmo quando tocar "entre os compassos", ou seja, no "espaço" imaginário do fim de um compasso até o início do próximo que a barra de compasso representa. Comece a tocar lentamente, se necessário, para manter a batida constante. Você sempre poderá acelerar quando ficar mais confiante e hábil ao dedilhar e trocar os acordes.

Tocando uma progressão várias vezes, você começará a ter força e calos na mão esquerda, na ponta dos dedos. Tente (tente... e tente...).

TOQUE ISSO

Se quiser tocar uma música agora mesmo, é possível. Pule para a seção "Músicas com Acordes Maiores e Menores Básicos", mais adiante neste capítulo. Como agora você sabe o básico dos acordes soltos na família A, poderá tocar "Kumbaya". Manda ver!

Acordes na Família D

Os acordes básicos que formam a família D (ré) são D, Em (*leia:* "E menor" ou mi menor), G (sol) e A (lá). Portanto, a família D compartilha dois acordes soltos básicos com a família A (D e A) e introduz dois novos: Em e G. Como você já aprendeu a tocar D e A na seção anterior, só precisa trabalhar em mais dois acordes (tratados nas seções a seguir) para adicionar a família D inteira ao seu repertório: Em e G. Ouça "Here Comes the Sun", dos Beatles, ou "Who Says", de John Mayer, para escutar o som de uma música que usa acordes da família D.

LEMBRE-SE

Menor descreve a qualidade de um tipo de acorde. Um acorde menor tem um som diferente de um acorde maior. Você pode caracterizar o som de um acorde menor como *triste*, *melancólico*, *assustador* ou até *sinistro*. Note que a relação das notas que formam o acorde determina a qualidade dele. Um acorde com letra maiúscula seguido de um *m* minúsculo é sempre menor.

Dedilhando acordes da família D

A Figura 4-3 mostra como dedilhar os dois acordes básicos da família D que não estão na família A: Em e G. É possível observar que nenhuma das cordas no diagrama de acordes mostra o símbolo X, portanto, você precisa tocar todas as cordas quando toca um acorde G ou Em. Se quiser, vá em frente e comemore passando sua palheta ou dedos da mão direita nas cordas em um grande *keraaaan*.

DICA

Experimente o seguinte para aprender rapidamente a tocar Em e ouvir a diferença entre os acordes maiores e menores: toque E, que é um acorde maior, e tire o dedo indicador da 3ª corda. Agora você está tocando Em, que é a versão do acorde menor de E. Alternando os dois dedos, você pode ouvir com facilidade a diferença na qualidade entre os acordes maior e menor.

DICA

Observe o dedilhado alternativo para G (2-3-4, em vez de 1-2-3). Quando sua mão ficar forte e mais flexível, será melhor trocar para o dedilhado 2-3-4, em vez de 1-2-3 (a versão mostrada na Figura 4-3). Você pode trocar para outros acordes com mais facilidade e eficiência usando o dedilhado 2-3-4 para G.

PRATICANDO E FICANDO BOM

Pode parecer óbvio dizer que quanto mais você pratica, melhor fica, mas é verdade. Mas talvez o mais importante seja este conceito: quanto mais você pratica, mais rapidamente fica bom. Embora não haja uma quantidade exata de tempo para "ficar bom", uma regra prática é treinar no mínimo 30 minutos todo dia. Também há um consenso de que praticar em intervalos regulares é melhor do que juntar o tempo equivalente da semana toda (digamos, três horas e meia) em uma sessão prática.

Se no início você achar uma nova técnica difícil de dominar, persista até finalmente pegar o jeito. Para melhorar na guitarra, sugerimos o seguinte:

- Reserve um tempo para praticar todos os dias.
- Junte-se com seus amigos que tocam guitarra e faça com que ouçam o que você está fazendo.
- Crie um ambiente de prática onde você tenha privacidade, longe de distrações (TV, conversas, sua mãe chamando para janta etc.).

Assista a vídeos de guitarristas que tocam o tipo de música que você gosta e gostaria de aprender.

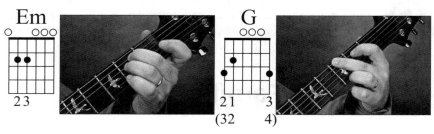

FIGURA 4-3: Acordes Em e G. Observe que todas as seis cordas estão disponíveis para tocar em cada acorde.

© John Wiley & Sons, Inc.; fotografias cortesia de Jon Chappell

Tocando acordes da família D

Na Figura 4-4, você toca uma progressão de acorde simples usando os acordes da família D. Observe a diferença no toque desta figura em relação à Figura 4-2.

» Na Figura 4-2, você toca cada corda quatro tempos por compasso. Cada toque é um pulso ou batida.

» A Figura 4-4 divide o segundo toque de cada compasso (ou a segunda batida) em dois toques, para cima e para baixo, os dois com o tempo de uma batida, significando que você deve fazer cada toque na batida 2 duas vezes mais rápido quando faz em um toque normal.

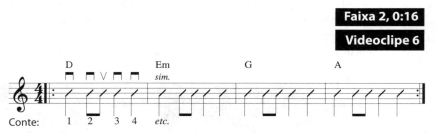

FIGURA 4-4: Esta progressão contém acordes normalmente encontrados no tom de D.

© John Wiley & Sons, Inc.

TOQUE ISSO

O símbolo ⊓ adicional com o símbolo da batida significa que você toca em direção ao chão, e V significa que toca em direção ao teto. (Se você tocar guitarra de cabeça para baixo, deverá inverter essas duas últimas instruções.) O termo *sim.* é uma abreviação da palavra italiana *simile*, que instrui a continuar tocando de uma maneira similar; nesse caso, continuar tocando em um padrão para *baixo, baixo-cima, baixo, baixo*. Você pode ver o movimento de tocar para baixo e para cima no Videoclipe 6.

Se estiver usando apenas os dedos para tocar, toque para cima com a parte de trás da unha do polegar sempre que vir o símbolo V.

TOQUE ISSO

Conhecer os acordes soltos básicos da família D (D, Em, G e A) permite tocar uma música no tom de D agora mesmo. Se você pular para a seção "Músicas com Acordes Maiores e Menores Básicos", mais adiante neste capítulo, poderá tocar a música "Swing Low, Sweet Chariot" agora. Vá lá!

Acordes na Família G

Ao aprender as famílias de acordes relacionados (como A, D e G), você transfere seu conhecimento entre elas na forma de acordes que já conhece a partir das famílias anteriores. Os acordes básicos que formam a família G (sol) são G, Am (lá menor), C (dó), D (ré) e Em (mi menor). Se você já conhece G, D e Em (que descrevemos nas seções anteriores sobre as famílias A e D), agora pode experimentar Am e C (tratados nas próximas seções). Ouça "You've Got a Friend" como tocado por James Taylor ou "Every Rose Has Its Thorn", do Poison, para escutar o som da música que usa acordes da família G.

Dedilhando acordes da família G

Na Figura 4-5, você vê os dedilhados para Am e C, os novos acordes que precisa tocar na família G. Observe que o dedilhado desses dois acordes é parecido: cada um tem o dedo 1 na 2ª corda, 1ª casa e o dedo 2 na 4ª corda, 2ª casa. (Apenas o dedo 3 deve mudar, acrescentando ou retirando na troca entre os dois acordes.) Ao mover entre as cordas, mantenha os dois primeiros dedos no lugar nas cordas. Trocar os acordes é sempre mais fácil se você não precisa mover todos os dedos para novas posições. As notas que os acordes diferentes compartilham são conhecidas como *comuns*. Observe o X acima da 6ª corda em cada um dos acordes. Não toque essa corda ao executar C ou Am. (É sério!)

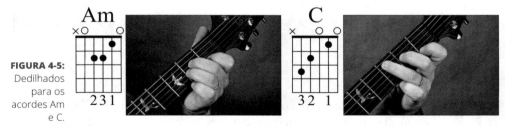

FIGURA 4-5: Dedilhados para os acordes Am e C.

© John Wiley & Sons, Inc.; fotografias cortesia de Jon Chappell

Tocando acordes da família G

A Figura 4-6 mostra uma progressão de acorde simples que você pode tocar usando os acordes da família G. Toque a progressão repetidas vezes até se acostumar a trocar os acordes e ficar com calos na mão esquerda. *Fica* mais fácil depois de um tempo. Prometemos!

TOQUE ISSO

Observe que em cada compasso, você toca as batidas 2 e 3 como movimentos para "baixo-cima". Ouça a Faixa 2 para escutar o som e verifique o Videoclipe 7 para ver a figura tocada.

TOQUE ISSO

Conhecer os acordes soltos básicos na família G (G, Am, C, D e Em) permite tocar uma música no tom de G agora mesmo. Pule para a seção "Músicas com Acordes Maiores e Menores Básicos", mais adiante neste capítulo, e poderá tocar "Auld Lang Syne". Como disse o pastor aliviado depois de a ovelha mãe retornar para o rebanho, "Feliz em vê-lha".

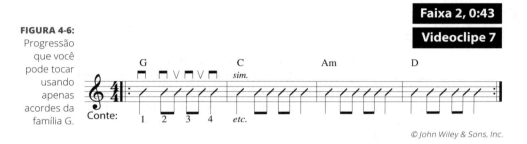

FIGURA 4-6: Progressão que você pode tocar usando apenas acordes da família G.

Acordes na Família C

A última família de acordes que precisamos ver é C (dó). Algumas pessoas dizem que C é o tom mais fácil de tocar. É porque ele usa somente notas de teclas brancas no piano em sua escala musical e, portanto, é um ponto inicial da teoria musical, o ponto em que tudo (e geralmente todos) começa na música. Escolhemos colocar a família C por último no capítulo porque ela é tão fácil que possui muitos acordes — muitos para dominar de uma só vez.

Os acordes básicos que formam a família C são C, Dm (ré menor), Em (mi menor), F (fá), G (sol) e Am (lá menor). Se você praticou as seções anteriores sobre os acordes das famílias A, D e G, conhece C, Em, G e Am. (Se não, verifique-os.) Nesta seção você só precisa aprender mais dois acordes: Dm e F. Depois de aprender esses outros dois acordes, conhecerá todos os acordes maiores e menores básicos descritos neste capítulo. Ouça "Dust in the Wind", do Kansas, ou "Lucky", de Jason Mraz e Colbie Caillat, para escutar o som da música que usa acordes da família C.

Dedilhando acordes da família C

Na Figura 4-7 você vê os novos acordes de que precisa para tocar a família C. Observe que os acordes Dm e F têm o 2º dedo na 3ª corda, 2ª casa. Segure essa nota comum quando trocar entre os dois acordes.

FIGURA 4-7: Acordes Dm e F. Observe a indicação (⌒) no diagrama do acorde F que informa para pressionar duas cordas com um dedo.

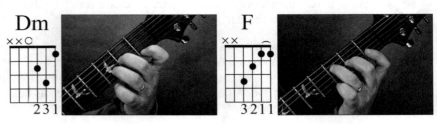

© John Wiley & Sons, Inc.; fotografias cortesia de Jon Chappell

Muitas pessoas acham o acorde F o mais difícil de tocar entre todos os acordes maiores e menores básicos. É porque F não usa cordas soltas e também requer uma *pestana*. Pestana é o que você toca sempre que pressiona duas ou mais cordas de uma vez com apenas um dedo da mão esquerda. Para tocar o acorde F, por exemplo, você usa o 1º dedo para pressionar as 1ª e 2ª cordas na 1ª casa simultaneamente.

TOQUE ISSO

Você deve fazer uma pressão extra para tocar com pestana. No início, pode achar que, conforme toca o acorde (tocando apenas as quatro cordas de cima, como os Xs indicam no diagrama do acorde), você escuta alguns zumbidos ou cordas abafadas. Experimente ajustar o ângulo do dedo ou girar um pouco o dedo para o lado. Continue tentando até encontrar uma posição para o 1º dedo que permita que todas as quatro cordas vibrem claramente quando as toca.

Tocando acordes da família C

TOQUE ISSO

A Figura 4-8 mostra uma progressão simples que você pode tocar usando os acordes da família C. Toque a progressão várias vezes para se acostumar a trocar entre os acordes nessa família e, claro, criar os detestáveis calinhos. O Videoclipe 8 mostra o movimento da mão direita para a figura sincopada no meio de cada compasso.

FIGURA 4-8: Progressão simples que você pode tocar usando os acordes da família C.

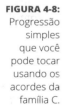

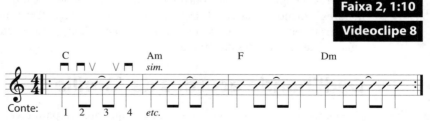

© John Wiley & Sons, Inc.

48   PARTE 2   **Pronto para Tocar: Fundamentos**

Veja a Figura 4-8. Observe a pequena linha curva que junta a segunda metade da batida 2 e a batida 3. Essa linha é conhecida como *ligadura*. Uma ligadura informa para não tocar a segunda nota das duas notas ligadas (nesse caso, a nota na batida 3). Em vez disso, segure o acorde nessa batida (deixando-o vibrar) sem tocá-lo de novo com a mão direita.

Ouça a Faixa 2 para escutar o som desse padrão. Esse leve efeito rítmico vibrante é um exemplo de *síncope*. Na síncope, o músico toca uma nota (ou acorde) onde você não espera ouvi-lo ou não toca uma nota (ou acorde) onde você espera.

Em geral, é provável que você espere tocar notas nas batidas (1, 2, 3 e 4). No exemplo da Figura 4-8, você não toca nenhum acorde na batida 3. Essa variação no padrão faz o acorde na batida 2½ parecer *acentuado* (ou como os músicos dizem, *marcado*). Essa acentuação interrompe o pulso normal (esperado) da música, resultando na síncope. A síncope quebra o padrão normal das batidas e apresenta um elemento surpresa na música. O equilíbrio entre expectativa e surpresa na música é o que mantém o interesse do ouvinte. (Bem, isso e a promessa de aperitivos de graça no intervalo.)

Para tocar agora mesmo uma música que usa acordes da família C, pule para a música "Michael, Row the Boat Ashore", na próxima seção. Bon voyage!

Músicas com Acordes Maiores e Menores Básicos

É nesta seção que acontece a *música real*; você sabe, as *melodias*. Se os títulos aqui o levarem de volta àqueles dias de fogueira no acampamento, nas distantes férias de sua juventude, não tenha medo, jovem campista de alma. Essas músicas, embora pareçam simples, mostram os princípios universais que podem levar a — será que devemos dizer isso? — gêneros musicais *descolados*. Primeiro aprenda essas músicas e logo estará pronto para tocar a música de sua escolha, prometemos!

Você pode notar que todos os exemplos de execução dados antes neste capítulo têm apenas quatro compassos. Você pode perguntar: todos os exercícios devem ser limitados assim? Não, mas é muito comum que os compositores escrevam músicas em frases de quatro compassos. Portanto, o tamanho dos exercícios o prepara para as passagens reais em músicas de verdade. Você também pode notar que cada exemplo de execução está no tempo 4/4, o que significa que cada compasso tem quatro batidas. O motivo? A maioria das músicas populares tem quatro batidas por compasso, portanto o compasso 4/4 nos exercícios também o preparada para tocar músicas reais. (Veja o Apêndice A para ter mais informações sobre compassos.)

Nos exemplos encontrados nas seções anteriores do capítulo, você toca cada acorde em um compasso inteiro. Mas nesta seção de músicas reais, algumas vezes tocará um único acorde por mais de um compasso, e outras vezes mudará os acordes dentro de um compasso. Ouça a faixa de áudio de cada música para escutar a base da troca de acordes conforme segue os números das batidas (1, 2, 3 e 4) que aparecem abaixo da pauta da guitarra.

Depois de tocar sem problemas essas músicas, tente memorizá-las. Assim você não precisará olhar o livro enquanto tenta desenvolver a base.

Se ficar enjoado das músicas, ou da forma como as toca, mostre a um amigo guitarrista e peça-o para tocar as mesmas músicas usando os padrões de execução e as posições de acordes que indicamos. Ouvir outra pessoa tocar ajuda você a escutar as músicas com objetividade, e se seu amigo for talentoso, você poderá aprender um truque ou outro. Tente colocar um pouco de *personalidade* ao tocar, mesmo que esteja apenas dedilhando uma música popular.

Veja algumas informações especiais para ajudar a tocar as músicas nesta seção:

» **Kumbaya:** Para tocar "Kumbaya" (a música de acampamento mais conhecida), você precisa saber tocar os acordes A, D e E (veja a seção "Dedilhando acordes da família A", anteriormente neste capítulo), como tocar usando todos os movimentos para baixo e como começar uma fogueira usando apenas dois gravetos e algumas folhas secas.

O primeiro compasso dessa música é conhecido como compasso *aleatório*, que é incompleto, começando a música com uma ou mais batidas faltando, nesse caso, as duas primeiras. Durante o compasso aleatório, a guitarra mostra uma *pausa* ou silêncio musical. Não toque durante a pausa; comece a tocar na sílaba *ya* na batida 1. Observe também que estão faltando duas batidas no último compasso: as batidas 3 e 4. As batidas que faltam no último compasso permitem repetir o compasso aleatório em execuções repetidas da música e fazem o compasso, combinado com o primeiro incompleto, totalizar o requisito de quatro batidas.

» **Swing Low, Sweet Chariot:** Para tocar "Swing Low, Sweet Chariot", você precisa saber tocar os acordes D, Em, G e A (veja a seção "Dedilhando acordes da família D", anteriormente neste capítulo), como tocar usando movimentos para baixo e para baixo-cima, e como cantar como James Earl Jones.

A música começa com uma batida aleatória, e a guitarra faz uma pausa nesse ponto. Observe que a batida 2 dos compassos 2, 4 e 6 possui dois toques, em vez de um. Toque nessas batidas para baixo e para cima (2 e 4), com cada batida duas vezes tão rápida quanto uma batida normal.

» **Auld Lang Syne:** Para tocar "Auld Lang Syne", você precisa saber tocar os acordes G, Am, C, D e Em (veja a seção "Dedilhando acordes da família G", anteriormente neste capítulo), como tocar usando movimentos para baixo e para baixo-cima, e o que significa *auld lang syne* em primeiro lugar.

O compasso 8 é um pouco complicado, porque você toca três acordes diferentes dentro dele (Em, Am e D). Na segunda metade do compasso, trocam-se os acordes em cada batida, uma execução por acorde. Pratique tocar apenas o compasso 8 lentamente, repetidas vezes. Depois toque a música.

DICA

Ao mudar entre G e C (compassos 4-6 e 12-14), dedilhar G com os dedos 2, 3 e 4, em vez de 1, 2 e 3, facilita trocar o acorde. Se você dedilhar o acorde assim, os 2º e 3º dedos assumirão um formato que simplesmente se move sobre uma corda.

» **Michael, Row the Boat Ashore:** Para tocar "Michael, Row the Boat Ashore", você precisa saber tocar os acordes C, Dm, Em, F e G (veja a seção "Dedilhando acordes da família C", anteriormente neste capítulo), como tocar uma colcheia sincopada (veja a seção "Tocando acordes da família C", antes no capítulo) e o significado da palavra *hootenanny*.

O padrão de execução aqui é *sincopado*. O toque que normalmente ocorre na batida 3 é *antecipado*, significando que, na verdade, metade de uma batida vem antes. Esse tipo de síncope dá um toque latino à música. Ouça a Faixa 6 para escutar a base da execução.

LEMBRE-SE

Nos acordes Dm e F você não toca as duas cordas inferiores (6ª e 5ª). Para o acorde C, não toque na corda inferior (6ª).

Kumbaya

52 PARTE 2 **Pronto para Tocar: Fundamentos**

Swing Low, Sweet Chariot

CAPÍTULO 4 **O Melhor Modo de Começar: Dedilhando Acordes**

Auld Lang Syne

54 PARTE 2 **Pronto para Tocar: Fundamentos**

Michael, Row the Boat Ashore

Divirta-se com os Acordes Maiores e Menores Básicos: Progressão "Oldies"

Como prometemos na introdução deste capítulo, você poderá tocar várias músicas populares agora se souber os acordes maiores e menores básicos. Uma coisa legal que pode fazer no momento é tocar *oldies*, ou seja, músicas dos anos 1950 e início dos anos 1960, como "Earth Angel" e "Duke of Earl". Essas músicas são baseadas no que às vezes é chamado de *progressão oldies*. A progressão oldies é uma série de quatro acordes que são repetidos diversas vezes para formar o acompanhamento da música.

LEMBRE-SE

Você pode tocar a progressão oldies em qualquer tom, mas os melhores tons de guitarra para ela são C e G. No tom de C, os quatro acordes que formam a progressão são C-Am-F-G. No tom de G, os acordes são G-Em-C-D. Tente executar a progressão em cada tom fazendo quatro toques para baixo por acorde. Toque os quatro acordes várias vezes, na sequência dada. Se precisar de ajuda com os dedilhados desses acordes, verifique as seções "Acordes na Família C" e "Acordes na Família G", anteriormente neste capítulo.

A diversão começa quando você canta o estilo oldies enquanto acompanha com a progressão oldies. Conforme canta a música, descobrirá o tom (C ou G) mais adequado ao seu alcance vocal, portanto, use-o. Tocar oldies pode viciar, mas a boa notícia é que se você não conseguir parar, terá calos muito rápido.

TOQUE ISSO

Para algumas músicas, você faz quatro execuções com uma batida por acorde, e para outras, faz oito ou duas. Aqui listamos algumas músicas que você pode tocar com a progressão oldies agora. Ao lado de cada uma, mostramos quantas vezes você toca o acorde. Não se esqueça de cantar. Divirta-se!

- » **All I Have to Do Is Dream:** dois toques por acorde
- » **Breaking Up Is Hard to Do:** dois toques por acorde
- » **Denise:** dois toques por acorde
- » **Duke of Earl:** quatro toques por acorde
- » **Earth Angel:** dois toques por acorde
- » **Hey Paula:** dois toques por acorde
- » **A Hundred Pounds of Clay:** quatro toques por acorde
- » **In the Still of the Night** (de Five Satins, não de Cole Porter): quatro toques por acorde
- » **Little Darlin':** oito toques por acorde
- » **Please, Mr. Postman:** oito toques por acorde
- » **Runaround Sue:** oito toques por acorde
- » **Sherry:** dois toques por acorde
- » **Silhouettes:** dois toques por acorde
- » **Take Good Care of My Baby:** quatro toques por acorde
- » **Tears on My Pillow:** dois toques por acorde
- » **Teenager in Love:** quatro toques por acorde
- » **There's a Moon Out Tonight:** dois toques por acorde
- » **You Send Me:** dois toques por acorde

NESTE CAPÍTULO

» **Entendendo como ler a tablatura**

» **Entendendo o dedilhado correto da mão esquerda**

» **Experimentado estilos de palheta alternada**

» **Juntando tudo em algumas músicas com notas simples**

» **Acesse as faixas de áudio e o videoclipe em** www.altabooks.com.br **(procure pelo título do livro)**

Capítulo **5**

Tocando Melodias sem Ler Música!

A maioria dos livros de guitarra apresenta melodias como uma forma de ensinar a leitura de música. Na verdade, a principal meta desses livros não é ensinar a tocar guitarra no mundo real, mas ler música por meio da guitarra. A diferença é significativa.

Se você aprender guitarra usando um livro, com o tempo poderá tocar músicas de ninar com semínimas e mínimas perfeitas. Mas se aprender a tocar como a maioria dos guitarristas, com amigos mostrando improvisações ou de ouvido, poderá vir a tocar "Smoke on the Water", "Sunshine of Your Love", "Blackbird" e o repertório inteiro de Neil Young. Tudo isso mostra que você *não precisa ler música para tocar guitarra.*

Certo, talvez ler música seja uma habilidade preciosa. Mas a finalidade deste capítulo não é ensiná-lo a ler, é fazê-lo tocar. Se precisarmos mostrar uma improvisação, usaremos a *tablatura*, um sistema de notação especial designado especialmente a mostrar *como se toca guitarra*. Ou o encaminharemos às faixas de áudio e videoclipes para que possa ouvir o improviso. Ou ambos.

Oferecemos melodias neste capítulo principalmente para que você possa acostumar suas mãos a tocar notas simples. Assim, sempre que decidir tocar como um guitarrista *de verdade*, alguém que combina acordes, melodias, riffs e improvisos integrados, estará pronto para arrasar.

Nota: a propósito, *improviso* é uma frase melódica curta, muitas vezes composta no momento e tocada apenas uma vez. *Riff* é uma frase melódica curta, geralmente composta para ser a principal figura de acompanhamento em uma música (como em "Você consegue tocar o riff de 'Day Tripper'?").

Lendo a Tablatura

DICA

Os números na tablatura (ou *tab*) informam quais casas em quais cordas dedilhar com a mão esquerda. Um 0 indica uma corda solta. Ouvindo as faixas de áudio ou assistindo aos videoclipes, é possível escutar quando tocar essas notas. E só para assegurar, sendo muito redundante, também incluímos a notação padrão para:

» Pessoas que já leem música.
» Pessoas que pretendem ler o Apêndice A (sobre como ler música) e aplicar o que lerem lá.
» Pessoas que querem desenvolver gradualmente a habilidade de ler música (pelo menos por osmose, se não estudando rigorosamente) ouvindo as faixas de áudio ou assistindo aos videoclipes, seguindo a notação da base.
» Nós, autores, que recebemos por página.

Nas próximas seções, fornecemos detalhes sobre como ler a tablatura de cima para baixo, da esquerda para a direita.

Começando no alto

A música neste livro contém uma pauta dupla: a notação padrão de música na parte superior e a tab na parte inferior.

» A pauta superior é para os leitores de música ou pessoas interessadas na notação padrão.
» A pauta inferior mostra as mesmas informações (menos a base), mas em números da tab.

LEMBRE-SE

Veja como funciona a pauta:

58   PARTE 2 **Pronto para Tocar: Fundamentos**

» A linha superior da pauta representa a corda *superior* da guitarra (E agudo). Esse posicionamento das cordas na pauta pode confundi-lo no momento, porque a corda superior na pauta, a 1ª, na verdade é a corda mais próxima do chão ao segurar a guitarra na posição de tocar. No entanto, acredite, a estrutura é mais simples assim, e depois de se acostumar, você nunca mais pensará nisso de novo.

A propósito, se você segurar a guitarra deitada no colo, com o braço virado para o teto, a *1ª* corda ficará mais distante de você, assim como a linha *superior* fica ao ver a pauta na página.

» Continuando, a segunda linha de cima representa a 2ª corda (B), e assim por diante, até a linha inferior, que representa a 6ª corda (E grave) da guitarra.

» Na tablatura da guitarra, as linhas representam as cordas, e os números representam as casas. Contudo, a tab não informa quais dedos da mão esquerda usar (nem a notação padrão). Mais sobre o dedilhado será informado depois.

Da esquerda para a direita

Ao ler um texto ou música, você começa da esquerda para a direita. Usando a Figura 5-1 como exemplo, comece com a primeira nota, que você toca na 1ª casa da 2ª corda. A colocação do número da tab na segunda linha a partir de cima informa para tocar a corda B (si), ao lado de E (mi) agudo, e o número 1 informa para colocar o dedo na 1ª casa. Vá em frente e toque essa nota e siga para a próxima, que também está na 2ª corda, 1ª casa. Continue indo para a direita, tocando as notas em ordem, até chegar ao fim. (Não se preocupe com os símbolos acima dos números agora, eles serão explicados na seção "Um Estilo de Palheta Alternada", mais adiante neste capítulo.)

TOQUE ISSO

As linhas verticais que aparecem na pauta após algumas notas são as *barras de compasso*. Elas dividem a pauta em pequenas unidades de tempo, chamadas *compassos*. Os compassos ajudam a contar as batidas e dividir a música em unidades menores e mais gerenciáveis. Na Figura 5-1 você vê quatro compassos com quatro batidas cada; o Videoclipe 13 mostra como tocar. Veja o Apêndice A para ter mais informações sobre batidas e compassos.

LEMBRE-SE

Depois de entender os conceitos de superior versus inferior, da esquerda para a direita na pauta, e entender também que as linhas indicam as cordas e os números nas linhas indicam a posição da casa, poderá ouvir as faixas de áudio, assistir aos videoclipes e seguir com facilidade (e tocar) a tablatura. Se você ainda não percebeu, está aprendendo guitarra à maneira multimídia. (Envie um e-mail com seu comprovante de compra e mandaremos para você um anel decodificador secreto e óculos de realidade virtual! Brincadeirinha!)

CAPÍTULO 5 **Tocando Melodias sem Ler Música!** 59

FIGURA 5-1: Uma melodia na notação padrão e tab. As linhas da tab representam as cordas, e os números nas linhas representam os números das casas.

@ John Wiley & Sons, Inc.

Entendendo o Dedilhado da Mão Esquerda

Depois de entender como ler a tablatura da guitarra (veja a seção anterior), você sabe em quais casas pressionar, mas ainda pode não ter nenhuma ideia de quais dedos usar para pressioná-las. Bem, podemos esclarecer isso bem rápido. Em geral, você não precisa de nenhuma notação para alertá-lo sobre quais dedos usar, porque toca na posição com frequência. Acompanhe nosso raciocínio por um momento.

Uma *posição* na guitarra é um grupo de quatro casas consecutivas; por exemplo, as casas 1, 2, 3, 4 ou 5, 6, 7, 8. A primeira casa em uma série de quatro marca o começo de uma nova posição; por exemplo as casas 2, 3, 4 e 5, casas 3, 4, 5 e 6, etc., também são posições. Mas o modo mais fácil de tocar melodias na guitarra é na *1ª* ou *2ª posição*, ou seja, usando as casas de 1 a 4 ou de 2 a 5, porque essas posições são próximas da pestana, permitindo utilizar com facilidade e suavidade as cordas soltas, bem como as notas pressionadas ao tocar uma melodia.

A *posição solta* em si consiste na combinação de todas as cordas soltas mais as notas na 1ª ou 2ª posição, assim como os acordes que você toca baixo no braço, usando as cordas soltas (A, D, Em etc.), são conhecidos como *acordes soltos*. (Para ter mais informações sobre os acordes, verifique o Capítulo 4.)

LEMBRE-SE

Em qualquer posição, cada dedo toca as notas de uma casa específica, e apenas aquela casa. O dedo indicador sempre toca as notas da casa mais baixa nessa posição (*mais baixa* significa perto da pestana), com os outros dedos cobrindo as outras casas em sequência. Na 1ª posição, por exemplo, os números da casa

60 PARTE 2 **Pronto para Tocar: Fundamentos**

correspondem aos dedos: o 1º dedo (indicador) toca as notas na 1ª casa, o 2º dedo (médio) toca as notas na 2ª casa, etc. Usar um dedo por casa permite trocar rapidamente entre as notas.

DICA

Quando você tocar as melodias de posições soltas neste capítulo, pressione corretamente os dedos da mão esquerda, como a seguir:

» Pressione na corda com a ponta do dedo um pouco *antes* do traste (em direção à pestana).

» Mantenha a última articulação do dedo perpendicular (ou o mais perpendicular possível) à escala.

Um Estilo de Palheta Alternada

Quando toca uma música, você usa as duas mãos ao mesmo tempo. Após ter entendido quais notas pressionar com a mão esquerda, precisa saber como tocar as cordas com a direita.

DICA

É possível usar uma palheta ou os dedos da mão direita para tocar as notas separadas; no momento, use a palheta, segurando-a com firmeza entre o polegar e o dedo indicador (perpendicular ao polegar, com apenas a ponta aparecendo). Verifique o Capítulo 3 para ter mais informações sobre como segurar a palheta (explicamos como tocar com os dedos nos Capítulos 13 e 14).

Palheta alternada é a técnica de tocar com palheta usando a mão direita, *tocando para baixo* (em direção ao chão) e *para cima* (em direção ao teto). A vantagem da palheta alternada é que você pode tocar notas rápidas e sucessivas de um modo suave e fluido. As notas simples que você precisa tocar relativamente rápido quase sempre requerem uma palheta alternada.

Experimente o seguinte:

1. **Segure a palheta entre o polegar e o dedo indicador da mão direita.**

De novo, veja o Capítulo 3 para ter mais informações sobre como segurar a palheta.

2. **Usando apenas movimentos para baixo, toque com a palheta a 1ª corda repetidamente, tão rápido quanto possível (baixo-baixo-baixo-baixo etc.).**

Tente tocar da forma mais suave e igual possível.

3. **Agora tente o mesmo, mas alternando os toques para baixo e para cima (baixo-cima-baixo-cima etc.).**

Esse movimento alternado parece muito mais rápido e suave, não é?

O motivo para você tocar mais rápido com a palheta alternada é claro. Para tocar dois movimentos para baixo sucessivos, você teria, *de qualquer forma*, que voltar com a palheta para cima da corda E. Mas, ao de fato tocar a corda com a palheta na volta para cima (usando um movimento para cima), em vez de evitar a corda, você aumenta muito a velocidade.

Verifique se entendeu o conceito da palheta alternada seguindo as etapas a seguir. Os símbolos para um movimento para baixo e para cima são os mesmos usados para tocar no Capítulo 4.

Para fazer um toque para baixo (o símbolo ⊓ acima da tab), siga estas etapas:

1. **Comece com a palheta ligeiramente acima da corda (no lado do "teto").**
2. **Toque a corda em um movimento para baixo (em direção ao chão).**

Para fazer um toque para cima (o símbolo V acima da tab), siga estas etapas:

1. **Comece com a palheta abaixo da corda (no lado do "chão").**
2. **Toque a corda com um movimento para cima (em direção ao teto).**

TOQUE ISSO

A melodia na pauta de exemplo que mostramos antes na Figura 5-1 é da música "Old MacDonald Had a Farm". Tente tocar essa melodia para saber como é. Primeiro toque lentamente, usando apenas movimentos para baixo. Depois toque mais rápido usando a palheta alternada, como indicam os símbolos acima da pauta. Verifique o trabalho com a palheta em relação ao desempenho no Videoclipe 14. Uma palheta aqui, outra acolá, palheta por todo lugar...

Músicas com Melodias Simples

No Capítulo 4, todas as músicas tocadas têm o tempo 4/4. As músicas neste capítulo, por outro lado, têm várias métricas. (A *métrica* indica o número de batidas por compasso: 4, 3, 2 etc.; veja o Apêndice A para ter mais informações sobre batidas e compassos.) Você toca todas as músicas na posição solta. (Veja a seção "Entendendo o Dedilhado da Mão Esquerda", anteriormente neste capítulo.)

Provavelmente você já conhece as músicas neste capítulo, mas nunca pensou nelas em um sentido musical, em qual métrica está, quais bases elas usam, e certamente nunca pensou em "I-A-I-A-O" como movimentos para baixo e para cima alternados.

LEMBRE-SE

O fato de que muitas músicas populares supostamente simples, melodias nas quais você nunca prestou atenção antes, agora o fazem sentir-se lento e desajeitado conforme tenta tocá-las pode parecer um pouco desanimador. Mas tocar guitarra é um esforço cumulativo. Toda técnica que você aprende, mesmo que a pratique em "Little Brown Jug", aplica-se a *todas* as músicas que utilizam essas mesmas técnicas, de Van Morrison a Beethoven, de "Moondance" a "Moonlight Sonata". Não desista da parte técnica, e o resto virá.

Veja algumas informações úteis sobre as músicas para ajudá-lo:

» **Little Brown Jug:** Para tocar essa música, você precisa saber contar duas batidas por compasso (veja o Apêndice A), como tocar as notas na 1ª posição (veja a seção "Entendendo o Dedilhado da Mão Esquerda", antes neste capítulo) e como fazer uma música sobre estar bêbado parecer adequada para criancinhas.

O compasso (2/4) informa que a música tem apenas duas batidas (não quatro). Toque todas as notas pressionadas na 1ª posição usando os mesmos dedos numerados da mão esquerda como números das casas, ou seja, use o 1ª dedo para a 1ª casa, o 2º dedo para a 2ª casa etc. Siga as indicações ■ e V acima dos números da tab para os toques para baixo e para cima. O *sim.* significa continuar no mesmo estilo da música.

» **On Top of Old Smoky:** Para tocar essa música, você precisa saber contar três batidas por compasso (veja o Apêndice A), como tocar as notas na 1ª posição (veja a seção "Entendendo o Dedilhado da Mão Esquerda", antes neste capítulo) e como fazer uma música sobre infidelidade parecer inocente e bem-humorada.

Essa música antiga e amada tem três batidas por compasso, como o tempo (3/4) indica. Ela está na posição solta, aquela que combina a 1ª posição com as cordas soltas. Use os mesmos números dos dedos para pressionar como indicado no número das casas. Não indicamos os símbolos para cima e para baixo com a palheta; use seu próprio julgamento e toque as notas da música como for mais natural para você. Algumas notas você pode tocar usando movimentos para cima ou para baixo.

» **Swanee River:** Para tocar essa música, você precisa saber contar quatro batidas por compasso (veja o Apêndice A), como tocar as notas na 2ª posição (veja a seção "Entendendo o Dedilhado da Mão Esquerda", antes neste capítulo) e como parecer politicamente correto ao tocar uma música sobre escravidão.

Essa antiga música do Sul dos Estados Unidos tem quatro batidas por compasso, como indica o compasso 4/4. Toque a música usando a posição solta que combina a *2ª posição* com as cordas soltas, ou seja, o 1º dedo toca as notas na 2ª casa, o 2º dedo toca as notas na 3ª casa e o 3º dedo toca das notas na 4ª casa.

CUIDADO

Você também pode tocar usando a *1ª posição* com as cordas soltas, mas tocá-la assim é muito mais difícil. (Os dedos 1 e 3 são mais fortes do que 2 e 4.) Tente, se não acredita. Viu só, avisamos! (Ah, e veja a seção "Entendendo o Dedilhado da Mão Esquerda", antes neste capítulo, para ter mais informações sobre como tocar em posição.)

PAPO DE ESPECIALISTA

Observe os símbolos da palheta para cima e para baixo na pauta. Toque para baixo (⊓) nas notas que ficam nas batidas e para cima (V) nas notas entre as batidas. Novamente, *sim.* significa continuar tocando no mesmo estilo até o fim.

A propósito, o título verdadeiro dessa música é "Old Folks at Home", mas a maioria das pessoas a chama de "Swanee River" (é a música que desconcertou Ralph Kramden no jogo *The $99,000 Answer* em um antigo episódio de *Honeymooners*. A melodia foi escrita por Stephen Foster, não Ed Norton!)

Little Brown Jug

Faixa 8

Videoclipe 15

64   PARTE 2 **Pronto para Tocar: Fundamentos**

On Top of Old Smoky

CAPÍTULO 5 **Tocando Melodias sem Ler Música!**

Swanee River (Old Folks at Home)

NESTE CAPÍTULO

» **Tocando acordes de 7º dominante, menor e maior**

» **Experimentando músicas que usam acordes de 7ª**

» **Divertindo-se com acordes de 7ª**

» **Acesse as faixas de áudio e os videoclipes em** www.altabooks.com.br **(procure pelo título do livro)**

Capítulo **6**

Adicionando Tempero com Acordes de 7ª

Neste capítulo, mostramos como tocar aqueles que são conhecidos como acordes de 7ª com posição solta. Os acordes de 7ª não são mais difíceis de tocar do que os acordes maiores ou menores simples descritos no Capítulo 4, mas parecem mais complexos (porque são compostos de quatro notas diferentes, em vez de três) e seu uso na música é um pouco mais específico.

A situação é como a das facas na cozinha. Qualquer faca grande e afiada pode cortar tanto pizza quanto abacaxi, mas se você passar muito tempo fazendo ambos, perceberá que precisa usar um utensílio circular para pizza e um cutelo para o abacaxi. Esses utensílios podem não ser tão versáveis nem tão populares quanto as facas comuns, mas se você estiver fazendo pizza havaiana, essa será a melhor opção. Quanto mais suas habilidades culinárias se desenvolverem, mais gostará da cutelaria específica. Do mesmo modo, quanto mais suas habilidades auditivas se desenvolverem, mais entenderá onde substituir os acordes maiores e menores comuns pelos acordes de 7ª. Os acordes de 7ª diferentes podem fazer o blues parecer mais com *blues* e o jazz parecer mais com *jazz*.

Há vários tipos de acordes de 7ª e cada um tem um som ou qualidade diferentes. Neste capítulo, apresentamos os três tipos mais importantes de acordes de 7ª que você encontra ao tocar guitarra: 7ª dominante, 7ª menor e 7ª maior.

Acordes de 7ª da Dominante

Dominante parece um nome técnico divertido para um acorde que é chamado de apenas "sete" se você juntá-lo a um símbolo de acorde com letras. Se você disser apenas C7 (dó 7) ou A7 (lá 7), por exemplo, estará se referindo a um acorde de 7ª da dominante.

PAPO DE ESPECIALISTA

Na verdade, o termo *dominante* se refere ao 5º grau de uma escala maior, mas não se preocupe com a teoria musical.

O importante é que você chamará os acordes nas seções a seguir de "7ª da dominante" apenas para distingui-los dos outros tipos de acordes de 7ª (7ª menor e 7ª maior, que veremos depois no capítulo). Observe também que *dominante* não tem nenhuma relação com roupas de couro e colares pontudos. Você pode ouvir o som da 7ª dominante em músicas como "Wooly Bully", de Sam the Sham and The Pharaohs, "I Saw Her Standing There", dos Beatles e "Roll with It", do Oasis.

D7, G7 e C7

Os acordes D7 (ré 7), G7 (sol 7) e C7 (dó 7) estão entre os mais comuns da 7ª da dominante solta. (Para saber mais sobre os acordes soltos, veja o Capítulo 4.) A Figura 6-1 mostra diagramas desses três acordes que os guitarristas geralmente usam para tocar músicas.

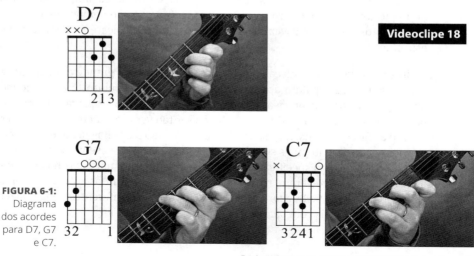

FIGURA 6-1: Diagrama dos acordes para D7, G7 e C7.

© John Wiley & Sons, Inc.; fotografias cortesia de Jon Chappell

68   PARTE 2 **Pronto para Tocar: Fundamentos**

TOQUE ISSO

Se já sabe tocar C (apresentado no Capítulo 4), pode formar C7 simplesmente adicionando o mindinho na 3ª corda, na 3ª casa.

Observe os Xs acima das 5ª e 6ª cordas no acorde D7. Não toque essas cordas. Do mesmo modo, para o acorde C7, não toque a 6ª corda. Verifique o movimento da mão direita no Videoclipe 18 para ver como ela deve ficar.

Pratique a sequência D7, G7 e C7. Você não precisa de partitura para esse exercício, então é uma questão de honra fazê-lo. Tente tocar D7 quatro vezes, G7 quatro vezes e C7 quatro vezes. É preciso acostumar a mão esquerda para sentir os acordes e trocar entre eles.

TOQUE ISSO

Se você quiser tocar uma música agora mesmo usando os novos acordes, pule para a seção "Músicas com Acordes de 7ª", mais adiante no capítulo. Você pode tocar "Home on the Range" com os acordes que conhece.

E7 (versão com dois dedos) e A7

Dois outros acordes de 7ª que você geralmente usa juntos para tocar músicas são E7 e A7. A Figura 6-2 mostra como tocar esses dois acordes soltos.

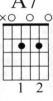

FIGURA 6-2: Diagramas de acordes para E7 e A7.

© John Wiley & Sons, Inc.; fotografias cortesia de Jon Chappell

DICA

Se você sabe tocar E (verifique o Capítulo 4), pode formar E7 simplesmente tirando o 3º dedo da 4ª corda.

Essa versão do acorde E7, como mostra a Figura 6-2, usa apenas dois dedos. Você também pode tocar uma posição solta do acorde E7 com quatro dedos (como descrito na próxima seção). Porém, no momento, toque a versão com dois dedos, porque é mais fácil de pressionar rápido, sobretudo se você está apenas começando.

Pratique os acordes E7 e A7 tocando cada corda quatro vezes, trocando as posições. Cuide para não tocar a 6ª corda no acorde A7.

TOQUE ISSO

Se quiser tocar uma música que usa esses dois acordes de 7ª soltos agora, pule para a seção "Músicas com Acordes de 7ª", mais adiante neste capítulo, e toque "All Through the Night".

CAPÍTULO 6 **Adicionando Tempero com Acordes de 7ª** 69

E7 (versão com quatro dedos) e B7

Mais dois acordes de 7ª populares com posição solta são a versão com quatro dedos de E7 e B7. A Figura 6-3 mostra a posição dos acordes E7 e B7 com quatro dedos. A maioria das pessoas acha que esse E7 tem um *voicing* (arranjo vertical das notas) melhor do que E7 com dois dedos. Em geral, o acorde B7 é usado junto de E7 para tocar certas músicas. Cuide para não tocar a 6ª corda no acorde B7.

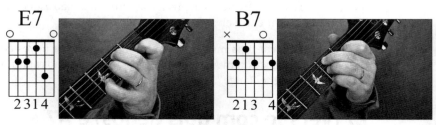

FIGURA 6-3: Diagramas de acordes para E7 (versão com quatro dedos) e B7.

© *John Wiley & Sons, Inc.; fotografias cortesia de Jon Chappell*

DICA

Se você já sabe tocar E (veja o Capítulo 4), pode formar esse E7 simplesmente adicionando o mindinho na 2ª corda, na 3ª casa.

Pratique os acordes tocando cada um quatro vezes, trocando entre eles. Enquanto isso, observe que o 2º dedo toca a mesma nota na mesma casa em cada acorde, aquele na 2ª casa da 5ª corda. Essa nota é um *tom em comum* (ou seja, existe em ambos os acordes). Ao trocar entre os acordes, mantenha o dedo pressionado na 5ª corda; fazer isso facilita a troca.

DICA

Sempre pressione as notas comuns quando trocar os acordes. Elas funcionam como uma âncora de estabilidade para a mão esquerda.

TOQUE ISSO

Para usar esses acordes em uma música agora, pule para a seção "Músicas com Acordes de 7ª", mais adiante neste capítulo, e toque "Over the River and through the Woods".

Acordes de 7ª Menor: Dm7, Em7 e Am7

Os acordes de 7ª menor diferem dos acordes de 7ª dominante por serem um pouco mais suaves e com mais jazz. Os acordes de 7ª menor são aqueles ouvidos em "Moondance", de Van Morrison, nos versos de "Light My Fire", do The Doors, e em "Box Set", da banda Barenaked Ladies.

A Figura 6-4 mostra diagramas para três acordes de 7ª menor (m7) com posição solta: Dm7 (ré m 7), Em7 (mi m 7) e Am7 (lá m 7). (Veja o Capítulo 9 e o Apêndice B para saber mais sobre os acordes de 7ª menor.)

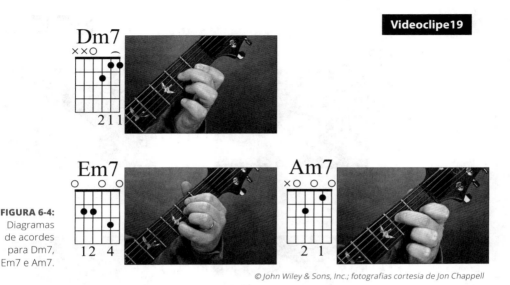

FIGURA 6-4: Diagramas de acordes para Dm7, Em7 e Am7.

© John Wiley & Sons, Inc.; fotografias cortesia de Jon Chappell

Observe que Dm7 usa uma *pestana* de dois dedos, ou seja, você pressiona duas cordas com um dedo (o 1º dedo, nesse caso) na 1ª casa. Inclinar um pouco o dedo ou girá-lo para o lado pode ajudar a pressionar as notas com firmeza e eliminar zumbidos ao tocar o acorde. E mais, as 6ª e 5ª cordas têm Xs acima. Não encoste nelas ao tocar.

DICA

Você posiciona os dedos no acorde Am7 praticamente como em C, mostrado no Capítulo 4; apenas tire o 3º dedo do acorde C, e terá Am7. Ao trocar entre C e Am7, pressione as duas notas comuns com o 1º e 2º dedos. Assim, poderá trocar entre os acordes muito mais rápido. E se souber tocar um acorde F (veja o Capítulo 4), poderá formar Dm7 simplesmente tirando o 3º dedo.

Acordes de 7ª Maior: Cmaj7, Fmaj7, Amaj7 e Dmaj7

Os acordes de 7ª maior diferem dos acordes de 7ª dominante por serem alegres e com mais jazz. Você pode ouvir esse tipo de acorde no início de "Ventura Highway", do America, "Don't Let the Sun Catch You Crying", de Gerry and The Pacemakers, e "Hard Shoulder", de Mark Knopfler.

A Figura 6-5 mostra quatro acordes de 7ª maior (maj7) com posição solta: Cmaj7, Fmaj7, Amaj7 e Dmaj7. (Para saber mais sobre os acordes de 7ª maior, verifique o Capítulo 9 e o Apêndice B.)

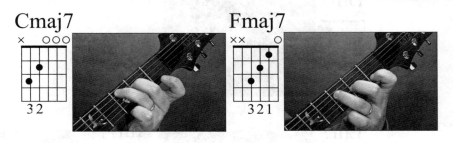

FIGURA 6-5: Diagramas de acordes para Cmaj7, Fmaj7, Amaj7 e Dmaj7.

© *John Wiley & Sons, Inc.; fotografias cortesia de Jon Chappelll*

TOQUE ISSO

Note que Dmaj7 usa uma pestana de três cordas com o 1º dedo. Girar o 1º dedo um pouco para o lado ajuda a tornar o acorde mais fácil de tocar. Veja o Videoclipe 20 para assegurar que a posição do 1º dedo está igual ao vídeo. Não pressione a 6ª ou 5ª corda quando tocar Dmaj7 ou Fmaj7 (veja os Xs nos diagramas na Figura 6-5). E não toque a 6ª corda em Amaj7 ou Cmaj7.

DICA

Movendo entre Cmaj7 e Fmaj7, observe que o 2º e 3º dedos se movem em uma forma fixa nas cordas. Você não pressiona nenhuma corda em um acorde Cmaj7 com o 1º dedo, mas mantenha-o curvado e pronto acima da 1ª casa da 2ª corda para que possa baixá-lo rapidamente na troca para Fmaj7.

Pratique a troca (tocando quatro vezes cada) entre Cmaj7 e Fmaj7, entre Amaj7 e Dmaj7.

TOQUE ISSO

Para usar esses acordes em uma música agora, verifique a próxima seção e toque "It's Raining, It's Pouring" e "Oh, Susanna".

Músicas com Acordes de 7ª

Ouça as faixas de áudio para escutar a base dos toques dessas músicas conforme acompanha a notação de barras na parte da guitarra (vá para o Capítulo 3 para entender mais sobre as barras de ritmo). Não tente tocar a linha da voz. Ela existe apenas como referência.

Veja algumas informações úteis sobre as músicas para ajudá-lo:

» **Home on the Range:** Para "Home on the Range", você precisa saber tocar os acordes C, C7, F, D7 e G7 (veja o Capítulo 4 para os acordes C e F, e a seção "Acordes de 7ª da Dominante", anteriormente neste capítulo, para os outros), como tocar um padrão "bass strum strum" e uivar como um coiote.

Na música, você vê as palavras *bass strum strum* nas barras de ritmo. Em vez de simplesmente tocar o acorde com três batidas, toque apenas a nota mais grave do acorde na primeira batida e as notas restantes nas batidas 2 e 3. O *sim.* significa tocar o padrão completamente.

» **All through the Night:** Para "All through the Night", você precisa saber tocar os acordes D, E7 (use a versão com dois dedos para essa música), A7 e G (veja o Capítulo 4 para os acordes D e G, e a seção anterior neste capítulo sobre os acordes E7 e A7), como ler os sinais de repetição e ficar acordado durante essa musiquinha sonolenta.

Na música, você vê *sinais de repetição*, que informam para tocar certos compassos duas vezes (nesse caso, você toca os compassos 1, 2, 3, 4 e os compassos 1, 2, 3, 5). Um sinal de repetição consiste em uma linha vertical grossa e uma linha fina (cortando a pauta), com dois pontos ao lado. O sinal que marca o *início* de uma seção a ser repetida tem pontos à *direita* das linhas verticais. Você vê isso no início do compasso 1. Um sinal de repetição que marca o *fim* de uma seção tem pontos à *esquerda* das linhas verticais, como no final do compasso 4. Veja o Apêndice A para ter mais informações sobre os sinais de repetição.

» **Over the River and through the Woods:** Para "Over the River and through the Woods", você precisa saber tocar os acordes A, D, E7 (use a versão com quatro dedos) e B7 (veja o Capítulo 4 para os acordes A e D, e a seção sobre a versão com quatro dedos de E7 e B7, anteriormente neste capítulo), como tocar no tempo 6/8 e saber o caminho para a casa da vovó (no caso de seu cavalo tropeçar e você precisar atirar nele).

O compasso 6/8 tem um ritmo para cima, como se a música galopasse ou mancasse. "When Johnny Comes Marching Home Again" é outra música conhecida que você toca no tempo 6/8. (Veja o Apêndice A para ter mais informações sobre compassos.) Conte apenas duas batidas por compasso, não seis, com cada grupo de três colcheias soando como uma grande batida; caso contrário, acabará parecendo um coelho que tomou três xícaras de café.

» **It's Raining, It's Pouring:** Para "It's Raining, It's Pouring", você precisa saber tocar os acordes Amaj7 e Dmaj7 (veja a seção, "Acordes de 7ª Maior: Cmaj7, Fmaj7, Amaj7 e Dmaj7", anteriormente neste capítulo) e como cantar com uma voz muito chorosa e irritante.

Essa música é uma versão mais animada da antiga canção de ninar "It's Raining, It's Pouring", também conhecida "Billy Is a Sissy" (ou qualquer outro nome que você queira colocar no título), uma provocação de crianças. Os acordes de 7ª maior tocados nessa música parecem cheios de vida e dão a qualquer música um som moderno. Use todos os movimentos para baixo ao tocar.

» **Oh, Susanna:** Para "Oh, Susanna", você precisa saber tocar os acordes Cmaj7, Dm7, Em7, Fmaj7, Am7, D7, G7 e C (veja o Capítulo 4 para C e várias seções anteriores neste capítulo para os diferentes acordes de 7ª) e como equilibrar um banjo no joelho enquanto coloca o pé na estrada.

O arranjo de "Oh, Susanna" usa três tipos de acordes de 7ª: 7ª dominante (D7 e G7), 7ª menor (Dm7, Em7 e Am7) e 7ª maior (Cmaj7 e Fmaj7). Usar 7ªs maior e menor dá à música um som animado. Use todos os movimentos para baixo ao tocar.

PAPO DE ESPECIALISTA

Para que você não pense que uma simples "animação" de música popular é novidade, ouça a bela interpretação de "Oh, Susanna" feita por James Taylor, no álbum *Sweet Baby James,* de 1970, para escutar algo parecido. Ele realmente diz "banjo" sem parecer antiquado.

Home on the Range

Faixa 11

Videoclipe 21

Voz

Oh, give me a home where the buf - fa - lo

Guitarra   C   C7   F

Bass   Strum   Strum   Bass   Strum   Strum   *sim.*

Conte: 3   1   2   3   1   2   3   *etc.*

5

roam, where the deer and the an - te - lope play,____

C   D7   G7

9

___ where sel - dom is heard a dis - cour - ag - ing

C   C7   F

13

word, and the skies are not cloud - y all day.____

C   G7   C

All through the Night

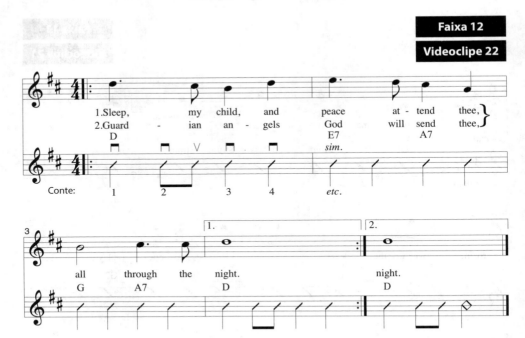

Over the River and through the Woods

CAPÍTULO 6 Adicionando Tempero com Acordes de 7ª

It's Raining, It's Pouring

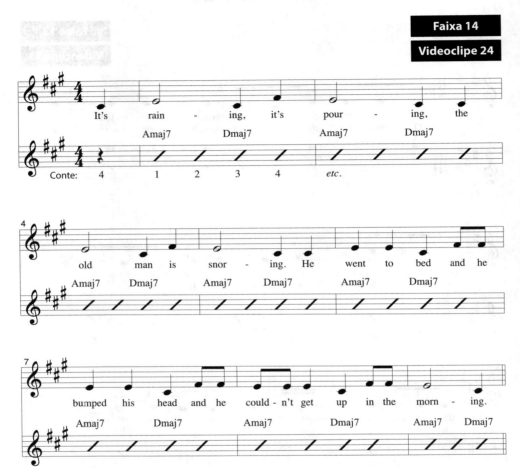

78   PARTE 2   **Pronto para Tocar: Fundamentos**

Oh, Susanna

Divirta-se com os Acordes de 7ª: Blues de 12 Compassos

Tocar guitarra não se resume a músicas populares e canções de ninar, você sabe. Às vezes você pode aprender algo muito legal. E o que é mais legal do que blues? Conhecendo alguns acordes de 7ª dominante e conseguindo tocar quatro batidas por compasso, você já tem o básico para tocar 99% de todas as músicas blues já escritas.

Noventa e nove por cento?! Isso mesmo! O blues de 12 compassos segue uma fórmula simples de acordes, ou *progressão*, que envolve três 7as dominantes. Nessa progressão, você não precisa conhecer nenhum acorde ou técnica novos; só precisa conhecer os três acordes de 7ª dominante a tocar, e a ordem. Nas seções a seguir, explicamos como tocar blues de 12 compassos, e você verá como é fácil escrever seu próprio blues.

Tocando blues de 12 compassos

DICA

O tom de E é um dos melhores tons de guitarra para tocar blues. A Figura 6-6 mostra a progressão do acorde para um blues de 12 compassos em E. Pratique esse padrão e se acostume com a troca de acordes em uma progressão de blues. Observe que no padrão da Figura 6-6, você toca apenas três acordes diferentes (E7, A7 e B7), em uma ordem específica, com cada acorde durando certo número de compassos, como se segue: E7 (quatro compassos), A7 (dois compassos), E7 (dois compassos), B7 (um compasso), A7 (um compasso), E7 (um compasso bar), B7 (um compasso).

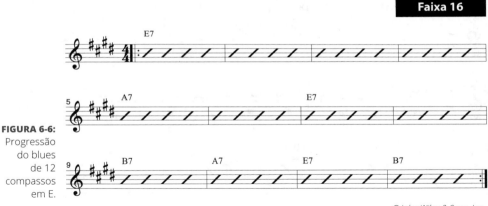

FIGURA 6-6: Progressão do blues de 12 compassos em E.

© *John Wiley & Sons, Inc.*

Os blues famosos de 12 compassos incluem "Rock Around the Clock", "Blue Suede Shoes", "Roll Over Beethoven", "Long Tall Sally", "Kansas City", "The Twist", "The Peppermint Twist" e "Johnny B. Goode". Você pode tocar qualquer um agora, cantando e observando o esquema de 12 compassos na Figura 6-6. (Para ter mais informações sobre o blues de 12 compassos, veja os Capítulos 11 e 12.)

Escrevendo seu próprio blues

É fácil escrever letra para blues. (Basta pensar em qualquer música de Little Richard.) Em geral, você repete algumas linhas e termina com algo inesperado, por exemplo:

> Minha namorada me deixou e roubou meu melhor amigo Joe. Minha namorada me deixou e roubou meu melhor amigo Joe. Agora estou sozinho, chorando, porque sinto falta dele.

Tente compor algumas letras, improvise a melodia e use a progressão de blues que descrevemos aqui.

LEMBRE-SE

Como regra, um bom blues inclui os seguintes elementos:

» Um tema sobre adversidade ou injustiça.
» Um local ou situação de miséria.
» Gramática ruim.

Use a Tabela 6-1 para encontrar elementos que se encaixem em seu blues.

TABELA 6-1   Elementos para um Bom Blues

Elemento da Música	Bom Blues	Blues Ruim
Tema	Traição, infidelidade, seu charme	Taxas de juros elevadas, iminente correção do mercado, escassez de boa vontade
Local	Memphis, Bayou, prisão	Aspen, Rodeo Drive, Starbucks
Gramática ruim	"Meu amor me levou mal."	"Meu companheiro foi insensível às minhas necessidades."

Por que você não compõe uma música? Chame-a de "Blues dos Calos na Mão Esquerda" e fale sobre como as cordas más machucam a ponta dos dedos. Depois veja o Capítulo 12 para ter mais informações sobre blues.

82   PARTE 2 **Pronto para Tocar: Fundamentos**

3
Além do Básico: Começando a Tocar Bem

NESTA PARTE...

Pratique escalas em posição para ajudar a explorar as regiões de cima do braço.

Toque músicas em posição para minimizar o movimento da mão esquerda e produzir um som suave.

Adicione interesse ao tocar com díades.

Entenda como os acordes com pestana móvel permitem tocar praticamente qualquer acorde.

Use articulações especiais para fazer sua guitarra falar, cantar e chorar.

NESTE CAPÍTULO

» **Praticando notas simples em posição**

» **Tocando músicas em posição**

» **Acesse as faixas de áudio e os videoclipes em** www.altabooks.com.br **(procure pelo título do livro)**

Capítulo **7**

Suavize as Coisas Tocando em Posição

Uma das coisas que entregam o guitarrista iniciante é tocar apenas na parte de baixo do braço, na posição solta. À medida que aprende mais, você descobre que pode usar o baço inteiro para expressar suas ideias musicais. Neste capítulo você se arriscará indo além da posição solta, rumo à posição de tocar.

Tocando Escalas e Exercícios em Posição

Ao ouvir uma música que parece complicada, tocada por guitarristas habilidosos, você pode imaginar a mão esquerda pulando na escala com tranquilidade. Mas em geral, se vir esses guitarristas no palco ou na TV, descobrirá que a mão esquerda quase não se move. Esses guitarristas estão tocando em posição.

CAPÍTULO 7 **Suavize as Coisas Tocando em Posição** 85

LEMBRE-SE

Tocar em posição significa que sua mão esquerda permanece em um local fixo no braço, com cada dedo mais ou menos colocado em uma casa específica, e você toca cada nota — sem usar nenhuma corda solta. Se você estiver tocando na 5ª *posição*, por exemplo, seu 1º dedo tocará a 5ª casa, o 2º dedo tocará a 6ª casa, o 3º dedo tocará a 7ª casa e o 4º dedo tocará a 8ª casa. Uma *posição*, portanto, tem esse nome devido à casa que seu 1º dedo toca. (O que os guitarristas chamam de *posição solta* consiste na combinação de todas as cordas soltas mais as notas na 1ª ou 2ª posição.)

Além de permitir tocar notas onde você considera melhor na escala (não apenas onde toca com mais facilidade, como as notas de corda solta na posição solta), tocar em posição faz você parecer legal, como um veterano! Pense desta forma: tanto uma bandeja como uma enterrada em um jogo de basquete valem dois pontos, mas apenas no último caso o locutor grita: "E a galera foi ao delírio!"

Nas seções a seguir, explicaremos as diferenças entre tocar em posição e com as cordas soltas, e também forneceremos muitos exercícios para ajudá-lo a se sentir confortável tocando em posição.

Tocando em posição versus com cordas soltas

Por que tocar em posição? Por que não usar a posição solta e as cordas soltas o tempo todo? Podemos dar dois motivos principais:

> » **É mais fácil tocar melodias com notas agudas.** Tocar na posição solta permite tocar só até a 4ª ou 5ª casa. Se você quiser tocar notas mais agudas, tocar em posição permitirá tocar as notas de forma suave e econômica.
>
> » **Você pode transpor instantaneamente qualquer padrão ou frase que conhece em posição para outro tom apenas movendo a mão para outra posição.** Como tocar em posição não envolve cordas soltas, tudo que você toca em posição é *móvel*.

PAPO DE ESPECIALISTA

As pessoas costumam achar que tocar guitarra em posições mais baixas é mais fácil do que tocar nas mais altas. Na verdade, as notas mais agudas não são mais difíceis de tocar, são apenas mais difíceis de ler na notação padrão se você não se aprofundar muito em um livro com método convencional (no qual a leitura das notas agudas geralmente fica por último). Mas aqui você foca tocar guitarra, não ler música, portanto, tente tocar as notas agudas sempre que quiser.

Tocando exercícios em posição

TOQUE ISSO

A escala maior (você sabe, o conhecido som dó-ré-mi-fá-sol-lá-si-dó ouvido ao tocar as teclas brancas do piano, começando em C) é um bom lugar para começar a praticar as habilidades necessárias para tocar em posição. A Figura 7-1 mostra uma escala de C maior em 2ª posição. Embora você possa tocar essa escala em posição solta, toque-a como indica a pauta, porque você deseja começar a tocar em posição. Se não estiver acostumado a tocar escalas, toque com o Videoclipe 26.

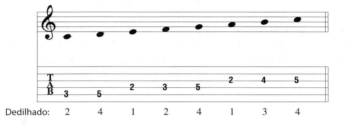

FIGURA 7-1:
Escala de C maior com uma oitava em 2ª posição.

© John Wiley & Sons, Inc.

LEMBRE-SE

O mais importante ao tocar em posição é o local da mão esquerda, sobretudo a posição e a colocação dos dedos da mão esquerda. A lista a seguir contém dicas para posicionar a mão esquerda e dedos:

» **Mantenha os dedos sobre as casas corretas o tempo todo ao tocar.** Como você está em 2ª posição na escala, mantenha o 1º dedo na 2ª casa, o 2º dedo na 3ª casa, o 3º dedo na 4ª casa e o 4º dedo na 5ª casa o tempo todo, mesmo que eles não estejam pressionando nenhuma nota no momento.

» **Mantenha todos os dedos perto da escala, prontos para tocar.** No início, seus dedos podem ter a tendência de se endireitarem e levantarem da escala. Isso é natural, portanto se esforce para mantê-los curvados e abaixados, perto das casas onde devem estar posicionados.

» **Relaxe!** Embora você possa achar que precisa focar toda sua energia para executar essa manobra corretamente ou posicionar o dedo do jeito certo, não precisa. Na verdade, você está treinando simplesmente para adotar a abordagem mais natural e relaxada ao tocar guitarra. (Não parece muito natural no momento, mas no final, pegará a manha. Sério!) Fique tranquilo, mas esteja atento aos movimentos. Seu ombro esquerdo, por exemplo, levanta como o Corcunda de Notre Dame? Verifique com frequência para assegurar que não haja tensões. E respire fundo com frequência, especialmente se estiver sentindo-se tenso.

DICA

Veja a Figura 7-1 e observe que a partitura indica o dedilhado da mão esquerda sob os números da tablatura. Esses indicadores não são importantes porque a posição em si indica isso. Mas se quiser, poderá ler os números dos dedos (em vez dos números da tab) e tocar a escala C dessa forma (olhando a pauta para saber em qual corda está). Então, se memorizar o dedilhado, terá um *padrão móvel* que permite tocar uma escala maior a partir de qualquer nota.

Toque a *escala de uma oitava* (que tem um intervalo de apenas oito notas) mostrada na Figura 7-1 usando movimentos para baixo e para cima, ou seja, usando a palheta alternada (para baixo e para cima). Tente descer também (você deve praticar as escalas ascendentes e descendentes). (Veja o Capítulo 5 para ter mais informações sobre a palheta alternada.) **Nota:** essa escala não está na faixa de áudio; você já a conhece, é o conhecido *dó-ré-mi-fá-sol-lá-si-dó*.

TOQUE ISSO

Depois de praticar um pouco a escala de uma oitava, é possível seguir para o próximo nível. A Figura 7-2 mostra uma escala de C maior com duas oitavas (com um intervalo de 15 notas) na 7ª posição. Observe que essa escala requer tocar todas as seis cordas. Consulte o Videoclipe 27 para ter orientação quanto à a mão esquerda ao tocar na 7ª posição.

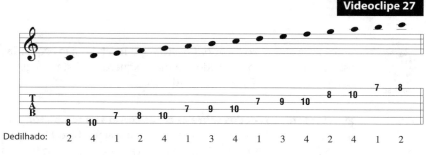

FIGURA 7-2: Escala de C maior com duas oitavas na 7ª posição.

© John Wiley & Sons, Inc.

DICA

Para ajudar a se lembrar de pressionar os dedos nas casas corretas o tempo todo (mesmo que eles não estejam tocando no momento) e manter os dedos perto da escala, temos um trocadilho com uma antiga frase feita: mantenha os amigos perto, os inimigos mais perto e os trastes (casas) ainda mais perto.

Pratique tocar a escala mostrada na Figura 7-2 subindo e descendo no braço, usando a palheta alternada. Se você memorizar o padrão do dedilhado (mostrado abaixo dos números da tab), poderá tocar qualquer escala maior simplesmente subindo e descendo a mão para uma posição diferente. Experimente. Depois, desafie o primeiro pianista que encontrar para uma competição de *transposição* (mudança de tom) usando a escala maior.

LEMBRE-SE

Toque as escalas lentamente no início para assegurar que as notas sejam claras e suaves, depois aumente sua velocidade aos poucos.

Trocando as posições

A música não é tão simples a ponto de você poder tocar tudo em uma posição, e a vida seria bem estática se pudesse fazer isso. Em situações reais, geralmente você precisa tocar uma passagem contínua que o leva a diferentes posições. Para ter sucesso, é preciso dominar a *troca de posições* com a autoconfiança de um político experiente.

TOQUE ISSO

Andrés Segovia, lenda do violão clássico, inventou dedilhados para todas as 12 escalas maiores e menores. (Veja o Capítulo 10 para ter mais informações sobre Segovia.) A Figura 7-3 mostra como Segovia tocava a escala de C maior com duas oitavas. Ela difere das duas escalas na seção anterior porque requer uma troca de posição no meio. Assista e ouça o Videoclipe 28 para escutar o movimento imperceptível da mão esquerda durante a troca.

FIGURA 7-3: Escala de C maior com duas oitavas e uma troca de posição.

© John Wiley & Sons, Inc.

DICA

Toque as primeiras sete notas na 2ª posição, depois troque para a 5ª posição subindo suavemente o 1º dedo para a 5ª casa (3ª corda). Conforme você toca a escala descendente, toque as primeiras oito notas na 5ª posição e troque para a 2ª mudando suavemente o 3º dedo para a 4ª casa (3ª corda). O importante é que a troca de posições pareça uniforme. Uma pessoa que ouve não deve conseguir dizer que você muda as posições. O truque está em mudar com suavidade o 1º dedo (no movimento ascendente) ou o 3º (no movimento descendente).

Você deve praticar essa mudança suave para que ela pareça contínua e uniforme. Isole apenas as duas notas envolvidas (3ª corda, 4ª casa e 3ª corda, 5ª casa) e toque-as várias vezes, como mostrado na escala, até parecer que você não faz nenhuma troca de posição.

Criando seus próprios exercícios para ter força e destreza

Algumas pessoas fazem diversos exercícios para desenvolver a capacidade de tocar em posição. Elas compram livros só com exercícios para tocar assim. Alguns desses livros visam desenvolver habilidades de leitura da partitura, outros visam desenvolver força e destreza da mão esquerda. Mas você não precisa disso. Pode compor seus próprios exercícios para desenvolver força e destreza dos dedos. (E ler a partitura não é uma preocupação no momento, porque você está lendo os números da tablatura.)

Para criar seus próprios exercícios, basta pegar a escala maior com duas oitavas mostrada antes na Figura 7-2 e numerar as 15 notas de 1 a 15. Depois, componha algumas combinações matemáticas simples que você possa praticar tocando. Veja os exemplos a seguir:

» 1-2-3-1, 2-3-4-2, 3-4-5-3, 4-5-6-4, etc. (Veja a Figura 7-4a.)
» 1-3-2-4, 3-5-4-6, 5-7-6-8, 7-9-8-10, etc. (Veja a Figura 7-4b.)
» 15-14-13, 14-13-12, 13-12-11, 12-11-10, etc. (Veja a Figura 7-4c.)

A Figura 7-4 mostra como ficam esses números na música e na tab. Lembre-se, as notas são padrões sugeridos para memorizar e ajudar a ter destreza.

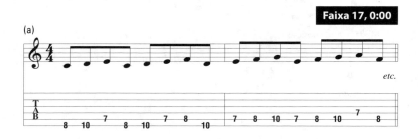

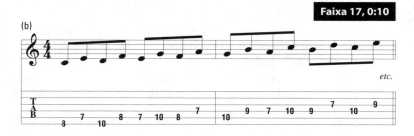

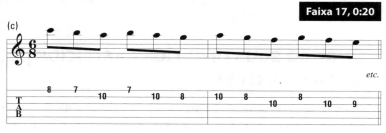

FIGURA 7-4: Três exemplos de padrões para ajudar a desenvolver a mão esquerda.

© John Wiley & Sons, Inc.

Você entendeu. É possível compor literalmente centenas de trocas e praticá-las infinitamente, ou até enjoar. Os estudantes de piano têm um livro chamado *Hanon* que contém muitas permutas de escala para ajudar a desenvolver a força e a independência dos dedos. Você pode verificar esse livro para ter uma ideia das permutas, mas compor suas próprias com certeza é igualmente fácil.

Praticando Músicas em Posição

Determinados tons ficam bem em certas posições na guitarra. As músicas são baseadas em tons, portanto se você tocar uma música em determinado tom, ela também ficará bem em certa posição. Você pode ver a importância de tocar na posição com muita clareza na Parte IV. Rock, jazz, blues e country requerem certas posições para que o som seja autêntico.

Dizer que a melodia de uma música fica melhor se você a toca em uma posição, em vez de outra, pode parecer um pouco arbitrário. Mas acredite, tocar um improviso de Chuck Berry em A (lá) é quase impossível, *a não ser* na 5ª posição. Os improvisos de country tocados em A, por outro lado, ficam bem na 2ª posição, e tentar tocá-los em outro lugar é querer dificultar as coisas.

Isso é uma das coisas notáveis sobre guitarra: a melhor posição para certo estilo não apenas soa melhor aos ouvidos, como também é melhor para as mãos. E é isso que torna tão divertido tocar guitarra.

Toque essas músicas lendo os números da tablatura e ouvindo as faixas de áudio; observe como é legal tocar acima no braço, em vez de tocar abaixo, na posição solta, onde tocam os iniciantes.

Quando você tocar em posição, mantenha a mão esquerda em uma posição fixa, perpendicular ao braço, com o 1º dedo em certa casa e os outros seguindo em ordem, um por casa. Segure os dedos nas casas corretas, bem perto da escala, mesmo que não estejam pressionando as notas no momento.

Veja algumas informações úteis para ajudá-lo a tocar as músicas:

» **Simple Gifts:** Para essa música, você precisa saber tocar na 4ª posição (veja a seção "Tocando Escalas e Exercícios em Posição", anteriormente neste capítulo) e o que significa *'tis and 'twill*.

Essa música está no tom de A, tornando a 4ª posição ideal, porque você encontra todas as notas entre a 4ª e 7ª casas. Como você não toca nenhuma corda solta nessa música, memorize o dedilhado e tente tocar a mesma melodia em outras posições e tons. O dedilhado é o mesmo em toda posição, mesmo que os números da tab mudem. Vai, tenta.

» **Turkey in the Straw:** Para essa música, você precisa saber tocar na 7ª posição (veja a seção "Tocando Escalas e Exercícios em Posição", anteriormente neste capítulo) e o que significa "day-day to the wagon tongue".

Quando você tocar essa música, verá que o tom de G (sol) fica muito bem na 7ª posição (com as notas entre a 7ª e 10ª casas). Como em "Simple Gifts" (ou qualquer música tocada sem as cordas soltas), se você memorizar o padrão do dedilhado, poderá transpor a música para tons diferentes só movendo o padrão para uma casa inicial mais alta ou mais baixa.

Simple Gifts

PARTE 3 **Além do Básico: Começando a Tocar Bem**

Turkey in the Straw

Faixa 19
Videoclipe 30

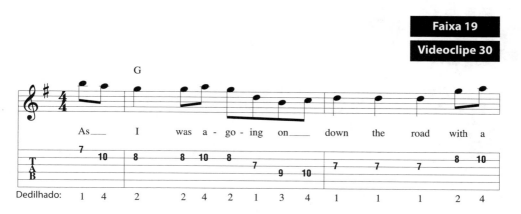

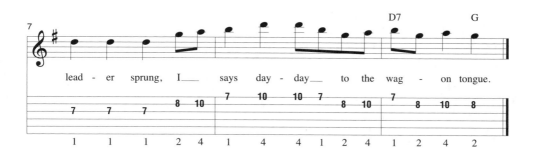

CAPÍTULO 7 **Suavize as Coisas Tocando em Posição**

PARTE 3 **Além do Básico: Começando a Tocar Bem**

> **NESTE CAPÍTULO**
>
> » Tocando díades para cima, para baixo e no braço
>
> » Praticando músicas em díades
>
> » Acesse as faixas de áudio e os videoclipes em www.altabooks.com.br (procure pelo título do livro)

Capítulo **8**

Dobrando com Díades

O termo díade ou double-stop não se refere a voltar ao mercado porque você esqueceu de comprar leite. Díade é uma gíria da guitarra para tocar duas notas ao mesmo tempo, algo que a guitarra pode fazer com certa facilidade, mas que é impossível em instrumentos de sopro feitos de madeira, e apenas com algum sucesso nos instrumentos de corda com arco. (Na verdade, os guitarristas pegaram o termo dos violonistas, mas se apossaram dele rapidamente.) Este capítulo mostra como tocar com díades.

DICA

Por falar nisso, não há nada especial em pressionar duas notas (díades) ao mesmo tempo. Pressione como faria com os acordes ou notas simples.

Começando com o Básico das Díades

Você experimenta a capacidade de a guitarra tocar mais de uma nota simultaneamente quando faz um acorde, mas também pode tocar mais de uma nota em um contexto melódico. Tocar díades é uma ótima maneira de tocar em harmonia consigo mesmo. A guitarra é tão boa ao tocar díades que alguns gêneros musicais, como o rock dos anos 1950, o country e a música Mariachi (você sabe, a música que as bandas de rua mexicanas tocam), usam díades como uma característica de seu estilo.

Nas seções a seguir, definimos díades e ajudamos você a se sentir confortável com elas fornecendo alguns exercícios.

Definindo díades

Díade nada mais é do que duas notas que você toca ao mesmo tempo. Fica em algum lugar entre uma nota simples (única) e um acorde (três ou mais notas). Você pode tocar uma díade nas cordas próximas ou não (pulando-as). Os exemplos e músicas encontradas neste capítulo envolvem apenas díades com cordas próximas, porque são mais fáceis de tocar.

PAPO DE ESPECIALISTA

Se você tocar uma melodia em díade, ela será mais doce, rica, completa e bonita do que se a tocasse usando apenas notas simples. E se tocar um *riff* usando díades, ele parecerá mais forte e completo, pois as díades criam um som mais potente. Verifique alguns riffs de Chuck Berry, por exemplo, "Johnny B. Goode", e poderá ouvir que ele usa díades o tempo todo.

Experimentando exercícios em díades

Você pode tocar díades de duas formas gerais: usando apenas *um* par de cordas (as duas primeiras, por exemplo), subindo e descendo as díades no braço, ou em uma área do braço usando pares de cordas *diferentes*, movendo as díades no braço (primeiro tocando as 5ª e 4ª cordas, por exemplo, depois a 4ª e 3ª, etc.).

Subindo e descendo com díades no braço

TOQUE ISSO

Comece com uma escala de C maior que você toca em 3as com duas notas (notas com duas letras de distância, como C-E, D-F etc.), exclusivamente nas duas primeiras cordas, subindo no braço. Esse tipo de padrão de díade aparece na Figura 8-1. O dedilhado da mão esquerda não aparece abaixo dos números da tablatura nessa partitura, mas não é difícil entender. Comece com o 1º dedo para a primeira díade. (Você precisa apenas de um dedo para pressionar essa díade porque a 1ª corda é solta.) Então, para todas as outras díades na escala, use os dedos 1 e 3 se as notas estiverem a duas casas de distância (a segunda e terceira díades, por exemplo) e use os dedos 1 e 2 se a notas estiverem separadas por uma casa (a quarta e quinta díades, por exemplo). Com a mão direita, toque apenas a 1ª e 2ª cordas. Assista ao Videoclipe 31 para ver o movimento ascendente da mão esquerda e o dedilhado correto.

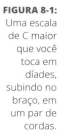

FIGURA 8-1: Uma escala de C maior que você toca em díades, subindo no braço, em um par de cordas.

© John Wiley & Sons, Inc.

Tocando díades no braço

TOQUE ISSO

Tocar díades no braço provavelmente é mais comum do que subir e descer o braço em um par de cordas. A Figura 8-2 mostra uma escala de C maior tocada em 3as na posição solta, movendo-se pelo braço, e o Videoclipe 32 mostra como é feito. Mais uma vez, o exemplo não mostra o dedilhado de cada díade, mas você poderá usar os dedos 1 e 2 se as notas estiverem separadas por uma casa, (a primeira díade, por exemplo) e os dedos 1 e 3 se estiverem a duas casas de distância (a segunda díade, por exemplo).

FIGURA 8-2: Uma escala de C maior que você toca em díades, movendo-se pelo braço na posição solta.

© John Wiley & Sons, Inc.

É muito comum nas músicas de rock e blues tocar díades no braço, onde as duas notas do intervalo estão na mesma casa (que você toca como uma pestana de duas cordas). Verifique os Capítulos 11 e 12 para ter mais informações sobre rock e blues.

DICA

Para ouvir as díades em ação, escute a abertura de "Margaritaville", de Jimmy Buffett, a versão de Leo Kottke da música "Little Martha", dos Allman Brothers, "Brown Eyed Girl", de Van Morrison, "Johnny B. Goode", de Chuck Berry, as introduções de "Homeward Bound" e "Bookends", de Simon and Garfunkel, e a introdução da música "I Won't Give Up", de Jason Mraz.

Tocando Músicas em Díades

As díades podem fazer a execução da música ficar muito legal (como quando Chuck Berry arrebenta em "Johnny B. Goode") ou pode deixar as passagens melódicas extremamente doces (como quando dois cantores se harmonizam). Nas músicas a seguir, você pode parecer legal ("Double-Stop Rock") e doce ("Aura Lee" e "The Streets of Laredo").

Portanto, prepare seus dedos para formar muitos pequenos *acordes de duas notas* (isto é, díades ou double-stops) nessas maravilhas. Como mencionamos, para as coisas ficarem agradáveis e fáceis, colocamos todas as díades em cordas próximas (não é necessário silenciar as cordas "intermediárias"!). Veja uma dica para deixar as coisas muito fáceis: quando duas notas de uma díade ficarem na mesma casa (o que acontece muito na música "Double-Stop Rock", inspirada em Chuck Berry), toque-as como uma pequena pestana (com um único dedo).

Veja algumas informações úteis para ajudá-lo a tocar as músicas:

» **Aura Lee:** Para tocar essa música, tornada famosa por Elvis Presley como "Love Me Tender", você precisa saber executar as díades subindo e descendo no braço nas 1ª e 2ª cordas (veja a seção intitulada adequadamente "Subindo e descendo com díades no braço", anteriormente neste capítulo) e como girar a pélvis enquanto levanta o lábio superior de lado.

Você toca esse arranjo de "Aura Lee" exclusivamente nas duas primeiras cordas, subindo e descendo no braço. Nas escalas de díades praticadas nas Figuras 8-1 e 8-2, as duas notas da díade sobem ou descem juntas. Em "Aura Lee", algumas vezes as duas notas seguem na mesma direção, e em outras, em direções opostas. Há momentos, ainda, em que uma das notas sobe ou desce, enquanto a outra fica parada. Misturar as direções torna o arranjo mais interessante. Toque e ouça "Aura Lee" para entender o que queremos dizer.

98   PARTE 3 **Além do Básico: Começando a Tocar Bem**

Observe que o dedilhado da mão esquerda aparece sob os números da tab. Se o mesmo dedo tocar notas sucessivas, mas em casas diferentes, uma linha inclinada indicará a troca de posição (como nos compassos 5 e 9). Para a palheta na mão direita, use movimentos para baixo. Lembre-se de repetir os quatro primeiros compassos (como os sinais de repetição indicam) antes de ir para o compasso 5. (Verifique o Apêndice A para ter mais informações sobre os sinais de repetição.) E torne a música delicada, como Elvis fez.

» **The Streets of Laredo:** Para essa música, você precisa saber tocar díades no braço (veja a seção "Tocando díades no braço", anteriormente neste capítulo) e como parecer jovial enquanto toca uma música sobre uma conversa com um cadáver.

Nesse arranjo você toca díades no braço passando pelas cordas, perto da parte inferior dele. As díades dão à música um som doce e bonito, algo essencial para um tête-à-tête entre um transeunte e um caubói mumificado. A tablatura não indica o dedilhado, mas você pode usar os dedos 1 e 2 para as díades separadas por uma casa, e 1 e 3 para as díades a duas casas de distância. Para a palheta na mão direita, faça o movimento para baixo.

» **Double-Stop Rock:** Para tocar essa música você não precisa saber fazer a "duck walk", a dança do pato, mas terá que tocar díades com a atitude rock'n'roll de Chuck Berry.

Nesse arranjo você toca díades no braço, em grande parte na 5ª posição (veja a seção "Tocando díades no braço", anteriormente neste capítulo). Usando apenas três frases com um compasso repetidas várias vezes, você toca um blues de 12 compassos no tom de A (veja o Capítulo 6 para saber mais sobre o blues de 12 compassos). Note que o dedilhado da frase tocada no acorde E7 (compasso 9) é igual à frase tocada no acorde D7 (compasso 5). Na verdade, as duas frases são as mesmas, embora estejam a duas casas de distância.

CAPÍTULO 8 **Dobrando com Díades** 99

Aura Lee

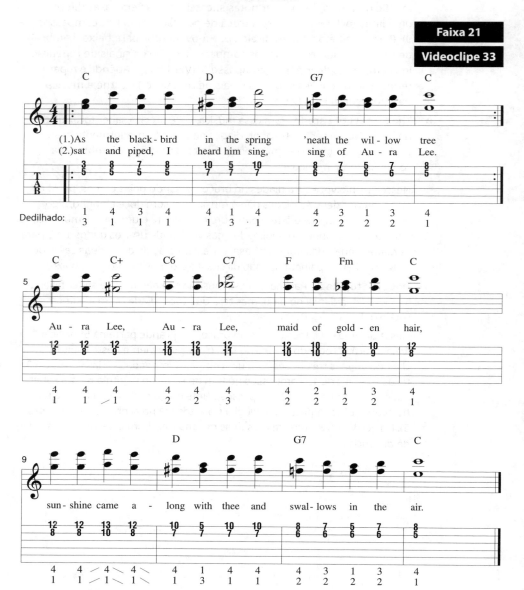

The Streets of Laredo

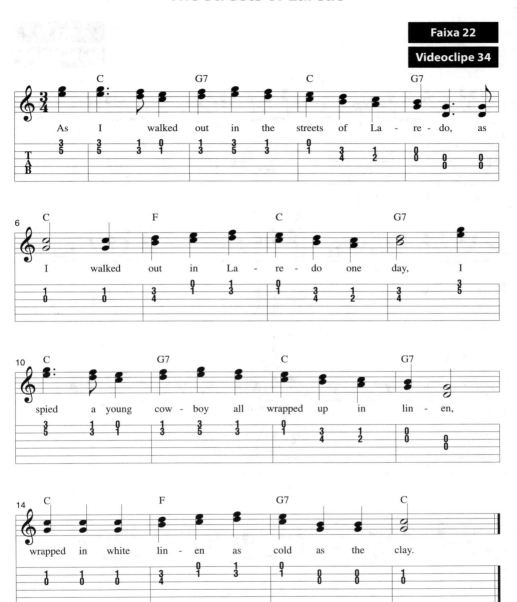

CAPÍTULO 8 **Dobrando com Díades**

Double-Stop Rock

Faixa 23

Videoclipe 35

Dedilhado:

102   PARTE 3 **Além do Básico: Começando a Tocar Bem**

NESTE CAPÍTULO

» Introdução aos acordes com pestana em E

» Indo para os acordes com pestana em A

» Praticando power chords

» Tocando músicas usando acordes com pestana e power chords

» Acesse as faixas de áudio e os videoclipes em www.altabooks.com.br (procure pelo título do livro)

Capítulo 9

Esticando: Acordes com Pestana

Neste capítulo, mostraremos como tocar acordes que você pode mover por todo o braço. Diferente dos acordes de posição solta, que podem ser tocados apenas em um lugar, os acordes móveis podem ser tocados em qualquer casa. Na maioria desses acordes móveis, você toca o que é chamado de pestana.

LEMBRE-SE

Quando se toca com pestana, um dos dedos da mão esquerda (em geral o indicador) pressiona todas ou quase todas as cordas em certa casa, permitindo que os dedos restantes toquem um acorde logo acima (em direção ao corpo da guitarra) do dedo da pestana. Pense no dedo da pestana como um tipo de pestana móvel ou fixa, e os dedos restantes como que tocando certos acordes de posição solta diretamente acima. (Veja o Capítulo 13 se tiver dúvidas sobre como funciona uma pestana fixa.) Um acorde com pestana móvel não contém cordas soltas, apenas pressionadas. Você pode subir e descer essas notas pressionadas no braço, indo para diferentes posições e produzindo outros acordes da mesma qualidade.

CAPÍTULO 9 **Esticando: Acordes com Pestana** 103

Os acordes com pestana móvel são baseados em E (mi), cujos nomes vêm das notas que você toca na 6ª corda (E grave), ou baseados em A (lá), nomeados segundo as notas que você toca na 5ª corda (A). Explicamos cada tipo de acorde neste capítulo. Também ensinamos rapidamente os *power chords*, que não são acordes maiores nem menores, geralmente formados por apenas duas ou três cordas mais baixas de um acorde com pestana ou de posição solta.

Acordes Maiores com Pestana em E

Um dos acordes com pestana móvel mais úteis é o baseado no acorde E solto. (Veja o Capítulo 4 se tiver dúvidas sobre como posicionar os dedos em um acorde E solto.) Nas seções a seguir você começará a trabalhar nos acordes com pestana com um acorde E de posição solta, descobrirá como encontrar a casa correta para qualquer acorde maior e praticará progressões.

Começando com um acorde E de posição solta

TOQUE ISSO

A melhor maneira de entender os acordes maiores com pestana em E é começando com um acorde E de posição solta. Siga estas etapas (como mostrado na Figura 9-1) e consulte o Videoclipe 36, se necessário:

1. **Toque um acorde E solto, mas em vez usar o dedilhado 2-3-1 normal da mão esquerda, use os dedos 3-4-2.**

    Esse dedilhado deixa o 1º dedo (indicador) livre, suspenso sobre as cordas.

2. **Coloque o 1º dedo sobre todas as seis cordas no outro lado da pestana (o lado perto das tarraxas).**

    Colocar o indicador sobre as cordas nesse local não afeta o som do acorde porque as cordas não vibram nesse lado da pestana. Porém, estender o primeiro dedo na largura das cordas ajuda a "sentir" a posição do acorde com pestana. Não pressione demais nenhum dedo, pois você moverá o acorde.

3. **Pegue o formato inteiro da mão esquerda da Etapa 2 e deslize para cima (em direção ao corpo da guitarra) uma casa para que o 1º dedo faça uma pestana na 1ª casa e os dedos do acorde E avancem uma casa também.**

    Agora você está na posição do acorde F (porque F está uma casa acima de E) e pode pressionar todas as cordas com o indicador.

4. **Tente tocar as notas do acorde, uma nota por vez (da 6ª corda até a 1ª), para ver se as notas têm um som claro.**

   Nas primeiras vezes em que você tentar o acorde, há boas chances de que algumas notas não soem claramente e os dedos de sua mão esquerda doam.

Você pode usar a técnica de "subir a partir de um acorde de posição solta" para formar todos os acordes com pestana neste capítulo. (Mas também forneceremos outra abordagens nas últimas seções.)

FIGURA 9-1: Acorde F com pestana.

Fotografia cortesia de Jon Chappell

Ter dificuldade no início para fazer um F com pestana é normal (desencorajador, mas normal). Portanto, antes de desistir da guitarra e optar pelo sousafone, veja algumas dicas para ajudá-lo a dominar esse acorde complicado:

» Alinhe o polegar da mão esquerda na parte de trás do braço da guitarra, sob o ponto entre o 1º e 2º dedos. Essa posição dá o máximo poder ao exercer pressão.

» Em vez de deixar o 1º dedo totalmente achatado, gire-o um pouco para o lado.

» Mova o cotovelo do braço esquerdo para perto do corpo, até o ponto de tocar na cintura. Conforme você toca os acordes de posição solta, em geral percebe que mantém o cotovelo levemente distante do corpo. Isso não ocorre com os acordes com pestana.

» Se você ouvir cordas abafadas, veja se os dedos da mão esquerda estão tocando apenas as cordas corretas, sem impedir que as cordas próximas vibrem. Tente exercer mais pressão e toque com as pontas dos dedos para ter uma folga extra. Calos e experiência ajudarão a conseguir um som claro em um acorde com pestana.

LEMBRE-SE

Você precisa exercer mais pressão para pressionar na parte inferior do braço (na 1ª casa) do que, digamos, na 5ª casa. Tente subir e descer o acorde F no braço para diferentes casas na guitarra para comprovar que tocar o acorde fica mais fácil quando você sobe no braço. Lembre-se de que o essencial nesse formato de acorde é ser *móvel*. Ao contrário do que seus professores no ensino fundamental possam ter dito, não fique parado! Mexa-se!

DICA

Tocar acordes com pestana na guitarra é mais fácil do que no violão. Os *calibres das cordas* (a espessura) são mais leves na guitarra, e a *ação* (distância das cordas até a escala) é menor do que no violão. Se você usa um violão e tem problemas com os acordes com pestana, tente tocá-los na guitarra (mas não em uma guitarra barata das casas de penhor) e note a diferença. Talvez isso o inspire a continuar.

Encontrando a casa certa para cada acorde com pestana em E maior

Como você pode tocar um acorde F como um acorde com pestana, agora pode, com o milagre dos acordes móveis, tocar *qualquer acorde maior*, todos os 12, apenas subindo no braço. Para determinar o nome de cada acorde, basta saber o nome da nota que está tocando na 6ª corda (E grave), pois todos os acordes com pestana em E são nomeados a partir da 6ª corda (assim como o acorde E solto).

PAPO DE ESPECIALISTA

Cada casa fica a meia distância da próxima. Portanto, se um acorde com pestana na 1ª casa é F, o acorde com pestana na 2ª casa é F#, o acorde na 3ª casa é G, a quarta é G#, etc. Verifique o Apêndice A para ver uma lista dos nomes das notas na corda E grave.

Depois de chegar na 12ª casa, as notas — assim como os acordes com pestana que você toca nessas casas — se repetem: o acorde com pestana na 13ª casa é igual à 1ª (F), a 14ª é igual à 2ª (F#), etc. As casas são como um tipo de relógio: 13 equivale a 1, 14 equivale a 2, e assim por diante.

Tocando progressões usando acordes maiores com pestana em E

TOQUE ISSO

Uma boa maneira de adquirir conforto e confiança ao tocar acordes com pestana é praticando uma *progressão*, que é uma série de acordes. Ouça a Faixa 24 para escutar como é uma progressão de quatro compassos usando acordes maiores com pestana em E. A Figura 9-2 mostra o exercício. Abaixo da pauta você vê a casa correta do 1º dedo para cada acorde. O Videoclipe 37 mostra como a mão esquerda se move no braço.

FIGURA 9-2:
Progressão usando acordes maiores com pestana em E.

© John Wiley & Sons, Inc.

Use apenas acordes com pestana para este exercício (e todos os exercícios neste capítulo), mesmo que saiba tocá-los como acordes de posição solta. Toque o acorde C (dó), por exemplo, fazendo uma pestana na 8ª casa. Depois toque A (lá) na 5ª casa, G (sol) na 3ª casa e F (fá) na 1ª casa. Use o dedilhado do acorde F para todos esses acordes.

DICA

Tentar fazer todas as seis cordas soarem claramente em cada acorde pode ser um pouco cansativo. Você pode dar um descanso aos dedos da mão esquerda liberando a pressão conforme desliza de um acorde para outro. Essa ação de *flexionar e liberar* pode ajudá-lo a desenvolver um pequeno artifício e evitar que fique cansado com facilidade. Não é preciso manter a força no braço o tempo todo, apenas enquanto toca o acorde.

Embora você possa parar completamente se sua mão ficar com cãibras, tente continuar. Como ocorre no caso de qualquer esforço físico, no final você desenvolve força e vigor. Sem dúvida, os acordes com pestana são o triatlo da guitarra, portanto, coloque seu melhor traje de Ironman e sinta queimar.

TOQUE ISSO

Para demonstrar a versatilidade das progressões do acorde com pestana, veja um exemplo que tem uma batida sincopada e lembra um pouco a música do The Kinks. Na síncope, você toca um acorde (ou nota) onde não espera ouvi-lo ou não toca um acorde (ou nota) onde espera ouvi-lo. (The Kinks, no caso de você não se lembrar, era *a* banda inglesa de proto-punk dos anos 1960, que nos deu alguns clássicos como "You Really Got Me", "So Tired" e "Lola".) A Figura 9-3 mostra como tocar essa progressão usando acordes maiores com pestana. De novo, use o dedilhado do acorde F para ambos os acordes (toque G na 3ª casa e A na 5ª). Como os dois acordes vão e voltam rapidamente, o *tempo livre* (o período em que você pode relaxar os dedos) é muito curto. Verifique a Faixa 24 para escutar como deve ser o exercício antes de ficar pronto para substituir Ray Davies em uma turnê mundial.

FIGURA 9-3: Progressão sincopada usando acordes maiores com pestana em E.

© John Wiley & Sons, Inc.

Acordes com Pestana Menores, de 7ª da Dominante e 7ª Menor em E

Depois de se familiarizar com a sensação e o movimento dos acordes maiores com pestana descritos antes no capítulo, comece a adicionar outras qualidades de acorde ao seu *repertoire* (que é uma palavra francesa elegante para "truques na manga" e que os músicos usam com frequência quando falam sobre música).

A boa notícia é que tudo o que você sabe sobre mover acordes no braço, ou seja, conseguir um som limpo e claro com notas individuais no acorde (você está praticando, não é?) e a ação de flexionar e relaxar usada ao tocar acordes com pestana maiores, é levado para outras formas de acordes com pestana. Tocar uma forma menor, de 7ª da dominante ou 7ª menor com pestana não é mais difícil fisicamente do que tocar uma variação maior com pestana, portanto, à medida que praticar todos os acordes com pestana nas seções a seguir, deverá perceber que tudo fica um pouco mais fácil. (Volte ao Capítulo 4 para ter uma introdução dos acordes menores. Analisamos os acordes de 7ª da dominante e 7ª menor no Capítulo 6.)

Dominando os acordes menores

Formar um acorde *menor* com pestana em E é igual a formar um acorde maior com pestana, que explicamos nas etapas da seção "Começando com um acorde E de posição solta", anteriormente neste capítulo. Você pode seguir esse conjunto de etapas começando com um acorde Em solto, mas dedilhando com os dedos 3 e 4 (não como geralmente é feito no acorde, descrito no Capítulo 4). Em seguida, coloque o primeiro dedo em todas as cordas no outro lado da pestana e deslize com esse formato uma casa acima, produzindo um acorde Fm.

DICA

Conforme explicamos antes no capítulo, é possível usar essa técnica de "deslizar para cima a partir de um acorde de posição solta" para formar todos os acordes com pestana neste capítulo. Mas você não precisa fazer tudo isso. As etapas simples a seguir descrevem outro modo de abordar o acorde com pestana Fm:

1. **Toque um acorde com pestana F.**

   Veja a seção "Começando com um acorde E de posição solta", anteriormente neste capítulo.

2. **Remova o 2º dedo da 3ª corda.**

   A pestana com o 1º dedo, que já está pressionando todas as cordas, agora pressiona a nova nota na 3º corda.

É tudo o que você precisa fazer. Em um instante mudou um acorde maior com pestana para um acorde menor com pestana removendo apenas um dedo. Agora, usando o gráfico da corda E grave no Apêndice A como referência, é possível tocar qualquer um dos 12 acordes menores movendo o acorde Fm para a devida casa. Para tocar um acorde com pestana Am, por exemplo, basta mover a pestana para a 5ª casa.

DICA

Se você não tem certeza se está tocando o acorde com pestana na casa correta, tente alternar o acorde com sua forma de posição solta, tocando primeiro a pestana, depois a forma solta. Toque as duas versões em uma rápida sucessão várias vezes, então poderá ouvir se os dois acordes são iguais ou diferentes.

Tente tocar a progressão simples mostrada na Figura 9-4, que usa acordes maiores e menores com pestana (toque C na 8ª casa, Am na 5ª casa, Fm na 1ª casa e G na 3ª casa).

FIGURA 9-4: Progressão usando acordes maiores e menores com pestana.

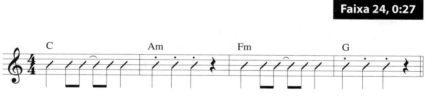

© John Wiley & Sons, Inc

Os pontos acima das barras nos compassos 2 e 4 da Figura 9-4 são chamados de marcas de *staccato*. Informam para tocar notas curtas. (Em vez de tocar *daaaa-daaaa-daaaa*, toque *da-da-da*.) A melhor maneira de encurtar as notas é soltar um pouco a pressão da mão esquerda logo depois de tocar o acorde. Os símbolos no fim dos compassos 2 e 4 são chamados de *pausas*. Não toque durante uma pausa.

Agora tente tocar a progressão mostrada na Figura 9-4 duas casas mais alto do que a figura indica. Essa variação com duas casas resulta na progressão D- Bm-Gm-A. Você acabou de *transpor* (mudou o tom) a progressão com rapidez e facilidade com a mágica dos acordes móveis!

Aprofundando-se nos acordes de 7ª da dominante

Os acordes de 7ª da dominante têm um som mais agudo e complexo do que os acordes maiores normais. Porém, trocar de um acorde com pestana da 7ª da dominante para um acorde com pestana maior é tão fácil quanto trocar de um acorde com pestana maior para um menor. Basta levantar um dedo (embora seja diferente).

Para mudar de um acorde F maior com pestana para um acorde F7 com pestana, siga estas etapas:

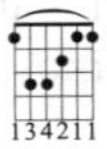

1. **Posicione os dedos para um acorde F com pestana, como descrito na seção "Começando com um acorde E de posição solta", anteriormente neste capítulo.**

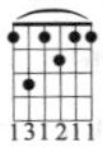

2. **Remova o 4º dedo da 4ª corda.**

   Agora a pestana do 1º dedo pressiona a nova nota do acorde.

Tente tocar a progressão simples mostrada na Figura 9-5 usando os acordes maiores com pestana e de 7ª da dominante (toque G na 3ª casa, A7 na 5ª casa, C na 8ª casa e D7 na 10ª casa).

FIGURA 9-5: Progressão usando acordes maiores e de 7ª da dominante com pestana.

Faixa 24, 0:40

© John Wiley & Sons, Inc.

Tocar a progressão na Figura 9-5 em outros tons é tão simples quanto iniciar em um local diferente da 3ª casa e mover-se na mesma distância relativa. De onde quer que você inicie, apenas suba duas casas para o segundo acorde, suba mais três casas para o terceiro acorde e mais duas para o quarto acorde.

DICA

Diga em voz alta o nome dos acordes que você toca, para ajudar a associar os nomes aos locais. Embora os acordes móveis facilitem transpor na guitarra, memorizar apenas o padrão do movimento da mão, em vez dos nomes reais que você toca, é muito mais fácil. Portanto, diga os nomes dos acordes quando tocá-lo. Depois de um tempo você saberá instintivamente que toca, por exemplo, um acorde B7 na 7ª casa.

Experimentando acordes de 7ª menor

Os acordes de 7ª menor têm um som mais macio, jazzístico e complexo do que os acordes menores normais. Você pode formar um acorde de 7ª menor com pestana em E simplesmente combinando as ações tomadas para mudar de maior para menor e de maior para a 7ª dominante.

Para mudar um acorde F maior com pestana para um acorde Fm7 com pestana, siga estas etapas:

1. **Toque um acorde F maior com pestana, como descrito na seção "Começando com um acorde E de posição solta", anteriormente neste capítulo.**

2. **Remova o 2º dedo da 3ª corda e o 4º dedo da 4ª corda.**

   A pestana com o 1º dedo, que já pressiona todas as cordas, pressiona as novas notas nas 3ª e 4ª cordas.

TOQUE ISSO

Para ajudá-lo a se acostumar com os acordes de 7ª menor com pestana, criamos o exercício mostrado na Figura 9-6 (toque G na 3ª casa, Bm7 na 7ª casa, e Am7 na 5ª). Ouça a Faixa 24 para saber como é.

FIGURA 9-6:
Progressão usando acordes maiores e de 7ª menor com pestana.

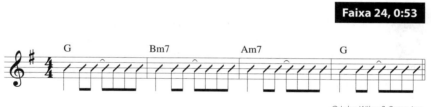

© John Wiley & Sons, Inc.

Você pode tocar essa progressão em outros tons apenas começando com acordes diferentes de G e movendo-se no mesmo número relativo de casas para fazer o próximo acorde. Depois do primeiro acorde, basta subir quatro casas para o segundo acorde e descer duas para o terceiro acorde. Então, desça mais duas para o último acorde. (Você pode transpor as outras progressões nesta seção de maneira parecida.)

LEMBRE-SE

Diga os nomes dos acordes conforme os toca. Em voz alta. Não é brincadeira. Você precisa enjoar de ouvir sua própria voz dizendo os nomes nos locais corretos para *nunca* esquecer que se toca Am7, o terceiro acorde dessa progressão, na 5ª casa.

Combinando acordes com pestana em E

Que barulho é esse? Devem ser os passinhos de uma rena. No próximo exercício, como mostrado na Figura 9-7, você pode praticar muitos acordes com pestana em E em todo o braço tocando a progressão de acordes da música "We Wish You a Merry Christmas". Para ajudar nos exercícios, indicamos o número da casa onde fica o 1º dedo para cada acorde.

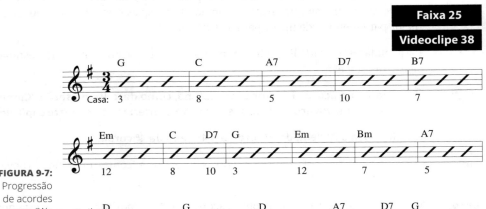

FIGURA 9-7: Progressão de acordes para "We Wish You a Merry Christmas".

© John Wiley & Sons, Inc.

 Se você estiver tocando um violão com cordas de náilon, não conseguirá tocar o acorde Em na 12ª casa, o corpo do instrumento atrapalha. (Mesmo com cordas de aço, esse acorde é quase impossível de tocar.) Substitua por um acorde Em de posição solta, mas toque-o com os dedos 3 e 4, para manter a mão na formação da pestana.

Nota: na seção "Músicas com Acordes com Pestana e Power Chords", mais adiante neste capítulo, você pode encontrar outra versão dessa música, com melodia e letra, mas só vá para lá depois de dominar os acordes com pestana em A! (Veja a seção a seguir para ter uma noção.)

Acordes Maiores com Pestana em A

Nas seções a seguir, apresentaremos outro grupo de acordes maiores com pestana em A. O acorde maior com pestana *em A* parece um acorde A solto (mas com um dedilhado diferente), e a letra em seu nome vem da casa na 5ª corda, onde você coloca a pestana feita com o 1º dedo.

A teoria parece bem simples, mas você pode achar esse acorde um pouco mais difícil de tocar do que o acorde maior com pestana em E. Não se preocupe, porque temos um substituto esperando por você que envolve apenas dois dedos.

Mas no momento, obedeça e faça o acorde com pestana em A seguindo as instruções nas próximas seções.

Dedilhando o acorde maior com pestana em A

TOQUE ISSO

Para tocar um acorde maior com pestana em A, siga estas etapas e consulte o Videoclipe 39:

1. **Faça a posição de um acorde A solto, mas em vez de usar o dedilhado 1-2-3 normal, use 2-3-4.**

   Esse dedilhado deixa o 1º dedo (indicador) livre e pronto para agir como o dedo da pestana. (Se você tiver dúvidas sobre como fazer a posição de um acorde A solto, consulte o Capítulo 4.)

2. **Coloque o 1º dedo em todas as seis cordas, logo depois da pestana (o lado próximo das tarraxas).**

   Como você toca apenas as cinco cordas superiores dos acordes com pestana em A, *pode* colocar o dedo apenas nas cinco cordas. Mas a maioria dos guitarristas cobre todas as cordas com a pestana porque se sente mais confortável e evita que a 6ª corda solta soe sem querer.

DICA

Colocar o indicador nas cordas nesse ponto não afeta o som do acorde, porque as cordas não vibram nesse lado da pestana. No momento, você apenas sente a posição do acorde. Não pressione demais com nenhum dedo, porque isso moverá o acorde.

3. **Pegue o formato da mão esquerda na Etapa 2 e deslize para cima uma casa para que o 1º dedo pressione na 1ª casa, produzindo o acorde B, como mostrado na Figura 9-8.**

FIGURA 9-8: Acorde B com pestana.

Fotografia cortesia de Jon Chappell

CAPÍTULO 9 **Esticando: Acordes com Pestana** 113

Após fazer a posição do acorde B♭, tente tocar as notas, uma corda por vez (da 5ª corda até a 1ª), para ver se todas as notas têm um som claro. Se houver qualquer nota abafada, veja se os dedos da mão esquerda estão tocando apenas as cordas certas, sem impedir que as cordas próximas soem. Se o som ainda estiver abafado, você precisa fazer mais pressão com os dedos.

Encontrando a casa certa para cada acorde maior com pestana em A

Como você pode tocar um acorde B♭ como um acorde com pestana, agora pode tocar todos os 12 acordes maiores com pestana em A, mas apenas se souber os nomes de todas as notas na 5ª corda. Todos os acordes com pestana em A recebem seu nome da 5ª corda (assim como o acorde A solto). Verifique o Apêndice A para ver os nomes das notas na 5ª corda.

LEMBRE-SE

As notas e as casas funcionam como um relógio. Depois de passar de 12, eles se repetem, portanto, a 13ª casa é igual à 1ª (B♭), a 14ª é igual à 2ª (B), etc.

Tocando progressões usando acordes maiores com pestana em A

Antes de tocar qualquer progressão usando acordes maiores com pestana em A, é preciso saber que a maioria dos guitarristas não coloca os dedos na posição como descrevemos antes (consulte a Figura 9-8). Consulte a Figura 9-9 para ver outro modo de dedilhar o acorde (usando o acorde B♭ na 1ª casa como exemplo). Use o dedo anular para fazer pestana em três notas na 3ª casa.

FIGURA 9-9: Dedilhado alternativo para o acorde maior com pestana em A.

© John Wiley & Sons, Inc.; fotografia cortesia de Jon Chappell

DICA

O mais complicado no dedilhado da Figura 9-9 é que, para a 1ª corda soar, você precisa contorcer o 3º dedo, elevando a articulação do meio para fora. Algumas pessoas conseguem fazer essa posição, outras não. É como mexer as orelhas. As pessoas que não conseguem (levantar o dedo, mexer as orelhas) podem usar o dedilhado mostrado na Figura 9-10.

FIGURA 9-10: Outro dedilhado alternativo para o acorde maior com pestana em A.

© John Wiley & Sons, Inc.; fotografia cortesia de Jon Chappell

LEMBRE-SE

Se você tocar o acorde B♭ com pestana como mostrado na Figura 9-10 (com a 1ª corda não tocada), verifique se a 1ª corda não soa sem querer. Para manter a 1ª corda em silêncio, evite tocá-la com a mão direita ou abafe-a (enfraqueça tocando-a de leve) com o 3º dedo.

Experimente os três dedilhados e escolha o mais adequado para você, mas apostamos que decidirá pelo formato mostrado na Figura 9-10.

TOQUE ISSO

O exercício mostrado na Figura 9-11 usa os acordes maiores com pestana em A e tem um leve som de rock mais antigo. Você pode dar um descanso aos dedos da mão esquerda aliviando a pressão conforme desliza entre os acordes. Assista ao Videoclipe 40 para ver a liberação da pressão em ação. Não se esqueça de que você pode (e deve) transpor essa progressão para outros tons movendo o padrão inteiro para um novo ponto de partida. Faça isso em todos os exercícios deste capítulo. Observe também as marcas de staccato no compasso 4 (toque como *da-da-da*).

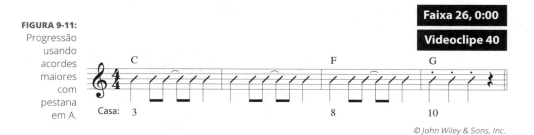

FIGURA 9-11: Progressão usando acordes maiores com pestana em A.

© John Wiley & Sons, Inc.

CAPÍTULO 9 **Esticando: Acordes com Pestana** 115

Acordes Menores, de 7ª da Dominante, 7ª Menor e 7ª Maior com Pestana em A

Admitimos que o acorde maior com pestana em A é estranho em relação ao dedilhado da mão esquerda. Mas todas as outras formas baseadas em A são muito mais lógicas e confortáveis em relação a isso.

Para o resto das formas baseadas em A nas seções a seguir, você não encontrará nenhuma contorção esquisita da mão nem técnicas novas. Tudo que fará é aprender várias formas diferentes para enriquecer seu vocabulário de acordes.

Acordes menores

Para formar um acorde menor com pestana em A, você *pode* seguir as etapas parecidas com as descritas na seção "Dedilhando o acorde maior com pestana em A", anteriormente neste capítulo: toque um acorde Am solto usando o dedilhado 3-4-2, em vez de 2-3-1 (veja o Capítulo 4 se precisar de ajuda com o acorde Am solto), e depois coloque o 1º dedo em todas as cordas no outro lado da pestana, deslize o formato para cima em uma casa e pressione com firmeza, produzindo um acorde B♭m.

DICA

Mas se quiser, poderá formar o acorde B♭m pulando o processo de "deslizar para cima a partir de um acorde solto" e apenas colocar os dedos diretamente nas casas, como indicado pelo diagrama do primeiro acorde na Figura 9-12. Verifique as cordas individualmente para ver se o som é claro e limpo. (Observe que nos antecipamos e damos os dedilhados para B♭7, B♭m7 e B♭maj7 na Figura 9-12. Mais informações nas próximas seções.)

A progressão na Figura 9-13 é típica de uma música rock, folk ou country e usa acordes maiores e menores com pestana em A. Consulte o Apêndice A se precisar ver a casa certa (na corda A) para cada acorde.

FIGURA 9-12: Acordes com pestana para B♭m, B♭7, B♭m7 e B♭maj7.

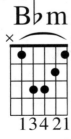 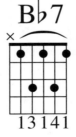 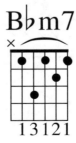 

© John Wiley & Sons, Inc.

FIGURA 9-13: Progressão usando acordes maiores e menores com pestana em A.

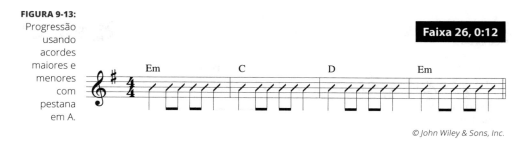

© John Wiley & Sons, Inc.

Acordes de 7ª da Dominante

Os acordes de 7ª da dominante parecem melancólicos e estranhos quando comparados com os acordes maiores. Consulte a Figura 9-12 para ver o dedilhado do acorde B♭7 com pestana (em A). Lembre-se de que você pode "deslizar para cima" para esse acorde a partir de um acorde A7 com dois dedos e posição solta (mas apenas se usar um dedilhado 3-4 para A7).

Agora, usando o gráfico de cordas A no Apêndice A para encontrar a casa certa para qualquer acorde com pestana em A, tente tocar a progressão simples mostrada na Figura 9-14, que usa acordes maiores, menores e de 7ª da dominante com pestana em A.

FIGURA 9-14: Progressão usando acordes maiores, menores e de 7ª da dominante com pestana.

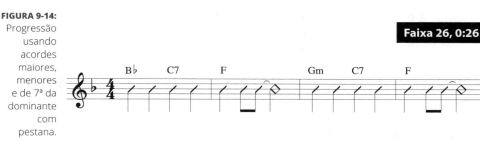

© John Wiley & Sons, Inc.

Acordes de 7ª menor

Os acordes de 7ª menor são suaves e jazzísticos, quando comparados com os acordes maiores. Você pode formar o acorde B♭m7 "deslizando para cima" a partir de um acorde Am7 de posição solta (usando um dedilhado 3-2), ou pode consultar o exemplo mostrado antes na Figura 9-12 e colocar os dedos diretamente nas casas para B♭m7. (O Capítulo 6 mostra como tocar um acorde Am7 de posição solta.)

A progressão que a Figura 9-15 mostra usa acordes de 7ª menor em A exclusivamente. Se você precisar, use o Apêndice A para encontrar a casa certa de cada acorde.

CAPÍTULO 9 **Esticando: Acordes com Pestana** 117

FIGURA 9-15: Progressão usando acordes de 7ª menor com pestana.

Acordes de 7ª maior

Os acordes de 7ª maior têm um som claro a jazzístico, quando comparados com os acordes maiores. (Você pode notar que, na seção sobre acordes com pestana em E anteriormente neste capítulo, não incluímos o acorde de 7ª maior. É porque você não toca tais acordes com pestana.)

É possível formar o acorde B♭maj7 "deslizando para cima" a partir de um acorde Amaj7 de posição solta (usando um dedilhado 3-2-4), ou pode consultar o exemplo mostrado anteriormente na Figura 9-12 e colocar os dedos diretamente nas casas do acorde com pestana, como a figura mostra. (O Capítulo 6 mostra como tocar um acorde Amaj7 de posição solta.)

A progressão simples mostrada na Figura 9-16 usa acordes de 7ª menor e 7ª maior com pestana em A. Use o Apêndice A para encontrar a casa certa para cada acorde, se necessário.

FIGURA 9-16: Progressão usando acordes de 7ª menor e 7ª maior com pestana.

O exercício mostrado na Figura 9-17 usa a progressão de acordes da música "We Wish You a Merry Christmas". Toque a progressão usando apenas acordes com pestana em A. Para ajudar no exercício, indicamos em qual casa colocar o 1º dedo com pestana para cada acorde. Você pode notar que os acordes são diferentes daqueles no exemplo de "We Wish You a Merry Christmas" anterior (consulte a Figura 9-7), mas é só porque usamos um acorde inicial diferente aqui.

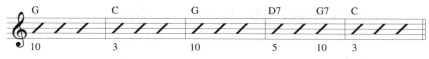

FIGURA 9-17: Progressão de acordes para "We Wish You a Merry Christmas".

© John Wiley & Sons, Inc.

DICA

Se você estiver tocando um violão com cordas de náilon, terá problemas para tocar o acorde Am na 12ª casa, porque o corpo do instrumento atrapalha. (E tocar o acorde também não é nada fácil em cordas de aço.) Substitua pelo acorde Am de posição solta, mas use um dedilhado 3-4-2 para manter a mão na posição de pestana.

PAPO DE ESPECIALISTA

Você pode notar, ao tocar os exercícios neste capítulo, sobretudo os exercícios com "We Wish You a Merry Christmas", que a mão esquerda salta em movimentos inesperados e irregulares. É porque você está tocando todos os acordes requeridos usando apenas uma forma, ou seja, baseada em E ou A. Se combina as formas, você baseia a seleção do acorde na economia de movimentos. Os acordes F e B♭ ficarão a cinco casas de distância se você usar a mesma forma com pestana, mas estarão na mesma casa (1ª) se usar a forma de F baseada em E e a forma de B♭ baseada em A. Tocar músicas realmente fica mais fácil quando você tem acordes extras em seu arsenal.

TOQUE ISSO

Para ver como é mais fácil tocar "We Wish You a Merry Christmas" se você usar os acordes com pestana em A e E juntos, verifique a seção "Músicas com Acordes com Pestana e Power Chords", mais adiante neste capítulo.

CAPÍTULO 9 **Esticando: Acordes com Pestana** 119

Power Chords

Power chord — não confunda com power *cord* (o cabo que fornece eletricidade para seu polidor motorizado de sapatos) — normalmente nada mais é do que as duas ou três notas mais baixas de uma posição solta normal ou acorde com pestana. Em geral, os guitarristas usam power chords no rock para criar um som grave. Os power chords são mais fáceis de tocar do que suas versões completas e não são maiores nem menores, portanto podem substituir qualquer tipo de acorde. E mais: como você descobrirá nas próximas seções, é muito divertido tocá-los!

Dedilhando power chords

Um power chord consiste em apenas duas notas diferentes que estão sempre a cinco passos de distância, como A-E ou C-G. (Conte as letras nos dedos para confirmar se A-E e C-G estão separadas em cinco passos.) Mas o acorde real que você toca pode envolver mais de duas cordas, porque é possível *dobrar* uma ou ambas as notas que formam o power chord, ou seja, tocar as mesmas notas em oitavas diferentes (e em cordas diferentes).

Como na maioria dos outros acordes, há duas variedades:

» **Posição solta:** Mostramos os power chords de posição solta mais comuns (E5, A5 e D5) na Figura 9-18. Esses acordes são apenas as duas ou três notas mais graves dos acordes E, A e D simples de posição solta descritos no Capítulo 4.

» **Móveis:** Os power chords móveis são simplesmente as duas ou três notas mais graves dos acordes com pestana móveis descritos antes neste capítulo. Como no caso dos acordes com pestana móveis, os power chords móveis são baseados em E e recebem seu nome das notas que você toca na 6ª corda (E grave) ou baseados em A e recebem seu nome das notas tocadas na 5ª corda (A). A Figura 9-19 mostra os power chords F5 e B♭5 tocados na 1ª casa, mas você pode movê-los para qualquer casa, determinando seus nomes a partir dos gráficos no Apêndice A nas cordas E grave e A. Ou, melhor ainda, é possível determinar os nomes dos power chords memorizando as notas nas 6ª e 5ª cordas, então não é preciso utilizar o Apêndice A! (É só uma sugestão.)

DICA

Normalmente os power chords com duas ou três cordas podem ser trocados entre si. Para algumas situações, como ao tocar no estilo Chuck Berry, que apresentamos no Capítulo 11, é preferível a versão com duas cordas.

Sabendo quando usar power chords

TOQUE ISSO

No rock tradicional (e até em algumas músicas pop), geralmente os guitarristas substituem os acordes completos com power chords para dar ao acompanhamento (especificamente à base da guitarra) um som mais espaçado e enxuto do que é obtido com acordes completos. Algumas vezes isso ocorre para permitir que a parte vocal se destaque mais na música. Você pode ouvir esse tipo de power chord em músicas antigas, como "Johnny B. Goode" e "Peggy Sue". A progressão mostrada na Figura 9-20 mostra os power chords que você usa para produzir esse tipo de som. Toque a progressão usando power chords com duas ou três cordas. Assista ao Videoclipe 42 para entender bem como tocar power chords.

	Versão com duas cordas	Versão com três cordas	Versão com três cordas, dedilhado alternativo
Power chord E5 solto	E5 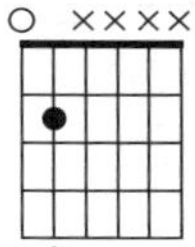	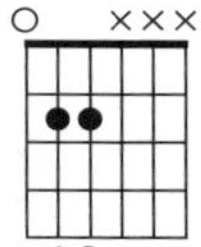 E5	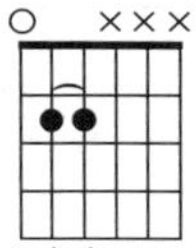 E5
Power chord A5 solto	A5 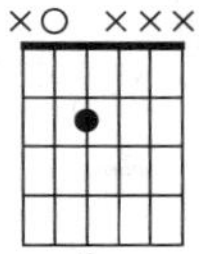	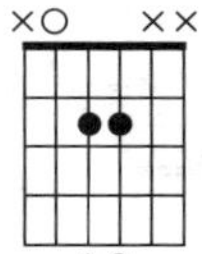 A5	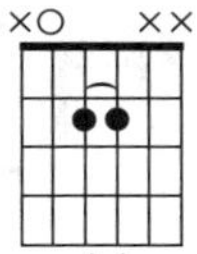 A5
Power chord D5 solto	D5 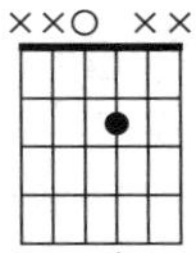	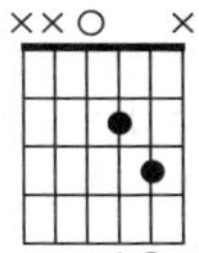 D5	

FIGURA 9-18: Power chords E5, A5 e D5.

© John Wiley & Sons, Inc.

CAPÍTULO 9 **Esticando: Acordes com Pestana**

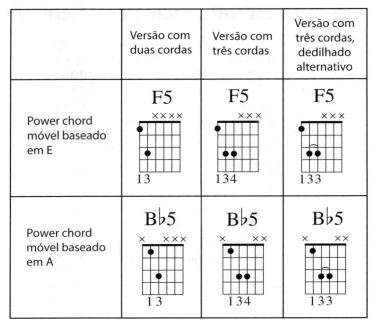

FIGURA 9-19: Power chords F5 e B♭5 (móveis).

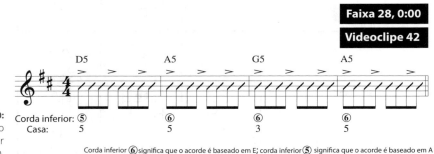

FIGURA 9-20: Progressão de power chord em D.

O símbolo > é chamado de *acento*. Significa tocar as notas acentuadas um pouco mais alto do que as outras, para marcá-las. Algumas vezes os acentos formam um padrão rítmico que dá à música certo estilo, como o estilo latino, estilo Bo Diddley, estilo polca ou mesmo um estilo tutti-frutti.

Em músicas hard rock e heavy metal, os guitarristas geralmente gostam de usar um som pesado e sinistro nos acordes. Eles conseguem esse clima tocando notas graves com *distorção*, ou seja, um sinal sonoro difuso que ocorre quando há potência demais para o circuito do amplificador e as caixas de som lidarem com eficiência.

Os guitarristas de hard rock e heavy metal adoram tocar power chords, em vez de acordes completos logo no começo, porque eles são mais graves (sobretudo porque não incluem as cordas mais altas). E mais, o tom distorcido realmente os limita aos power chords porque os acordes completos (acordes com mais de duas notas diferentes) podem não ficar bem com uma distorção pesada.

TOQUE ISSO

A progressão mostrada na Figura 9-21 mostra um riff de heavy metal típico usando power chords móveis e de posição solta. Se você tiver uma guitarra e um amplificador, ou um instrumento de efeito que permita *acelerar* (veja o Capítulo 16), use a distorção enquanto pratica essa progressão, como está na Faixa 28. Você pode usar a versão com duas ou três cordas dos power chords, mas a versão com duas é tocada na Faixa 28.

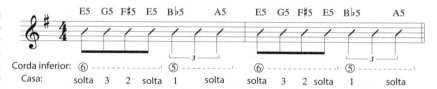

FIGURA 9-21: Progressão de power chord para heavy metal, para você "bater a cabeça".

© John Wiley & Sons, Inc.

TOQUE ISSO

Para tocar uma música com power chords agora, verifique "Three Metal Kings" na seção a seguir.

Músicas com Acordes com Pestana e Power Chords

Agora começa a diversão. Você irá rever uma música que já pode ter tocado em algum momento (consulte as Figuras 9-7 e 9-17), mas nesta seção mostramos como tocar é mais fácil se você combina diferentes acordes.

Veja algumas informações úteis sobre as músicas para ajudá-lo:

» **We Wish You a Merry Christmas:** Para "We Wish You a Merry Christmas", você precisa saber:

- Tocar acordes com pestana em E (veja as seções "Acordes Maiores com Pestana em E" e "Acordes de 7ª da Dominante e 7ª Menor com Pestana menores em E", anteriormente neste capítulo).
- Tocar acordes com pestana em A (veja as seções "Acordes Maiores com Pestana em A" e "Acordes Menores, de 7ª da Dominante, 7ª Menor e 7ª Maior com Pestana em A", anteriormente neste capítulo).
- Tocar guitarra vestindo uma fantasia sufocante e um travesseiro amarrado na barriga.

As progressões de acorde para essa música aparecem duas vezes nos exercícios deste capítulo: primeiro nos exercícios na Figura 9-7, como prática para os acordes com pestana em E, e novamente no exercício da Figura 9-17, como prática para os acordes com pestana em A. Em cada exercício, sua mão esquerda deve pular por toda a escala. Combinando os dois tipos de acordes com pestana (em E e A), é possível tocar essa música com muito menos movimento da mão esquerda. Minimizar o movimento dessa mão permite tocar com mais rapidez e suavidade, bem como alcançar um *voice leading* melhor ou suavidade no movimento entre as notas individuais dos acordes que mudam. (Um bom voice leading produz um som agradável.)

» **Three Metal Kings:** Para tocar "Three Metal Kings" (baseada na clássica canção de Natal "We Three Kings of Orient Are"), você precisa saber dedilhar e tocar power chords de posição solta e móvel, subindo e descendo no braço (veja a seção "Dedilhando power chords", anteriormente neste capítulo) e como aumentar o volume do amplificador para 11 (à la Spinal Tap). O dedilhado da mão esquerda não é indicado, portanto, use qualquer um que o deixe confortável.

PAPO DE ESPECIALISTA

Observe que usamos uma tablatura, não barras de ritmo, para a notação da música porque ela tem um aspecto melódico e de cordas, e existem alguns power chords em várias vocalizações diferentes.

DICA

Lembre-se de que os power chords são muito adequados para um som mais pesado e distorcido, e você pode usá-los no lugar das versões completas dos acordes porque normalmente têm as mesmas duas ou três notas inferiores. Então, se você se sentir um pouco rebelde ou perverso, aumente o amplificador e toque "We Wish You a Merry Christmas" com power chords, um som distorcido e uma atitude *realmente* má.

We Wish You a Merry Christmas

CAPÍTULO 9 **Esticando: Acordes com Pestana**

Three Metal Kings

126 PARTE 3 **Além do Básico: Começando a Tocar Bem**

> **NESTE CAPÍTULO**
>
> » Tocando hammer-ons e pull-offs
> » Praticando slides e bends
> » Usando vibratos e muting
> » Tocando em um estilo integrado
> » Acesse as faixas de áudio e o videoclipe em `www.altabooks.com.br` (procure pelo título do livro)

Capítulo **10**

Articulação Especial: Fazendo a Guitarra Falar

Articulação se refere a como tocar e ligar as notas na guitarra. Veja por este lado: se os tons e as bases são *o que* você toca, a articulação é *como* toca. Ela dá expressão à música e permite que você faça a guitarra falar, cantar e até chorar. De um ponto de vista técnico, algumas técnicas de articulação, como *hammer-ons*, *pull-offs*, *slides* e *bends*, permitem ligar as notas suavemente, "lubrificando" um pouco seu toque (algo bom, sobretudo ao tocar blues). Os vibratos dão vida às notas prolongadas (ou mantidas), que, de outro modo, ficam lá como uma tartaruga morta, e o *muting* modela o som das notas individuais, dando-lhes um som firme e curto.

LEMBRE-SE

À medida que começa a incorporar articulação ao tocar, você tem mais controle sobre sua guitarra. Você não está apenas tocando "corretamente", está tocando com um *estilo* individual.

Este capítulo mostra como tocar todas as técnicas de articulação necessárias para fazer sua guitarra falar. Após explicarmos cada técnica, apresentaremos alguns *improvisos idiomáticos* (frases musicais que se adaptam naturalmente a uma determinada técnica ou estilo), para que você possa tocar a técnica com contexto.

Fazendo Hammer-Ons

Hammer-on não se refere a tocar a guitarra usando um cinto de ferramentas [N.T.: hammer, em inglês, significa martelo]; hammer-on é uma técnica da mão esquerda que permite tocar duas notas ascendentes consecutivas usando a palheta apenas na primeira. Hammer-on recebe seu nome da ação do dedo da mão esquerda que age como um martelo batendo na escala, fazendo soar a nota dessa casa. Essa técnica, que descreveremos em detalhes nas próximas seções, torna a ligação entre as notas suave, bem mais suave do que se você simplesmente tocasse cada nota em separado.

Nota: na notação da tablatura (e padrão) neste livro, uma *ligadura* (uma linha curva) conectando as notas ascendentes indica um hammer-on. A ligadura conecta o número da primeira casa, ou nota, do hammer-on à segunda. Se mais de duas notas ascendentes forem ligadas, todas as notas após a primeira terão o hammer-on.

Tocando um hammer-on

Um hammer-on de corda solta (ou apenas *hammer*, para abreviar) é o tipo mais fácil de tocar. A seguir estão as etapas para um hammer-on de corda solta, como mostrado na Figura 10-1a:

1. **Use a palheta na corda G solta (3ª corda) como se faz normalmente.**

2. **Com a corda solta ainda vibrando, use um dedo da mão esquerda (digamos, o 1º dedo) para tocar com rapidez e firmeza (ou bater, se preferir) a 2ª casa da mesma corda.**

Se você abaixar o dedo com bastante força, ouvirá a nova nota (A na 2ª casa) soando. Em geral, a mão esquerda não *toca* uma casa; apenas *pressiona* nela. Mas para produzir um som audível sem usar a palheta, você deve bater na corda com força, como se o dedo fosse um martelinho batendo na escala.

128 PARTE 3 **Além do Básico: Começando a Tocar Bem**

FIGURA 10-1: Quatro tipos de hammer-ons.

© John Wiley & Sons, Inc.

TOQUE ISSO

A Figura 10-1b mostra um hammer-on de uma nota pressionada na 3ª corda. Use o 1º dedo para pressionar a primeira nota na 4ª casa e toque a corda. Depois, enquanto a nota ainda vibra, use o 2º dedo para martelar na 5ª casa. Verifique o Videoclipe 45 para ver todos os quatro hammer-ons na Figura 10-1.

Após dominar o hammer-on de corda solta, você estará pronto para vários outros tipos, que mostraremos nas próximas seções.

Hammer-on duplo

A Figura 10-1c mostra um *hammer-on duplo* na 3ª corda. Toque a corda aberta e martele a 2ª casa com o 1º dedo. Depois, com a nota ainda vibrando, martele a corda de novo (na 4ª casa) com o 3º dedo, produzindo uma ligação supersuave entre todas as três notas.

DICA

Não apresse a ligação das notas; apressar é uma tendência quando você começa a trabalhar com hammer-ons. A Figura 10-1d mostra um hammer-on duplo na mesma corda usando três notas pressionadas. Esse tipo de hammer-on é o mais difícil de tocar e requer prática. Toque a nota na 4ª casa, pressionando com o 1º dedo; martele a nota da 5ª casa com o 2º dedo; depois martele a nota da 7ª casa com o 4º dedo.

Hammer-on com díades

Você também pode tocar hammer-ons como díades. Os hammer-ons com díades mais comuns, e mais fáceis de tocar, são aqueles em que as duas notas da díade ficam na mesma casa, permitindo fazer uma *pestana* nelas (tocar com um dedo). (Veja o Capítulo 8 para obter detalhes sobre as díades.)

A Figura 10-2a mostra um *hammer-on com díade* nas cordas soltas (2ª e 3ª). Depois de tocar as duas cordas soltas com a palheta, e com as cordas ainda vibrando, bata com o 1º dedo na 2ª casa, nas duas cordas ao mesmo tempo.

FIGURA 10-2: Hammer-ons com díades.

© John Wiley & Sons, Inc.

Em seguida, experimente um hammer-on com díade da 2ª casa até a 4ª, também nas 2ª e 3ª cordas, como mostrado na Figura 10-2b. Use o 1º dedo para fazer uma pestana na 2ª casa e o 3º dedo para fazer uma pestana na 4ª casa.

Agora, para ficar realmente especial, experimente um *hammer-on duplo com díade*, nas mesmas cordas, como mostrado na Figura 10-2c. Comece com as cordas soltas, martele a pestana da 2ª casa com o 1º dedo, e depois martele a pestana da 4ª casa com o 3º dedo.

Hammer-on do nada

A Figura 10-3 mostra o que chamamos de *hammer-on do nada*. Não é um hammer-on comum, pois a nota não segue uma nota mais baixa já vibrando. Na verdade, a nota martelada está em uma corda totalmente diferente da nota anterior. Usando um dedo da mão esquerda, toque a nota martelada na Figura 10-3 (a nota com uma pequena ligadura antes dela, na 4ª corda) pressionando com muita força (martelando), forte o bastante para que a nota vibre sem você tocar nela com a palheta. Você está martelando na 7ª casa.

FIGURA 10-3: Hammer-on do nada.

© John Wiley & Sons, Inc.

PAPO DE ESPECIALISTA

Por que usar esse tipo de hammer-on, você pergunta? Às vezes, em passagens rápidas, o padrão de palheta da mão direita simplesmente não lhe dá tempo para um movimento extra da palheta quando você precisa. Mas é possível fazer a nota soar de qualquer modo pressionando-a com força suficiente, com um dedo da mão esquerda, martelando-a do nada.

Idiomatizando com hammer-ons

Nas Figuras 10-4 a 10-7 você vê alguns improvisos idiomáticos que utilizam hammer-ons. (Os pequenos números perto das cabeças da nota na notação padrão indicam o dedilhado da mão esquerda.)

» O improviso na Figura 10-4 usa hammer-ons com uma nota nas cordas soltas. Esse tipo de improviso pode ser ouvido no rock, blues ou country. Experimente para ter mais prática com os hammer-ons.

Faixa 32

FIGURA 10-4: Hammer-on com uma nota nas cordas soltas.

© John Wiley & Sons, Inc.

» Outro truque legal é tocar um acorde enquanto martela uma das notas. A Figura 10-5 mostra essa técnica, que James Taylor usa muita, no contexto de uma frase musical.

Faixa 33

FIGURA 10-5: Tocando uma corda enquanto martela uma das notas, no contexto de uma frase musical.

© John Wiley & Sons, Inc.

» A Figura 10-6 mostra hammer-ons de uma nota que envolvem apenas notas pressionadas. Você pode ouvir esse tipo de improviso em muitas músicas de rock e blues. Os movimentos de palheta para baixo são indicados pelo

DICA

símbolo ⊓, e para cima, pelo símbolo V. (*Sim.* significa continuar tocando de uma maneira similar; aqui se refere ao padrão de palheta indicado.)

Mantenha o 1º dedo com pestana na 5ª casa para esse improviso quando tocar. Você terá um som mais suave e achará mais fácil de tocar também.

» A Figura 10-7 combina um hammer-on com díade e um hammer-on do nada na 5ª posição. (Veja o Capítulo 7 para ter informações sobre como tocar em posição.) Tente tocar com palheta a última nota e poderá ver facilmente que o hammer-on do nada fica mais confortável do que a versão com palheta da nota.

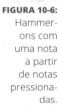

FIGURA 10-6: Hammer-ons com uma nota a partir de notas pressionadas.

Faixa 34, 0:00

© John Wiley & Sons, Inc.

FIGURA 10-7: Hammer-on com díade mais um hammer-on do nada.

Faixa 34, 0:08

© John Wiley & Sons, Inc.

Suavizando com Pull-Offs

Como o hammer-on, o *pull-off* é uma técnica que permite ligar as notas com mais suavidade. Permite tocar duas notas descendentes consecutivas usando a palheta apenas uma vez com a mão direita e, quando a primeira nota vibra, tirando o dedo da casa. Ao tirar o dedo da casa, a próxima nota pressionada mais baixa (ou solta) na corda vibra, em vez da primeira.

Você pode considerar um pull-off como o oposto de um hammer-on, mas esse contraste particular realmente não é tudo. Um pull-off também requer uma leve puxada na corda onde você pressiona a nota tocada com palheta, e então que solte a corda em um movimento rápido enquanto tira o dedo da casa; algo como o que você faz no "jogo da pulga", em que fichas são lançadas dentro de um vaso.

Nota: a notação da tab (e a padrão) neste livro indica um pull-off mostrando uma ligadura conectando dois (ou mais) números (ou notas) descendentes da tab.

As seções a seguir mostram tudo o que você precisa saber sobre ligar as notas com a técnica pull-off, e quando terminar de ler as etapas e improvisos fornecidos, estará pronto para fazer o pull-off.

Tocando com pull-offs

Um pull-off (ou *pull*, para abreviar) em uma corda solta é o tipo mais fácil de tocar. Veja a seguir as etapas para o pull-off de corda solta mostrado na Figura 10-8a:

1. **Pressione a 3ª corda na 2ª casa com o 1º ou 2º dedo (o que for mais confortável) e toque com palheta a nota normalmente com a mão direita.**

2. **Com a nota ainda vibrando, tire o dedo da corda em um movimento inclinado (em direção à 2ª corda), de modo a fazer a 3º corda solta vibrar, quase como se você estivesse puxando com um dedo da mão esquerda.**

   Se você estiver tocando com velocidade, não poderá puxar a corda quando remover o dedo, estará meio levantando e meio puxando... ou algo parecido. Experimente encontrar o movimento de dedo da mão esquerda que melhor funcione para você.

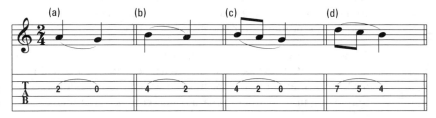

FIGURA 10-8: Quatro tipos de pull-offs.

© *John Wiley & Sons, Inc.*

A Figura 10-8b mostra um pull-off envolvendo notas pressionadas. O fator crucial ao tocar esse tipo de pull-off é que *você deve dedilhar as duas notas do pull-off antes do tempo*. Colocamos essa última parte em itálico porque é muito importante. Esse requisito é uma das grandes diferenças entre um hammer-on e um pull-off. Você deve prever, ou definir, um pull-off antes. A seguir estão os passos para tocar o pull-off pressionado e mostrado na Figura 10-8b:

1. **Pressione a 2ª casa da 3ª corda com o 1º dedo e a 4ª casa da 3ª corda com o 3º dedo *ao mesmo tempo*.**

2. **Toque a 3ª corda com a palheta, e com a nota da 4ª casa ainda vibrando, tire o 3º dedo da 4ª casa (metade puxando, metade levantando) para a nota na 2ª casa soar (que você já está dedilhando).**

DICA

Tente evitar tocar sem querer na 2ª corda quando tirar o dedo. E mais: é possível ver que se você ainda não estiver pressionando a nota da 2ª casa, acabará puxando a corda solta, em vez daquela da 2ª casa!

Depois de pegar o jeito com os pull-offs anteriores, poderá tentar um pull-off dobrado e o pull-off com díade, das próximas seções.

Pull-off duplo

A Figura 10-8c mostra um *pull-off duplo* na 3º corda solta. Comece pressionando simultaneamente as duas primeiras notas na 2ª e 4ª casas (com o 1º e 3º dedos, respectivamente). Toque a corda com a palheta e puxe com o 3º dedo para vibrar a nota na 2ª casa, e depois puxe com o 1º dedo para vibrar a corda solta.

TOQUE ISSO

A Figura 10-8d mostra um pull-off duplo na 3ª corda usando apenas notas pressionadas. Comece com todas as três notas pressionadas nas 4ª, 5ª e 7ª casas (usando os 1º, 2º e 4º dedos, respectivamente). Toque a corda com a palheta e puxe com o 4º dedo para vibrar a nota na 5ª casa, e depois puxe com o 2º dedo para vibrar a nota na 4ª casa. Verifique o Videoclipe 46 para ver todos os quatro pull-offs na Figura 10-8.

Pull-off com díade

Também é possível tocar pull-offs como díades. Como nos hammer-ons, os *pull-offs com díades* mais comuns e fáceis de tocar são aqueles em que as notas com díade ficam na mesma casa, permitindo fazer uma pestana. (Veja o Capítulo 8 para ter mais informações sobre as díades.)

A Figura 10-9a mostra um pull-off com díade em cordas soltas na 2ª e 3ª cordas. Depois de tocar as notas na 2ª casa, e com as cordas ainda vibrando, tire o 1º dedo (metade puxando, metade levantando) das duas cordas ao mesmo tempo (em um movimento) para que as cordas soltas soem.

Em seguida, tente um pull-off com díade da 4ª casa até a 2ª, como mostrado na Figura 10-9b. Coloque o 1º dedo na 2ª casa, fazendo uma pestana na 2ª e 3ª cordas, e coloque o 3º dedo na 4ª casa (também fazendo uma pestana na 2ª e

PARTE 3 **Além do Básico: Começando a Tocar Bem**

3ª cordas) *ao mesmo tempo.* Use a palheta nas cordas e tire o 3º dedo da 4ª casa para vibrar as notas na 2ª casa de ambas as cordas.

Agora tente um *pull-off duplo com díade* nas mesmas cordas, como mostrado na Figura 10-9c. Esse tipo de pull-off é parecido com o que você toca no exemplo mostrado na Figura 10-9b, exceto que, depois das notas na 2ª casa soarem, você tira o 1º dedo da 2ª casa para que as cordas soltas soem.

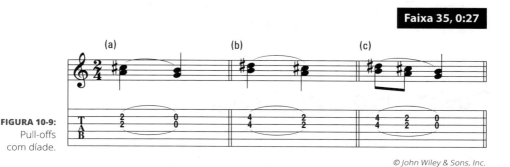

FIGURA 10-9: Pull-offs com díade.

© John Wiley & Sons, Inc.

Idiomatizando com pull-offs

Nas Figuras 10-10 e 10-11 você vê dois improvisos idiomáticos usando pull-offs.

» A Figura 10-10 envolve pull-offs com uma nota nas cordas soltas. Você pode ouvir esse tipo de improviso em muitas músicas de rock e blues.

» A Figura 10-5, na seção "Idiomatizando com hammer-ons", anteriormente neste capítulo, mostra como tocar um acorde enquanto martela em uma nota desse acorde. A Figura 10-11 mostra o oposto: tocar um acorde enquanto puxa uma nota. A passagem na Figura 10-11 começa com dois pull-offs com uma nota, só para aquecer.

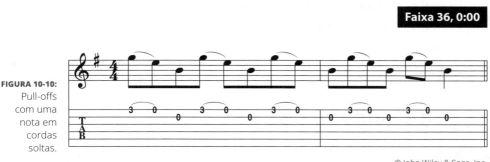

FIGURA 10-10: Pull-offs com uma nota em cordas soltas.

© John Wiley & Sons, Inc.

FIGURA 10-11: Tocando um acorde enquanto puxa uma das notas.

© John Wiley & Sons, Inc.

Deslizando com Slides

Slide é uma técnica de articulação na qual você toca uma nota e move o dedo da mão esquerda na corda para uma casa diferente. Essa técnica permite ligar duas ou mais notas com suavidade e rapidez. Também permite mudar as posições na escala de forma contínua.

São possíveis muitos tipos diferentes de slides. O mais básico inclui aqueles na lista a seguir (mostramos como dominar esses slides nas seções a seguir, exceto o último):

» Slides entre duas notas onde você toca apenas a primeira nota com palheta.
» Slides entre duas notas onde você toca as duas com palheta.
» Slides a partir de um tom indefinido algumas casas acima ou abaixo da nota-alvo. (O tom é indefinido porque você começa o slide com muito pouca pressão do dedo, aumentando-a gradualmente até chegar na casa-alvo.)
» Slides para um tom indefinido algumas casas acima ou abaixo da nota inicial. (O tom é indefinido porque você libera gradualmente a pressão do dedo enquanto se afasta da casa inicial.)
» Slides para a base.

Nota: na notação da tab (e padrão), indicamos um slide com uma linha inclinada (aproximando-se de uma nota, ligando duas notas ou após uma nota).

Tocando slides

DICA

O nome dessa técnica, *slide*, dá uma boa dica sobre como tocá-la [N.T.: slide, em inglês, significa deslizar]. Você desliza (slide) um dedo da mão esquerda para cima ou para baixo em uma corda, mantendo contato com ela, até chegar em uma nova nota. Às vezes você liga duas notas (por exemplo, desliza da 7ª casa

136   PARTE 3 **Além do Básico: Começando a Tocar Bem**

para a 9ª), e outras, liga uma nota (em certa casa) com um tom *indefinido* (você produz tons indefinidos tocando uma corda com a palheta enquanto aumenta ou diminui gradualmente a pressão do dedo ao deslizar). Descreveremos as duas técnicas nas seções a seguir.

Ligando duas notas

A Figura 10-12a mostra uma ligadura junto de uma linha inclinada. A ligadura indica que é um *slide legato*, significando que você *não usa a palheta na segunda nota*. Toque a primeira nota na 9ª casa normalmente, segurando-a por uma batida. Na batida 2, com a corda ainda vibrando, deslize rapidamente o dedo da mão esquerda para a 12ª casa, mantendo a pressão do dedo o tempo inteiro. Essa ação faz a nota na 12ª casa soar sem ser tocada com a palheta.

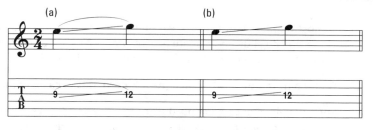

FIGURA 10-12: Dois tipos de slides: um com a segunda nota sem ser tocada e outro com ela tocada.

© John Wiley & Sons, Inc.

TOQUE ISSO

Na Figura 10-12b, que mostra um slide *sem* ligadura, você *usa* a palheta na segunda nota. Toque e segure a nota na 9ª casa por uma batida. Depois, na batida 2, deslize para a 12ª casa, mantendo a pressão do dedo o tempo todo, e toque a 3ª corda com a palheta apenas quando chegar na 12ª casa. Assista ao Videoclipe 47 para ver as diferenças entre um slide com e sem ligadura.

PAPO DE ESPECIALISTA

Se você tocar o slide da Figura 10-12b bem lentamente, produzirá o que é conhecido como *glissando*. Glissando (ou *gliss.*, para abreviar) é um efeito que você ouve em harpas, pianos e guitarras quando todas as notas soam entre duas notas principais.

Trabalhando com tons indefinidos

O que chamamos de *slide imediato ascendente* é um slide rápido, fora da base, que serve para decorar apenas uma nota, e não é algo que você usa para ligar duas notas diferentes. No exemplo mostrado na Figura 10-13a, você desliza para a 9ª casa da 3ª corda a partir de algumas casas abaixo. Siga estas etapas:

1. **Comece o slide cerca de três casas abaixo da casa-alvo (a 6ª casa, se a 9ª casa for o alvo), usando uma mínima pressão do dedo.**

2. Conforme o dedo desliza para cima, aumente gradualmente a pressão, para que, ao chegar na casa-alvo, você tenha a máxima pressão.

3. Toque a corda com a palheta enquanto o dedo da mão esquerda está em movimento, em algum lugar entre a casa inicial e a casa-alvo (6ª e 9ª casas, neste exemplo).

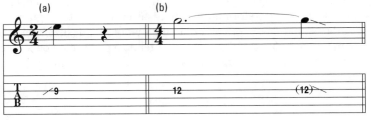

FIGURA 10-13: Slides imediatos ascendente e descendente.

© John Wiley & Sons, Inc.

O slide mostrado na Figura 10-13b é o que chamamos de *slide imediato descendente*. Esse tipo de slide geralmente ocorre depois de segurar uma nota por um tempo. Resulta em uma nota longa com final especial. Siga estas etapas:

1. Toque a nota que a tab indica (na 12ª casa, nesse caso) como sempre.

2. Após deixar a nota soar na duração indicada, deslize o dedo da mão esquerda para baixo na corda, liberando gradualmente a pressão enquanto desliza, criando um efeito de desaparecimento.

Depois de algumas casas, levante completamente o dedo da corda, a menos que queira tocar o que é conhecido como *slide longo*. Nesse caso, pode deslizar o dedo até o final do braço, liberando a pressão (e finalmente tirando o dedo da corda) perto do fim, com a proximidade que quiser da pestana.

Tocando improvisos idiomáticos com slides

As Figuras 10-14 e 10-15 mostram dois improvisos idiomáticos usando slides.

» A Figura 10-14 mostra slides imediatos ascendentes, inclusive um slide com díade e pestana. Use o 1º dedo para tocar a díade com pestana na 5ª casa, deslizando a partir de uma ou duas casas abaixo. Esse improviso tem um som típico de Chuck Berry.

» A Figura 10-15 (que também contém um hammer-on e um pull-off) mostra como você pode usar slides para mudar suavemente as posições. (Os pequenos números na notação-padrão indicam o dedilhado da mão esquerda.) Aqui você vai da 3ª posição para a 5ª e volta para a 3ª. Observe que a tablatura indica os slides com ligaduras, então não toque a segunda nota de cada slide. E siga as indicações da palheta com movimentos para baixo e para cima na tab (⊓ e V); você usa a palheta nas notas apenas cinco vezes, apesar de realmente tocar nove notas!

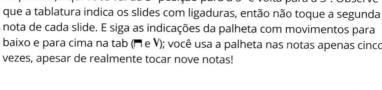

FIGURA 10-14: Alguns slides no estilo Chuck Berry.

© John Wiley & Sons, Inc.

FIGURA 10-15: Mudando as posições com slides.

© John Wiley & Sons, Inc.

Esticando com Bends

Mais do que qualquer outro tipo de articulação, o *bend da corda* é o que faz sua guitarra falar (cantar ou chorar), dando ao instrumento capacidades expressivas semelhantes à voz. *Curvar* (bend) nada mais é do que usar um dedo da mão esquerda para puxar ou empurrar uma corda de seu alinhamento normal, esticando-a na escala em direção à 6ª ou 1ª corda, aumentando o tom.

PAPO DE ESPECIALISTA

Quando você curva uma corda, o aumento do tom pode ser pequeno ou grande. Entre as curvas menores e maiores possíveis há graus infinitos intermediários. São esses graus infinitos que fazem sua guitarra cantar.

Nota: a notação da tablatura neste livro indica um bend usando uma seta curva, um número ou uma fração (ou ambos) no topo da seta. A fração ½, por exemplo, significa que você curva a corda até o som ficar um semitom (o equivalente a uma casa) mais alto que o normal. O número 1 acima de uma seta curva significa que você curva a corda até o som estar um tom (o equivalente a duas casas) mais alto que o normal. Você também pode ver trações como ¼ e ¾ ou números maiores como 1 ½ ou 2 acima de uma seta curva. Todas essas frações ou números informam quantos tons (inteiros) curvar a nota. Mas ½ e 1 são os bends mais comuns vistos na maioria das notações da tab.

Nota: a notação padrão neste livro indica um bend com uma ligadura "pontuda" conectando a nota sem bend à nota (com bend) que soa (veja a Figura 10-17 para ter exemplos de ligaduras pontudas).

DICA

É possível verificar se você está curvando em sintonia pressionando a nota-alvo normalmente e comparando com a nota com bend. Se o bend indicar um tom (1) na 7ª casa da 3ª corda, por exemplo, toque a 9ª casa normalmente e ouça o som com atenção. Então, tente usar o bend na nota da 7ª casa para corresponder ao som da 9ª casa em sua cabeça.

Em geral você não faz muito bend nas cordas dos violões, porque elas são muito grossas. Na guitarra, onde curvar as cordas é uma técnica importante, as cordas são mais finas.

Nas seções a seguir, mostraremos passo a passo o que você precisa saber para tocar bends e daremos alguns improvisos para praticar.

PAPO DE ESPECIALISTA

As cordas são medidas em *calibres*, e esse termo se refere ao diâmetro da corda em milímetros. Um jogo de cordas acústicas de calibre menor começa com o diâmetro da 1ª corda em 0,012 pol., que geralmente é considerado impossível de curvar, exceto pelos masoquistas mais dedicados. (Os guitarristas se referem ao jogo completo como *doze*.) Para as guitarras, os calibres mais comuns começam com jogos que usam 0,009 ou 0,010 para a corda superior (*nove* e *dez*, para usar o linguajar). Você pode curvar com 0,011 e 0,012 (*onze e doze*) em sua guitarra, mas fazer isso só será divertido se gostar de sentir dor.

Tocando bends

Use a foto na Figura 10-16a como um ponto de partida para tocar um bend. Você toca esse bend na 3ª corda com o 3º dedo, que representa uma situação de bend muito comum, provavelmente a mais comum. Siga estas etapas:

1. **Coloque o 3º dedo na 7ª casa, mas *apoie* o 3º dedo colocando o 2º dedo na 6ª casa e o 1º dedo na 5ª, tudo ao mesmo tempo (veja a Figura 10-16a).**

   DICA

   Os 1º e 2º dedos não produzem nenhum som, mas aumentam a força no bend. Apoiar o bend com qualquer outro dedo disponível é sempre uma boa ideia.

2. **Toque a 3ª corda com a mão direita.**

3. **Depois de tocar com a palheta, use todos os três dedos juntos para empurrar a corda em direção à 6ª corda, elevando o som em um tom (até o som que você normalmente obtém na 9ª casa; veja a Figura 10-16b).**

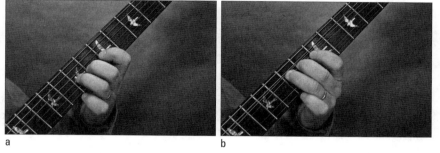

FIGURA 10-16: Antes do bend (a) e depois (b). a   b

Fotografias cortesia de Jon Chappell

DICA

Empurrar a mão no braço enquanto você executa o bend dá uma alavanca adicional. E mais, usar cordas com *calibre menor*, ou fino, na guitarra também facilita fazer o bend.

A Figura 10-17 mostra como os bends ficam na notação padrão e na tab.

> » A Figura 10-17a mostra o que chamamos de *bend imediato*. Toque a nota com palheta e curve imediatamente para cima.
>
> » A Figura 10-17b é chamada de *curvar e liberar*. Toque a nota com a palheta, curve-a (sem tocar de novo) e volte (libere sem tocar de novo) para sua posição normal. Diferente do bend na Figura 10-17a, esse aqui não é imediato; pelo contrário, você o verá indicado em uma base específica (que pode ser ouvida na Faixa 40). É possível consultar esse tipo de bend como *bend na base* ou *bend medido*.
>
> » A Figura 10-17c mostra uma ação *pré-curvar e liberar*. Você pré-curva a nota ou a curva *antes* de tocá-la com a palheta. Curve a nota como fez na Figura 10-17a, mas não toque a corda com a palheta até depois de curvá-la. Depois de tocar a nota, volte (libere sem tocar de novo) a corda para sua posição normal. Para os leitores de música: observe que na notação padrão, o som da casa onde você dedilha, que é o som que você libera (sem bend), é mostrado no início da figura como uma pequena nota entre parênteses.

CAPÍTULO 10 **Articulação Especial: Fazendo a Guitarra Falar**   141

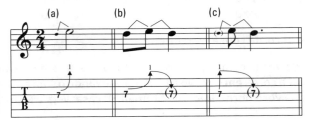

FIGURA 10-17: Três tipos de bends.

© John Wiley & Sons, Inc.

Confira o Videoclipe 48 para ver como a mão esquerda se move nos três tipos de bends na Figura 10-17.

Quase sempre, como mostram os exemplos nessa figura, você empurra a corda em direção à 6ª corda (ou em direção ao teto). Mas se curvar as notas sobre as duas cordas inferiores (5ª e 6ª cordas), *empurrará* em direção à 1ª corda (ou em direção ao chão); do contrário, a corda sairá da escala.

Idiomatizando com bends

Nesta seção você toca vários improvisos que apresentam diversos bends, inclusive o bend imediato, bend na base, curvar e liberar, bend preso e bend com díade. Daremos os detalhes de cada um nas seções a seguir.

Tocando bends imediatos em um solo de rock

A Figura 10-18 mostra uma figura de bend muito comum que você pode usar no solo de rock. Observe o dedilhado que a pauta de notação padrão indica. Sua mão esquerda se move com dificuldade; fica presa na 5º posição (veja o Capítulo 7 para ter mais informações sobre as posições), com o 1º dedo fazendo pestana na 1ª e 2ª cordas na 5ª casa. A segunda nota da figura (5ª casa, 2ª corda) tem a mesma nota (E) do seu bend de destino, portanto, é possível usar essa segunda nota para testar a precisão do bend. Logo você começará a sentir até que ponto precisa curvar uma corda para conseguir um tom ou semitom na nota. Todos os bends neste exemplo são imediatos.

Depois de tocar cada bend da 3ª corda, um pouco antes de tocar a nota da 2ª corda, reduza a pressão do dedo em relação à nota curvada. Essa ação faz com que a 3ª corda pare de vibrar quando você toca a 2ª corda com a palheta.

142 PARTE 3 **Além do Básico: Começando a Tocar Bem**

FIGURA 10-18: Curvando a 3ª corda em um solo clássico de rock'n'roll.

Tocando um bend imediato e um bend na base no mesmo improviso

Na Figura 10-19, você curva a 2ª corda, uma vez como um bend imediato e outra vez como um bend na base. Ouça a Faixa 42 para escutar o exemplo. Tecnicamente, como você está na 12ª posição, deve usar o 4º dedo para tocar a 15ª casa. Mas indicamos (na notação padrão) que use o 3º dedo, pois se estiver na 12ª casa, as casas estarão mais juntas, portanto, o 3º dedo (que é mais forte que o 4º) poderá fazer isso com facilidade. **Nota:** a indicação 8va sobre a notação padrão na Figura 10-19 informa para você tocar uma oitava acima das notas escritas.

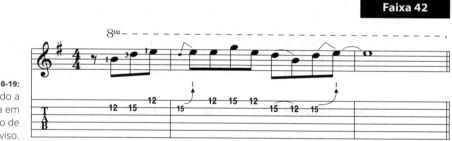

FIGURA 10-19: Curvando a 2ª corda em um solo de improviso.

Curvando e liberando

Você toca os exemplos mostrados nas Figuras 10-18 e 10-19 no que os guitarristas de solo chamam de *padrão box*, ou seja, um grupo de notas em uma posição que lembra vagamente a forma de uma caixa. Você pode usar esse padrão para improvisar solos. (Para ter mais informações sobre os padrões box e solos, veja os Capítulos 11 e 12.)

TOQUE ISSO

A Figura 10-20 usa um pequeno padrão box na 8ª posição. Este exemplo mostra a ação de curvar e liberar, na qual o bend é imediato e a liberação é na base. Ouça a Faixa 43 para escutar o som.

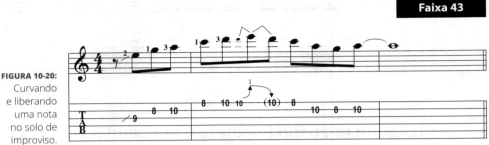

FIGURA 10-20: Curvando e liberando uma nota no solo de improviso.

Curvando uma corda em duas direções

LEMBRE-SE

Embora você curve a maioria das notas empurrando uma corda em direção à 6ª corda, às vezes pode precisar curvar para o outro lado, até mesmo uma corda do meio ou superior (mas *não* a 1ª corda, porque ela sairá do braço). Você precisará usar esse tipo de bend na direção oposta se a nota após um bend estiver em uma corda adjacente à corda curvada. É preciso curvar *para longe* da próxima corda, do contrário, o dedo que curva poderá tocá-la sem querer, abafando o som.

A Figura 10-21 mostra dois bends com o 1º dedo e semitom na 3ª corda. O primeiro curva em direção à 6ª corda porque a nota seguinte está na 2ª corda. (Lembre-se de que você está curvando *para longe* da nota seguinte.) Porém, o segundo curva em direção ao chão porque a nota seguinte está na 4ª corda adjacente. Mais uma vez, você está curvando para longe da próxima nota.

Experimentando um bend preso

TOQUE ISSO

Você pode criar um efeito interessante curvando uma nota, deixando-a vibrar no estado curvado, tocando uma nota em outra corda, tocando de novo a corda curvada e liberando-a. Muitos guitarristas de rock do sul dos EUA e country rock são fãs desse tipo de bend. A Figura 10-22 mostra essa técnica de *bend preso*. Na tablatura, a linha pontilhada após a seta curva para cima indica que você segura o bend não apenas quando toca a 2ª corda, mas também quando toca de novo a 3ª corda (a seta vertical acima da nota na 3ª corda tocada de novo indica que a nota já está curvada); a linha sólida curva para baixo mostra a liberação do bend. Curve a 3ª corda em direção ao teto para que o dedo que curva não atrapalhe a 2ª corda. Ouça a Faixa 45 para escutar esse improviso.

FIGURA 10-21: Curvando a mesma nota em duas direções diferentes. Os asteriscos e notas de rodapé informam em qual direção curvar.

© John Wiley & Sons, Inc.

FIGURA 10-22: Curvando e segurando uma nota enquanto toca outra corda, em seguida, tocando de novo e liberando a nota curvada.

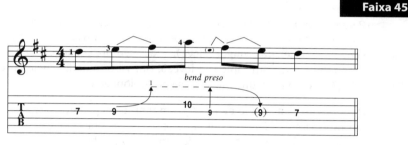

© John Wiley & Sons, Inc.

Tocando um bend com díade

Você também pode tocar bends como díades (chamados de *bends com díades*), basta curvar duas cordas ao mesmo tempo, em geral fazendo uma pestana nas duas cordas com um dedo. (Veja o Capítulo 8 para ter mais informações sobre as díades.) A Figura 10-23 mostra um bend com díade da 2ª e 3ª cordas no padrão box na 5ª casa. Use o 1º dedo para tocar a díade na 5ª casa, então use o 3º dedo para tocar o bend com díade e liberar na 7ª casa. A seta dupla na tab informa para curvar as duas notas. A propósito, o bend com díade usa apenas uma seta na liberação só para evitar confusão na notação; vá em frente e libere as duas notas.

CAPÍTULO 10 **Articulação Especial: Fazendo a Guitarra Falar** 145

FIGURA 10-23: Bend com díade e liberação.

© John Wiley & Sons, Inc.

Variando o Som com Vibrato

Pense no termo *vibrato* e pode imaginar uma voz oscilante de um cantor ou a mão agitada de um violonista. Porém na guitarra, *vibrato* é uma flutuação do som estável e exata (em geral leve), quase sempre conseguida curvando e liberando uma nota com rapidez e leveza. Um vibrato pode adicionar entusiasmo, emoção e dar vida a uma nota presa ou prolongada.

O momento mais óbvio de aplicar um vibrato é quando você segura uma nota por muito tempo. É nessa hora que se pode adicionar emoção usando o vibrato. Ele não só dá à nota mais entusiasmo, como também aumenta seu período de sustentação. Alguns guitarristas, como o grande B. B. King, do blues, são conhecidos por sua técnica de vibrato expressiva. A tablatura e a notação padrão indicam um vibrato colocando uma linha ondulada no topo da pauta, acima da nota na qual aplicar a técnica.

Nas seções a seguir, descreveremos diferentes técnicas para produzir o vibrato e forneceremos atividades de prática.

Vendo métodos para produzir vibrato

Você pode produzir um vibrato de várias maneiras:

» **Pode curvar e liberar levemente uma nota repetidas vezes, criando um efeito ua-ua-ua.** O som médio do vibrato é um pouco mais alto do que a nota inalterada. A técnica da mão esquerda para esse método é igual à técnica para curvar: você move um dedo para trás e para frente, perpendicular à corda, criando uma flutuação do som.

> » **Pode deslizar com muita rapidez o dedo para trás e para a frente no comprimento da corda, dentro de uma casa.** Embora você realmente não mova o dedo para fora da casa, o som fica um pouco mais agudo conforme vai em direção ao cavalete e um pouco mais grave em direção à pestana. Como consequência, o som médio do vibrato é igual à nota inalterada. Esse tipo de vibrato é reservado quase exclusivamente ao violão clássico com cordas de náilon. (Veja o Capítulo 14 para ter mais informações sobre o violão clássico.)
>
> » **Se sua guitarra tem uma alavanca, é possível movê-la para cima e para baixo com a mão direita, criando uma flutuação no som.** Além de dar mais flexibilidade rítmica e alcance da nota, a alavanca permite adicionar vibrato a uma corda solta. (Para saber mais sobre a alavanca, veja o Capítulo 1.)

O primeiro tipo de vibrato, curvar e liberar, de longe é o mais comum e é o mostrado nos exemplos deste capítulo. Apoie o dedo do vibrato, com os outros dedos disponíveis colocados na corda ao mesmo tempo. Você pode mover a mão inteira girando-a no pulso e mantendo o dedo fixo ou pode mover apenas o(s) dedo(s). Experimente os dois modos e veja qual é mais confortável.

Praticando o vibrato

Você pode achar que tocar um vibrato fica mais fácil se ancora a mão esquerda no braço enquanto toca. Aperte o braço um pouco entre a lateral do polegar e a parte da palma da mão que fica um pouco abaixo do 1º dedo. Essa ação dá um melhor encaixe e ajuda a controlar a flutuação.

A Figura 10-24a mostra um vibrato na 9ª casa da 3ª corda. Ancore a mão, como descrito no parágrafo anterior, curve e libere levemente a nota repetidas vezes. Experimente o vibrato com cada dedo. Experimente em casas e cordas diferentes. A notação para um vibrato nunca informa a velocidade com a qual curvar e liberar, é você quem decide. Mas se você toca um vibrato rápido ou lento, mantenha as flutuações estáveis e exatas.

Contudo, a notação *informa* se deve fazer um vibrato *curto* (ou seja, curvar a corda apenas de leve, menos de um semitom, para cada pulsação) ou *amplo* (curvar a corda por mais tempo, um semitom ou mais). A Figura 10-24a mostra um vibrato regular (curto), e a Figura 10-24b mostra um amplo, indicando o último com uma linha ondulada exagerada (com oscilações mais marcadas). Tente tocar um vibrato amplo com cada dedo. Experimente em casas e cordas diferentes.

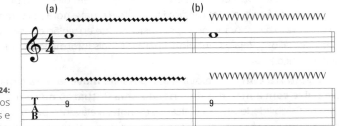

FIGURA 10-24: Vibratos curtos e amplos.

© John Wiley & Sons, Inc.

Se a nota que você segura for uma nota curva (veja a seção "Esticando com Bends", anteriormente neste capítulo), criará um vibrato *liberando e curvando* (em vez de curvando e liberando), porque a nota já está curvada quando o vibrato é iniciado. Essa ação torna o som médio mais baixo do que a nota presa (curvada), produzindo o som mais alto no vibrato.

Após um vibrato longo, os guitarristas geralmente tocam um slide descendente, liberando gradualmente a pressão do dedo conforme tocam, dando ao vibrato um finalzinho especial. Outro truque é tocar uma nota longa sem vibrato por um tempo, então adicionar um vibrato perto do final. Esse *vibrato atrasado* é a técnica favorita que os cantores geralmente usam.

Para praticar os vibratos, toque os exemplos mostrados nas Figuras 10-19, 10-20, e 10-23 de novo, mas acrescente o vibrato à nota final de cada figura. Tenha cuidado com o exemplo na Figura 10-19, pois a última nota é curvada, e você precisa soltar (liberar) e curvar a nota para produzir o vibrato. Se quiser, termine cada vibrato com um pequeno slide. (Veja a seção "Deslizando com Slides", anteriormente neste capítulo, para ter mais informações sobre a técnica.)

Suavizando com Muting

Para *abafar* notas ou acordes na guitarra, você usa a mão direita ou esquerda para tocar as cordas e amortecer parcial ou completamente o som. Você aplica o muting por um dos motivos a seguir:

» Para criar um som abafado e pesado como um efeito.
» Para evitar barulhos indesejados nas cordas que não está tocando.
» Silenciar comerciais de TV irritantes.

As seções a seguir mostram como usar o muting e fornecem algumas passagens para praticar.

Criando um som abafado e pesado como um efeito

Para usar o muting e criar efeitos de percussão, coloque levemente a mão esquerda em todas as seis cordas para evitar que elas vibrem quando as tocar. Não pressione totalmente na escala (o que faria as notas soarem), mas pressione o suficiente para impedir as cordas de vibrar. Então, toque as cordas com a palheta para ouvir o som abafado. A notação da tablatura indica esse tipo de muting colocando X nas linhas da corda (e no lugar das notas reais na pauta padrão), como mostrado na Figura 10-25a.

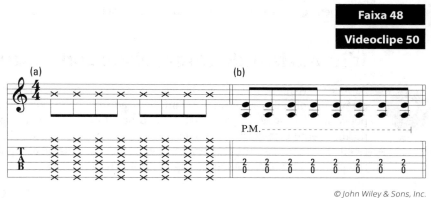

FIGURA 10-25: O muting com a mão esquerda produz uma pancada muda. O muting com a mão direita dá às notas um som abafado e pesado.

© John Wiley & Sons, Inc.

TOQUE ISSO

Embora o *muting da mão esquerda* amorteça completamente as cordas, o *muting da mão direita* amortece apenas parcialmente, com o grau desejado. Com o muting parcial, você ainda pode discernir os sons das cordas. Para realizar a técnica, coloque a palma (lateral) da mão direita sobre o cavalete quando tocar. Pode parecer um pouco desajeitado no início, mas não se preocupe. Com um pouco de prática, você poderá manter a mão no cavalete e ainda tocar as cordas com a palheta. Enquanto move a mão direita na escala, aumente a quantidade de muting. Assim poderá variar o grau. A notação da tab indica esse tipo de muting colocando as letras *P.M.* (*palm mute*) acima da pauta, com uma linha pontilhada indicando a duração, como mostrado na Figura 10-25b. Verifique o Videoclipe 50 para ver as posições das mãos esquerda e direita para o muting.

Sem barulhos indesejados na corda

LEMBRE-SE

Como iniciante, normalmente você não se preocupa muito em impedir barulhos indesejados; está envolvido demais apenas em encontrar uma posição confortável para as mãos no instrumento. Mas como guitarrista experiente, você evita os barulhos indesejados nas cordas o tempo todo, às vezes até sem perceber. A seguir estão alguns exemplos de como fazer isso:

» Se você dedilhar, digamos, a 7ª casa da 3ª corda sem o 3º dedo, o 3º dedo se apoiará levemente na 2ª corda, impedindo que ela vibre. E conforme você toca a corda com a palheta na mão direita, a palheta também fica na 2ª corda, impedindo ainda mais que ela soe.

» Se você tocar um acorde D em posição solta, mas não quer tocar a 6ª corda porque ela não pertence ao acorde, poderá elevar o polegar esquerdo no braço para ele tocar levemente a 6ª corda, assegurando que ela não soe.

» Se você tocar um acorde sem a corda do meio, precisará abafá-la com um dedo da mão esquerda. Por exemplo, muitas pessoas gostam de omitir a 5ª corda se tocam o acorde C em posição solta (mesmo que normalmente pressione essa corda para o acorde), só porque acham que fica melhor. O dedo que toca a 6ª corda se apoia na 5ª, abafando-a completamente.

Idiomatizando improvisos com muting

DICA

Se você toca o mesmo acorde várias vezes, sobretudo com pestana em um padrão estável de colcheias, pode criar um interesse adicional, às vezes, levantando um pouco a mão esquerda para abafar as cordas. Alternar o acorde pressionado normalmente e as cordas abafadas pode criar efeitos de *síncope* interessantes (efeitos em que a acentuação esperada e normal das notas é alterada ou interrompida de propósito). A Figura 10-26 demonstra a técnica.

FIGURA 10-26:
Fazendo uma síncope com o muting da mão esquerda.

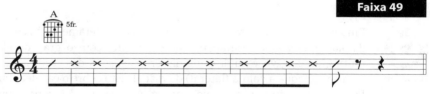

© John Wiley & Sons, Inc.

A Figura 10-27 demonstra como usar o muting da mão direita em uma figura típica de base de guitarra hard rock ou heavy metal. Mantenha a palma da mão no cavalete ou perto dele enquanto toca as notas que a tab indica como palm mute (P.M.). Não amorteça muito as notas, a ponto de não poder discernir os sons. Levante a mão direita para as notas acentuadas (indicadas pelo símbolo >).

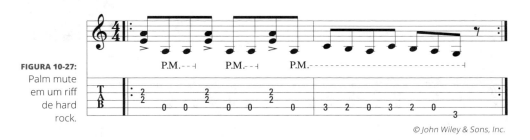

FIGURA 10-27: Palm mute em um riff de hard rock.

© John Wiley & Sons, Inc.

Nas gravações de Johnny Cash e outros clássicos de country, você pode ouvir o som das guitarras country abafadas. A Figura 10-28 é baseada em um acorde C simples, mas o palm mute dá ao riff um som country.

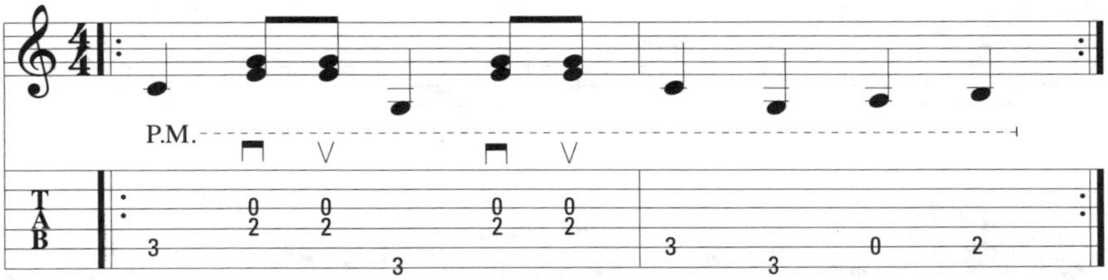

FIGURA 10-28: Palm mute em um riff de country.

© John Wiley & Sons, Inc.

Tocando uma Música com Articulação Variada

"The Articulate Blues" é um pequeno solo, no formato de blues de 12 compassos, que emprega todas as articulações vistas neste capítulo. (Veja os Capítulos 6, 11 e 12 para ter maiores informações sobre o blues de 12 compassos.) Ele combina notas simples, acordes e riffs. É um estilo integrado de tocar que os verdadeiros guitarristas usam. Vendo a notação da música, você identifica os slides, pull-offs, bends, vibratos e hammer-on. A tab não indica nenhum muting, mas você pode usar essa técnica sempre que quiser para evitar barulhos indesejados. No compasso 5, por exemplo, pode apoiar levemente o polegar esquerdo na 6ª corda para evitar que ela vibre enquanto toca o acorde A7.

The Articulate Blues

152 PARTE 3 **Além do Básico: Começando a Tocar Bem**

4

Uma Mistura de Estilos

NESTA PARTE...

Imite o modo de tocar de Chuck Berry e outros pioneiros da guitarra rock usando técnicas clássicas de rock'n'roll.

Deixe que sua guitarra complemente a essência profunda do blues com técnicas de blues elétrico e acústico.

Descubra como usar a dedeira em músicas populares e seja a estrela no acampamento.

Impressione até os músicos eruditos dominando algumas peças clássicas.

Aprenda acordes e melodias de jazz para poder andar com pessoas legais.

> **NESTE CAPÍTULO**
>
> » Conhecendo o rock'n'roll clássico
>
> » Usando técnicas de rock moderno, country rock e rock do sul dos EUA
>
> » Tocando músicas de rock
>
> » Acesse as faixas de áudio e os videoclipes em www.altabooks.com.br (procure pelo título do livro)

Capítulo **11**

Pronto para Balançar: Fundamentos da Guitarra Rock

Tocar rock'n'roll na guitarra é comprovadamente a maior diversão que você pode ter com um objeto inanimado nas mãos. Com o volume alto e a adrenalina circulando, nada melhor do que uma base pesada ou arrasar diante de fãs empolgados, ou mesmo diante do seu próprio sorriso de aprovação refletido no espelho. Tudo o que precisa fazer é descobrir como tocar alguns padrões simples e logo poderá mexer o quadril como Elvis, fazer a "duck walk" igual a Chuck Berry e girar como Pete Townshend.

LEMBRE-SE

Tirando toda a ousadia e representação, a guitarra rock é como qualquer outro estilo. Você absorve em etapas simples e fáceis, depois pratica, pratica e pratica até ficar natural. Após aprender algumas passagens de base e solo, e adquirir as técnicas, começa o trabalho real: fique na frente do espelho e aperfeiçoe os movimentos.

Neste capítulo, chegaremos em todas as notas altas: rock clássico, rock moderno, country rock e rock do sul. No caminho você poderá aprender algumas habilidades e técnicas, como tocar a partir de posições box e usar alternativas para afinar a guitarra.

Tocando Rock'n'Roll Clássico

O rock'n'roll clássico é definido aqui como um estilo simples que teve Chuck Berry como pioneiro e pode ser ouvido na fase inicial dos Beatles, Rolling Stones, The Who, The Beach Boys e outros que basearam seu som em uma sólida base de guitarra com acordes. Também inclui o som dos roqueiros baseados em blues, como Jimi Hendrix, Jimmy Page, do Led Zeppelin, e Eric Clapton, do Cream.

Nas seções a seguir, explicaremos como tocar a base e o solo da guitarra no estilo rock'n'roll clássico.

Base da guitarra

LEMBRE-SE

Grande parte de tocar guitarra rock envolve o que se conhece como base. Para um guitarrista, *tocar a base* significa fazer o acompanhamento, apoiar o vocalista ou outro instrumento. Na maioria das vezes, esse acompanhamento envolve tocar acordes e, em menor grau, tocar riffs de uma nota ou com díade (as duas ou três cordas inferiores). Ouça os versos de "Johnny B. Goode", de Chuck Berry, ou "I Saw Her Standing There", dos Beatles, para escutar uma boa base de guitarra inalterada, e ouça "Day Tripper", dos Beatles, para conhecer um riff de notas graves. Ouça também praticamente todas as músicas de Pete Townshend, do The Who, que é um dos principais guitarristas de base da guitarra e a pessoa que imortalizou a técnica "moinho de vento", ou seja, o movimento circular de grande efeito da mão direita ao tocar acordes.

Nas próximas seções, veremos dois elementos para tocar uma base da guitarra: acompanhamento de posição solta e progressão do blues de 12 compassos.

Acompanhamento de posição solta

O estilo Chuck Berry, que é uma *figura de base* simples (acompanhamento-padrão) em *posição solta* (usando cordas soltas), tem esse nome pelo fato de que quase todas as músicas dele usam esse padrão. A Figura 11-1 mostra o padrão desse estilo.

PAPO DE ESPECIALISTA

O padrão na Figura 11-1 apresenta um movimento no acorde entre duas notas, o *quinto* e *sexto graus* (tons) da escala (ou seja, da escala maior que corresponde a qualquer tom sendo tocado). (Você conhece a *escala maior*, aquela que escuta

156   PARTE 4 **Uma Mistura de Estilos**

quando toca todas as teclas brancas de C a C no piano, o conhecido *dó-ré-mi-fá-sol-lá-si-dó*.) Saber os graus não é importante, exceto que às vezes os músicos se referem a essa figura como *padrão 5 para 6*.

DICA

Para tocar essa base com eficiência, use a técnica a seguir:

» Ancore o 1º dedo (na 2ª casa) e acrescente o 3º dedo (na 4ª casa) quando precisar.
» Não levante o 1º dedo enquanto acrescenta o 3º.
» Toque as notas usando movimentos para baixo com a palheta.

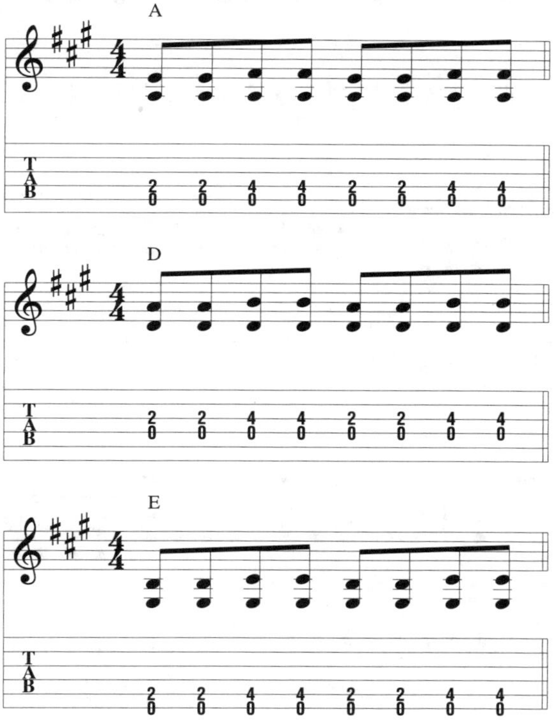

FIGURA 11-1: Riff clássico de acompanhamento de rock'n'roll de Chuck Berry para os acordes A, D e E.

© John Wiley & Sons, Inc.

Observe que os três acordes (A, D e E) na Figura 11-1 usam o mesmo dedilhado e as cordas soltas facilitam tocar o padrão.

Progressão do blues de 12 compassos

O padrão 5 para 6 na seção anterior parece ótimo, mas para que funcione, você precisa colocá-lo em progressão. A Figura 11-2 mostra o que é conhecido como

CAPÍTULO 11 **Pronto para Balançar: Fundamentos da Guitarra Rock** 157

progressão do blues de 12 compassos, uma progressão de acordes comum em muitas músicas de rock: "Johnny B. Goode", "Roll Over Beethoven", "Tutti Frutti", "At the Hop" e "Blue Suede Shoes", para citar algumas.

LEMBRE-SE

Observe que a progressão do blues de 12 compassos na Figura 11-2 está no tom de A, usa o padrão 5 para 6 e tem símbolos do acorde maior acima das notas. Essa progressão pode ocorrer em qualquer tom e geralmente usa acordes de 7ª da dominante (como no Capítulo 6), em vez de acordes maiores.

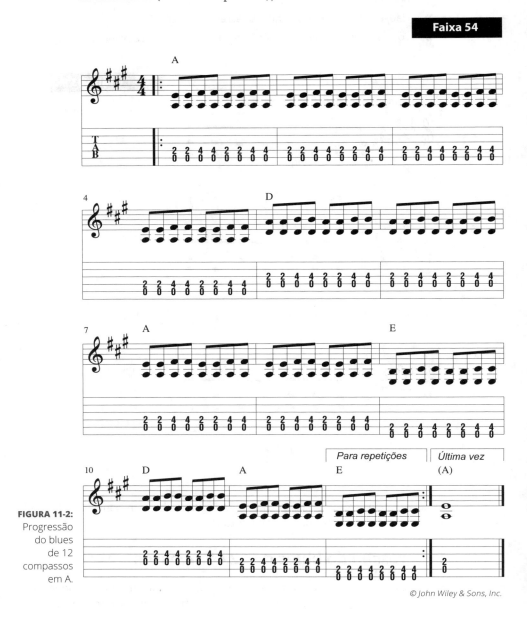

FIGURA 11-2: Progressão do blues de 12 compassos em A.

© John Wiley & Sons, Inc.

Solo da guitarra

Depois de adquirir habilidade para a base do rock'n'roll (veja a seção anterior), poderá querer experimentar um solo, que simplesmente envolve tocar notas simples com um acompanhamento em segundo plano. Você pode tocar *improvisos* memorizados, que são frases curtas e independentes, ou pode improvisar criando melodias na hora. Nesta seção, fornecemos os elementos fundamentais para ótimos solos de rock clássico, ajudamos a adicionar alguma articulação, mostramos como juntar tudo, e terminamos com algumas dicas sobre como criar seus próprios solos.

O que está por trás do Box I? Escala menor pentatônica

DICA

Você pode tocar um solo agora mesmo memorizando alguns padrões simples no braço da guitarra, conhecidos como *boxes*, que produzem resultados imediatos. Basicamente, os guitarristas memorizam um padrão dos dedos que vagamente relembra o formato de uma caixa — daí o termo posição *box* — e usam notas desse padrão (em várias ordens) repetidas vezes em todo o solo ou seção do solo. Ao fazer o solo com uma progressão básica de acordes, você pode continuar usando um padrão, mesmo que os acordes mudem. Aprendendo os boxes neste capítulo, seu arsenal para solar em um blues de 12 compassos estará quase completo. (Para ter mais informações sobre solos, veja o Capítulo 12.)

O primeiro box que mostraremos é composto de notas do que é conhecido como *escala menor pentatônica*, e é o box mais útil para o rock (e também é o pai dos boxes do blues; veja o Capítulo 12). Você não precisa pensar na teoria, escalas ou acordes, basta o dedilhado que memoriza. Esses padrões não têm "notas erradas", portanto, só de mover os dedos no tempo certo em uma base, você poderá tocar instantaneamente um solo de rock'n'roll na guitarra. Nem precisa adicionar água (o que será muito perigoso se estiver tocando guitarra).

PAPO DE ESPECIALISTA

A escala menor pentatônica tem cinco notas; sua fórmula, em graus da escala (em comparação com uma escala maior que inicia na mesma nota) é 1, ♭3, 4, 5, ♭7. Se as notas de uma escala de C maior, por exemplo, estiverem numeradas de 1 a 7 — C(1), D(2), E(3), F(4), G(5), A(6), B(7) —, as notas da escala menor pentatônica de C serão C(1), E♭(♭3), F(4), G(5), B♭(♭7). Essa é a teoria, mas agora, você só precisa memorizar um padrão e usar seu ouvido, não o cérebro, para guiar os dedos.

A Figura 11-3 mostra uma escala menor pentatônica de A com duas oitavas na 5ª posição. (Veja o Capítulo 7 para saber mais sobre posições.) Este exemplo é seu primeiro box, aqui chamado de *Box I*.

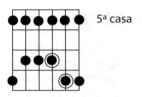

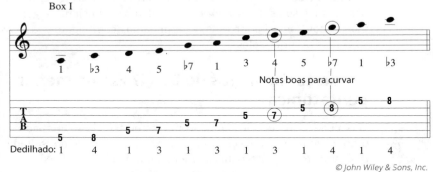

FIGURA 11-3: Box I: escala menor pentatônica de A com duas oitavas na 5ª posição.

© John Wiley & Sons, Inc.

Antes de prosseguir, entenda a correspondência dos diagramas do braço e da pauta. Observe que o diagrama do braço não mostra um acorde, mas uma escala, onde as notas são tocadas uma por vez, da mais baixa para a mais alta (como mostrado na notação padrão e na tab).

Observe que na Figura 11-3, mostramos (abaixo das notas na notação padrão) o grau da escala (não tão importante) e (abaixo dos números da tab) o dedilhado (muito importante) para cada nota. Também mostramos quais notas são boas para curvar. Memorize o dedilhado até tocar de olhos fechados. Será *essencial* saber esse padrão se quiser tocar rock na guitarra. Memorize. De verdade. Toque várias vezes, para cima e para baixo. Mesmo. (Estamos falando sério!)

Usamos o tom de A para todos os exemplos nesta seção porque os acordes do acompanhamento (como mostrados antes na Figura 11-2) são fáceis de tocar e as notas do solo ficam no meio do braço, um local mais confortável. Mas se você quiser tocar o solo em outros tons, suba ou desça os padrões do box no braço no número de casas adequado. Por exemplo, para tocar no tom de B, suba os boxes duas casas.

Ter um box para usar no improviso do solo na guitarra torna muito mais divertido tocar um rock'n'roll clássico (ou blues); você não precisa pensar, basta *sentir*. Naturalmente, não pode tocar apenas as cinco notas da escala para cima e para baixo, repetidas vezes, porque ficaria chato muito rápido. Em vez disso, use sua criatividade para criar improvisos utilizando a escala e acrescentando *articulações*, como bends, slides e hammer-ons, até ter um solo completo. (Consulte o Capítulo 10 para ver as técnicas de articulação.) Mostraremos como adicionar essas articulações na próxima seção.

Acrescentando articulações

LEMBRE-SE

O padrão de box mostra *o que* tocar, mas as articulações mostram *como* tocar. As articulações incluem *hammer-ons*, *pull-offs*, *slides*, *bends* e *vibrato*. São esses elementos que fazem o solo parecer um solo, dando expressão e personalidade a ele. O Capítulo 10 explica cada articulação passo a passo, mas mostramos como *usar* articulações para fazer um rock'n'roll virtuoso aqui.

A Figura 11-4 mostra um improviso com quatro compassos, usando as notas do Box I (escala menor pentatônica) nas ordens ascendente e descendente que você conecta usando hammer-ons e pull-offs. Observe como o som fica mais suave e harmonioso, em oposição ao que se ouve ao tocar cada nota separadamente com a palheta.

FIGURA 11-4: Usando hammer-ons e pull-offs no Box I.

Faixa 55

© John Wiley & Sons, Inc.

DICA

As *notas curvadas* (bend) provavelmente são o som mais legal nos solos, mas o segredo é saber quais notas curvar e quando. Ao usar o Box I, os guitarristas realmente gostam de curvar as notas nas 2ª e 3ª cordas, porque a tensão parece correta e eles curvam em direção ao teto, sua direção favorita. Comece curvando a nota do 3º dedo na 3ª corda e a nota do 4º dedo na 2ª corda. (Veja o Capítulo 10 para ter mais informações sobre como curvar uma nota.) A Figura 11-5 mostra uma frase típica com quatro compassos apresentando um bend da 3ª e 2ª cordas no Box I.

A Figura 11-6 mostra uma frase típica com dois compassos apresentando um bend com díade no Box I. A nota que está na 7ª casa da 2ª corda não faz parte da escala menor pentatônica de A, mas fica bem e é fácil de tocar porque o 3º dedo faz uma pestana nas duas notas da díade.

DICA

Adicione um vibrato à nota final para dar certa expressão.

FIGURA 11-5: Curvando as 3ª e 2ª cordas no Box I.

© John Wiley & Sons, Inc.

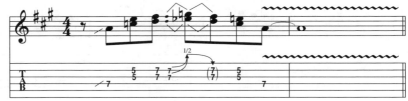

FIGURA 11-6: Bend com díade no Box I.

© John Wiley & Sons, Inc.

Criando um solo com o Box I

LEMBRE-SE

Um solo improvisado é algo que você cria e ninguém pode mostrar exatamente o que tocar. Mas podemos mostrar as ferramentas para fazer o solo para que você possa praticar e sentir. Além disso, sua personalidade é o destaque.

TOQUE ISSO

Por ora, comece sentindo como é tocar um solo com o padrão de acompanhamento de blues de 12 compassos que mostramos antes na Figura 11-2, incorporado na base da Faixa 54.

DICA

Observe que cada frase (nas Figuras 11-4, 11-5 e 11-6) que mostramos na seção anterior "Acrescentando articulações" alterna um compasso *ativo* (contendo muitas notas) e um compasso *estático* (com apenas uma nota). Essa alternância entre atividade e pausa acaba com a monotonia. Toque essas frases na ordem descrita nas próximas instruções e terá um solo de 12 compassos prontinho. (Se quiser, pode tocar o solo repetidas vezes.) Para tocar esse solo, basta seguir estas etapas:

1. **Para os quatro primeiros compassos do solo, toque duas vezes o improviso com díade, mostrado na Figura 11-6.**

PARTE 4 **Uma Mistura de Estilos**

2. **Para os próximos quatro compassos, toque o improviso com hammer-on/pull-off, como mostrado na Figura 11-4.**

3. **Nos últimos quatro compassos, toque o improviso de "bend na 3ª e 2ª cordas" (consulte a Figura 11-5).**

TOQUE ISSO

Destacamos as etapas anteriores na Figura 11-7. Tocar este exemplo lhe dará uma ideia de como fazer um solo... seu pequeno solo parecerá uma série de frases, como deveria ser. O Videoclipe 53 permite ver como a mão esquerda combina suavemente as diferentes frases.

FIGURA 11-7: Juntando os três improvisos do Box I para criar um solo de 12 compassos.

© John Wiley & Sons, Inc.

Seguindo para os Boxes II e III

Os próximos dois boxes, que aqui chamamos de *Box II* e *Box III*, não mostram notas em todas as seis cordas como o Box I, porque os guitarristas geralmente tocam apenas as notas nas duas ou três cordas superiores.

LEMBRE-SE

O Box II consiste em cinco notas, como mostrado na Figura 11-8. Observe que as duas notas na parte de cima do box (na 8ª casa) também fazem parte do Box I, mas no Box I, você as toca com o mindinho ou 3º dedo. Esse box mostra as notas da escala menor pentatônica de A na 8ª posição. De novo, na Figura 11-8, mostramos o grau da escala e o dedilhado de cada nota, assim como qual nota é boa para o bend.

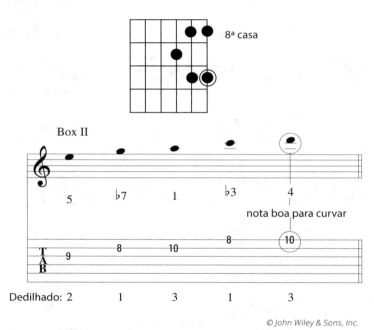

FIGURA 11-8: Notas no Box II.

© John Wiley & Sons, Inc.

DICA

O Box II é popular porque apresenta uma nota boa para o bend no 3º dedo, e essa nota também é a mais alta no box. Ao tocar um solo, ser *alta* é algo bom. Você pode tocar a nota mais alta no box e deixá-la ainda mais alta com um bend subindo um tom. Essa técnica produz um efeito bem dramático. Experimente.

Na Figura 11-9 você vê um improviso típico usando as notas do Box II que apresentam um bend na nota mais alta.

FIGURA 11-9: Um bend na nota mais alta do Box II.

© John Wiley & Sons, Inc.

O Box III é divertido porque algumas notas não estão na escala menor pentatônica de A, mas os guitarristas usam muito. A lista a seguir mostra tudo o que o Box III possui:

» O Box III é fácil de tocar e memorizar. É como o Box II, mas fica duas casas acima no braço.

» O Box III tem duas notas, F♯ (sexto grau) e B (segundo grau), que não estão na escala menor pentatônica de A. Isso é bom. Essas duas notas foram emprestadas da *escala maior principal* (a escala maior que inicia na mesma nota, nesse caso, A), e às vezes os guitarristas gostam de acrescentá-las à escala menor pentatônica para variar e apimentar. A *predominância* das notas da escala menor pentatônica é o que dá ao rock'n'roll clássico (e blues) seu estilo — não a exclusão total de todas as outras notas.

» A nota boa para o bend no Box III fica no 3º dedo.

» O primeiro grau da escala, a nota na qual com frequência você termina uma frase, está no 1º dedo na 2ª corda nesse box. Você tende a aplicar um vibrato na nota final de uma frase (sobretudo se a segura), e essa nota fornece um dedo e uma corda ideais para um vibrato.

A Figura 11-10 mostra o Box III (na 10ª posição para o tom de A). Novamente, mostramos o grau da escala e o dedilhado de cada nota, assim como circulamos a nota boa para o bend.

Muitas vezes, os guitarristas se concentram nas 2ª e 3ª cordas do Box III, como mostrado na Figura 11-1, que mostra uma frase típica do Box III. Não se esqueça do vibrato na última nota!

CAPÍTULO 11 **Pronto para Balançar: Fundamentos da Guitarra Rock** 165

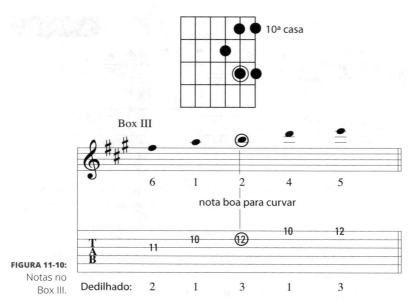

FIGURA 11-10: Notas no Box III.

FIGURA 11-11: Um improviso típico usando o Box III.

© John Wiley & Sons, Inc.

TOQUE ISSO

Se você quiser tocar um estilo rock'n'roll clássico agora, pule para "Chuck's Duck" na seção "Tocando Músicas no Estilo Rock", mais adiante neste capítulo.

Criando um solo com os Boxes I, II e III

Esta seção simplesmente reúne os improvisos dos três boxes descritos nas seções anteriores. Nenhuma informação nova é necessária; você só precisa reunir o que sabe, se leu as informações dadas nas seções. (Se não leu ainda, sugerimos que faça isso agora, antes de tentar o solo descrito aqui.) Em outras palavras, só *depois* de fazer os tijolos você pode reuni-los para construir uma casa.

166 PARTE 4 **Uma Mistura de Estilos**

Aqui, mostramos como criar um solo pronto de 12 compassos que consiste em seis frases com dois compassos (usando três boxes) que mostramos nas seções anteriores. Siga estas etapas:

1. **Toque o improviso com díade do Box I, como mostrado antes na Figura 11-6.**
2. **Toque o improviso de "curvar a 3ª corda" do Box I, como mostrado na primeira metade da Figura 11-5 (apresentada antes).**
3. **Toque o improviso do Box III, como na Figura 11-11.**
4. **Toque o improviso de "curvar a 2ª corda" do Box I, como na segunda metade da Figura 11-5.**
5. **Toque o improviso do Box II, como mostrado na Figura 11-9.**
6. **Toque de novo o improviso com díade do Box I, como na Figura 11-6.**

A Figura 11-12 mostra a música das etapas anteriores. Ouça a Faixa 61 para escutar como é o solo e assista ao Videoclipe 54 para ver e ouvir como é feito.

Conforme você tocar o solo repetidas vezes, entenderá como fazê-lo com os três boxes em uma progressão de blues de 12 compassos. A diversão começa depois de fazer seus próprios solos. A seguir, veja as diretrizes para criar seus próprios solos:

» Pense em termos de frases curtas tocadas juntas. Você pode até tocar só uma frase curta várias vezes, mesmo que os acordes de acompanhamento mudem. Uma boa maneira de compor uma frase é cantando. Cante uma frase curta em sua cabeça, mas use as notas do box.

» Acrescente articulação, especialmente bends, porque eles ficam muito bem. Adicione vibrato às notas longas que terminam uma frase, algumas vezes deslizando até o fim.

» Alterne entre atividade (muitas notas) e pausa (poucas notas, apenas uma nota ou até silêncio por algumas batidas).

» Mova-se entre os boxes para variar o solo.

Não fique inibido nem preocupado em cometer erros. Em nossa opinião, não é possível cometer erros, porque todas as notas nos boxes ficam boas em todos os acordes na progressão de acompanhamento. O único erro que você pode cometer é não fazer o solo por medo de parecer imperfeito. O solo requer prática, mas você ganhará confiança aos poucos. Se estiver com vergonha de fazer um solo na frente das pessoas, comece acompanhando as faixas de áudio onde ninguém possa ouvi-lo. Em pouco tempo, nada poderá pará-lo.

FIGURA 11-12: Reunindo seis improvisos com dois compassos a partir dos três boxes para criar um solo de 12 compassos.

© John Wiley & Sons, Inc.

DICA

Ouça as gravações para ter novas ideias à medida que sentir mais confiança para tocar. Quando ouvir, conseguirá perceber exatamente o que o guitarrista está tocando, porque a maioria usa os mesmos boxes, bends, vibratos, e assim por diante, que você. Alguns músicos bons para ouvir e ter ideias são Chuck Berry, Jimi Hendrix, Eric Clapton e Eddie Van Halen.

Dominando o Rock Moderno

Enquanto a base da guitarra do rock'n'roll clássico usa acordes simples, o *rock moderno* utiliza acordes diferentes dos acordes maiores, menores e de 7ª básicos. Os *acordes sus*, *add*, *slash* e acordes incomuns que resultam de afinar de novo a guitarra fazem parte do léxico do rock moderno. Esses acordes permitem criar cores e texturas inteiramente novos de base da guitarra, que são impossíveis na afinação padrão. Esse som foi um componente muito importante do movimento alternativo dos anos 1990. Exploraremos os acordes do rock moderno nas próximas seções.

Acordes sus e add

Em geral, os acordes são feitos pegando notas alternadas de uma escala maior. Por exemplo, se você cria um acorde com três notas pegando notas alternadas da escala de C maior (C–D–E–F–G–A–B), obtém C–E–G (um acorde de C maior). Os *membros* do acorde (as notas individuais que formam o acorde) são nomeados segundo os graus da escala: C é "1" (ou a *tônica* do acorde), E é "3" (ou o 3º grau do acorde), e G é "5" (ou o 5º acorde).

Nos *acordes sus,* você substitui o 3º grau pelo 4º, como em *sus4* (que se pronuncia "sus quatro") ou, às vezes, pelo 2º, como em *sus2*. O som resultante é incompleto ou indeterminado, mas interessante, nem maior nem menor.

Um *acorde add* é simplesmente um acorde básico (como um acorde maior) ao qual você adiciona uma nota extra. Se você tem um acorde C e adiciona uma nota D, por exemplo, tem um acorde *Cadd2* (que se pronuncia "dó add dois") com as notas C–D–E–G. Esse acorde é diferente de *Csus2*, sem E. (O D ocupa seu lugar.)

As seções a seguir mostram com mais detalhes os acordes sus e add de posição solta.

Acordes sus de posição solta

Embora você possa tocar acordes sus como acordes com pestana móveis (veja o Capítulo 9), os acordes de posição solta são mais fáceis de tocar e os mais usados pelos guitarristas. A Figura 11-13 mostra o dedilhado para uma progressão que usa os acordes Asus4, Asus2, Dsus4 e Dsus2.

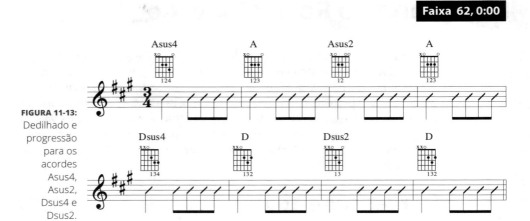

FIGURA 11-13: Dedilhado e progressão para os acordes Asus4, Asus2, Dsus4 e Dsus2.

© John Wiley & Sons, Inc.

Acordes add de posição solta

Você pode tocar acordes add como acordes com pestana móveis, mas os acordes add de posição solta são os mais comuns e fáceis de tocar. A Figura 11-14 mostra o dedilhado, uma progressão para o Cadd9 (que acrescenta uma nota D, o nono grau de uma escala de C com duas oitavas, às três notas que formam o acorde maior de C básico) e acordes de G com quatro dedos. Esse acorde G não é um add, mas você sempre usa esse dedilhado antes ou depois de um acorde Cadd9.

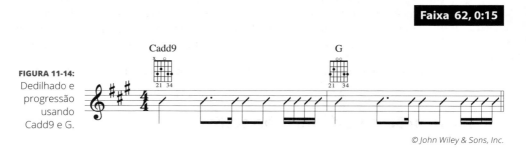

FIGURA 11-14: Dedilhado e progressão usando Cadd9 e G.

© John Wiley & Sons, Inc.

Acordes compostos

Os *acordes compostos* são coloridos e interessantes, e adicionam tempero e sabor ao rock moderno. Um acorde composto é simplesmente um acorde com barra (/) no nome, como em Am/C (que se pronuncia "A menor com baixo em C"). À esquerda da barra fica o acorde em si. À direita fica a nota *grave* do acorde. Em geral, a nota mais baixa de um acorde, a nota grave, é a *tônica* dele (a nota que dá nome ao acorde). Portanto, se você vir um acorde como Am, presumirá que a nota grave é A. Mas nem sempre a tônica é mais baixa de um acorde. Na verdade, qualquer nota serve como uma nota grave, seja um tom do acorde diferente da tônica (como a 3ª ou 5ª do acorde) ou uma nota que nem mesmo faz parte dele. Se você tiver uma nota grave diferente da tônica, indicará isso colocando-a à direita da barra. Portanto, Am/C significa que você está tocando um acorde de A menor, mas com C como a nota mais baixa.

Os guitarristas geralmente usam acordes compostos em progressões onde a linha grave forma uma escala ascendente ou descendente. Esse tipo de padrão grave dá interesse e unidade à progressão. Você pode ouvir uma progressão assim na música "Whiter Shade of Pale", da banda Procol Harum. A Figura 11-15 mostra outra progressão que usa acordes compostos dessa maneira. Para enfatizar a linha grave, em cada compasso, toque apenas a nota inferior do acorde na batida 1, depois toque o acorde nas batidas 2 e 3 (o que *bass strum strum* significa).

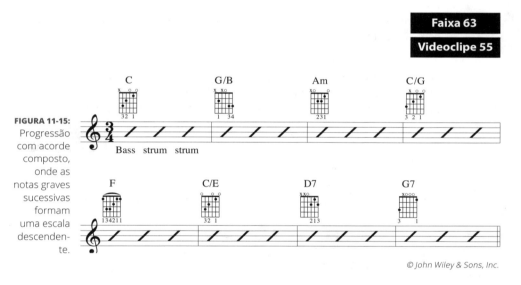

FIGURA 11-15: Progressão com acorde composto, onde as notas graves sucessivas formam uma escala descendente.

© John Wiley & Sons, Inc.

Os acordes na Figura 11-15 mostram Xs nos diagramas, indicando quais cordas *não* tocar. Para impedir que a corda vibre, evite tocá-la com a mão direita ou use o dedo da mão esquerda que pressiona a corda mais baixa próxima para abafar, tocando-a levemente.

Afinações alternativas

A música de guitarra do rock moderno com frequência usa *afinações alternativas*, ou seja, afinações diferentes do padrão EADGBE (consulte o Capítulo 2). Usando essas afinações alternativas, é possível ter sons novos e empolgantes que são impossíveis de conseguir na afinação padrão. As afinações alternativas também podem permitir que você toque improvisos ou acordes que são difíceis de dedilhar na afinação padrão. Mas lembre-se: depois de afinar de novo a guitarra, todos os dedilhados familiares estarão perdidos. É por isso que aprender novos improvisos e riffs em afinações alternativas lendo a tablatura é muito útil. Artistas tão diversos quanto Joni Mitchell, The Rolling Stones e Led Zeppelin usam afinações alternativas.

Nas seções a seguir descreveremos dois tipos comuns de afinações alternativas: afinação drop D e afinação D solto.

Afinação drop D (DADGBE)

DICA

A *afinação drop D* (chamada assim porque você afrouxa, ou *solta*, a corda E grave até D) é a afinação alternativa que fica mais próxima da afinação padrão; você aperta de novo apenas a 6ª corda. Portanto, as cordas soltas, da grossa para a fina, são D, A, D, G, B, E. Para aprender essa afinação, diminua (solte) a 6ª corda até ela soar uma oitava mais baixa que a 4ª corda. Essa afinação permite tocar um acorde D ou Dm com um D grave como uma tônica na 6ª corda, dando um som rico e forte.

A Figura 11-16 mostra uma passagem típica da afinação drop D. Ela tem um som de blues. Curve a nota da 3ª casa da 6ª corda muito de leve (apenas 1/4 do tom, que é metade de um semitom). Para os leitores de música: observe que a notação padrão indica 1/4 de bend com uma ligadura após a cabeça da nota em questão.

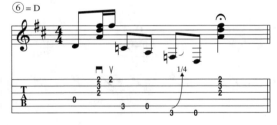

Faixa 64, 0:00

FIGURA 11-16: Frase típica na afinação drop D.

© John Wiley & Sons, Inc.

DICA

Uma vantagem da afinação drop D é que você pode tocar power chords baixos nas duas cordas inferiores como pestanas com duas cordas, o que permite tocar os riffs de power chords com mais facilidade, como mostrado na Figura 11-17.

172 PARTE 4 **Uma Mistura de Estilos**

FIGURA 11-17: Riff de power chord baixo na afinação drop D.

© John Wiley & Sons, Inc.

Afinação D solto (DADF#AD)

Em uma *afinação solta*, as cordas soltas geralmente formam um acorde maior. Na *afinação D solto*, elas formam (surpresa!) um acorde D: da grossa para a fina, D, A, D, F#, A, D. Nessa afinação, a maioria dos acordes que você toca é apenas de cordas soltas ou com um dedo fazendo pestana em todas as seis cordas. Você pode, por exemplo, tocar um acorde de G simplesmente fazendo uma pestana na 5ª casa inteira com o 1º dedo. Joni Mitchell usou muito essa afinação em músicas como "Big Yellow Taxi".

Para fazer a afinação, siga estas etapas:

1. **Diminua a 6ª corda até ela soar uma oitava abaixo da 4ª corda solta.**

2. **Diminua a 3ª corda para que ela corresponda à nota na 4ª casa da 4ª corda.**

3. **Diminua a 2ª corda para que ela corresponda à nota na 3ª casa da 3ª corda (e uma oitava acima da 5ª corda solta).**

4. **Diminua a 1ª corda para que ela corresponda à nota na 5ª casa da 2ª corda (e uma oitava acima da 4ª corda solta).**

PAPO DE ESPECIALISTA

Se você aumentar todas as seis cordas em um tom (o equivalente a duas casas) a partir da afinação D solto, obterá uma afinação E solto (EBEG#BE), que você pode considerar como basicamente a mesma afinação do D solto, porque as relações entre as cordas ficam iguais, mesmo que as notas reais sejam diferentes. Para ouvir uma música na afinação E solto, verifique a música "Little Martha", de Allman Brothers

Na Figura 11-18 você vê uma frase típica usando a afinação D solto que lembra algo que Joni Mitchell poderia ter tocado em um de seus primeiros álbuns.

Outra afinação alternativa comum que você pode encontrar é um G solto (DGD-GBD, do som mais grave para o agudo), usado por Keith Richards, dos The Rolling Stones, nas músicas "Brown Sugar" e "Start Me Up". (Veja o Capítulo 13 para ter um exemplo que usa a afinação G solto.)

Faixa 65

FIGURA 11-18: Uma frase típica na afinação D solto.

© John Wiley & Sons, Inc.

Conhecendo o Solo de Guitarra para Country Rock e Rock do Sul dos EUA

Desde os tempos do The Eagles, The Grateful Dead e The Allman Brothers Band, o country rock e o rock do sul dos EUA desfrutam sucesso e atraem o público em geral. O som desses estilos fica entre a música country pura e o blues, embora ambos sejam baseados demais em rock para um country puro e não tenham limites muito definidos para passarem como rock baseado em blues. O som levemente mais simples e maior desses estilos pode ser atribuído aos acordes que os guitarristas normalmente usam e, em grande parte, às escalas usadas nas passagens de solo. Para perceber esse som, ouça a música de The Byrds, The Allman Brothers Band, The Marshall Tucker Band, Pure Prairie League, Lynyrd Skynyrd, The Grateful Dead e The Eagles.

Nas seções a seguir, descreveremos outra abordagem para tocar solo, na qual você usa a *escala maior pentatônica*, uma escala que é diferente da escala menor pentatônica do blues que você toca principalmente no rock'n'roll clássico e blues. É possível usar a escala maior pentatônica para os solos country do sul dos EUA e country rock, assim como para variar os solos baseados em blues.

Escala maior pentatônica

LEMBRE-SE

É possível definir as notas da escala *menor* pentatônica em qualquer tom como 1, ♭3, 4, 5, ♭7, em comparação com a escala maior principal. Você pratica a escala como um box memorizado, o que é muito bom. A *escala maior pentatônica*, por outro lado, utiliza as notas 1, 2, 3, 5, 6 da escala maior principal. É uma escala sem *alterações cromáticas* (isto é, notas que você altera subindo ou descendo um semitom), portanto, ela soa como uma escala maior sem duas notas. Novamente, a escala maior pentatônica é muito útil porque faz música por si só e você não toca nenhuma nota "errada". (Veja a seção "O que está por trás do Box I? Escala menor pentatônica", anteriormente neste capítulo, para ter mais informações sobre os graus da escala e a escala menor pentatônica.)

DICA

Após dominar a escala menor pentatônica, a escala maior pentatônica é muito fácil. Basta descer a escala menor pentatônica em três casas e *voilà*, eis a escala maior pentatônica. Toque o mesmo padrão, e as notas, a teoria e tudo se encaixará.

Digamos, por exemplo, que você saiba tocar a escala menor pentatônica de A na 5ª casa, com uma progressão de acordes no tom de A. Bem, desça esse padrão de solo para a 2ª posição (onde o dedo indicador de sua mão esquerda toca as notas na 2ª casa) e terá uma escala maior pentatônica de A, adequada para as progressões de country rock e rock do sul. (Veja o Capítulo 7 para ter informações sobre as posições.)

A Figura 11-19 mostra a escala maior pentatônica de A na 2ª posição (Box I) e na 5ª posição (Box II), junto com o grau da escala e o dedilhado para cada nota, com a nota boa para o bend em cada box (circulado). Observe que a única diferença real em relação à escala *menor* pentatônica é a casa inicial.

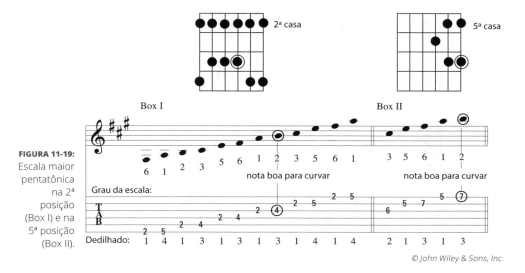

FIGURA 11-19: Escala maior pentatônica na 2ª posição (Box I) e na 5ª posição (Box II).

© John Wiley & Sons, Inc.

Improvisos baseados na escala maior pentatônica

A boa notícia é que, como acontece na escala menor pentatônica, a escala maior pentatônica tem muitas vantagens: as notas para curvar ficam em bons locais, você usa o dedo indicador em cada corda do Box I, tendo firmeza, e a escala é muito adequada para usar em hammer-ons, pull-offs e slides, com possibilidades mais expressivas.

A má notícia é que, embora ainda esteja em A, o dedilhado muda, portanto você não pode mais contar com a colocação normal dos dedos para finalizar o solo. Mas não consideramos isso um grande problema. Com apenas um pouco de reorientação (e ouvido), é possível encontrar boas notas alternativas com rapidez.

DICA

As notas boas para terminar um solo maior pentatônico em A são a 2ª casa da 3ª corda (Box I) e a 5ª casa da 1ª corda (Box I ou II).

TOQUE ISSO

A Figura 11-20 mostra um improviso com quatro compassos para você iniciar sua jornada country para o sul. Observe que esse improviso apresenta bends em duas posições (Boxes I e II) e um slide do Box II até o Box I, levando-o ao ponto inicial. Consulte o Videoclipe 56 para ver como executar os bends e as mudanças de posição.

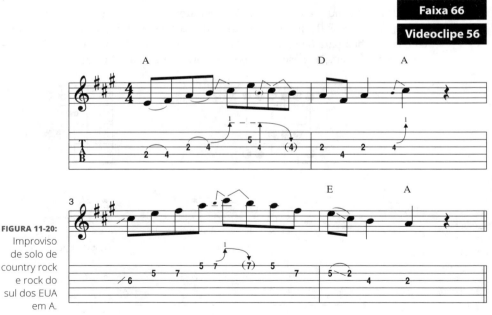

FIGURA 11-20: Improviso de solo de country rock e rock do sul dos EUA em A.

© John Wiley & Sons, Inc.

TOQUE ISSO

Se você quiser tocar uma música no estilo rock do sul agora, verifique "Southern Hospitality", na seção a seguir.

Tocando Músicas no Estilo Rock

Vista sua jaqueta de turnê e vá para a limusine, porque você entrará no estilo rock nesta seção. As músicas aqui cobrem dois estilos: o rock'n'roll clássico e barulhento no final dos anos 1950 e os movimentos country e rock do sul, tranquilos e charmosos, dos anos 1970.

Veja algumas informações especiais sobre as músicas para ajudá-lo:

» **Chuck's Duck:** Para "Chuck's Duck", você precisa saber tocar improvisos com a escala menor pentatônica (veja a seção "O que está por trás do Box I? Escala menor pentatônica", anteriormente neste capitulo), tocar díades e bends com díade (veja os Capítulos 8 e 10), dobrar um joelho e pular pelo palco sem precisar de uma artroscopia depois.

As díades, a escala menor pentatônica e as colcheias contínuas caracterizam o rock'n'roll clássico. Observe os bends rápidos e explosivos na 3ª corda nos compassos de 6 a 9.

» **Southern Hospitality:** Para "Southern Hospitality", você precisa saber tocar a escala maior pentatônica (veja a seção "Escala maior pentatônica", anteriormente neste capítulo), tocar acordes sus, add e compostos (veja a seção "Dominando o Rock Moderno", anteriormente neste capítulo) e deixar crescer uma barba muito longa.

TOQUE ISSO

Pegando a escala menor pentatônica e descendo-a três casas, você tem a escala maior pentatônica, usada para criar um verdadeiro som country rock e rock do sul nos estilos de The Eagles, The Allman Brothers Band, Lynyrd Skynyrd e The Marshall Tucker Band. Depois de tocar a parte do solo, experimente a base da guitarra, que apresenta acordes sus, add e compostos. Indicamos o dedilhado dos acordes da mão esquerda, mas ouça a Faixa 68 para o padrão de toques da mão direita.

Chuck's Duck

Faixa 67

Videoclipe 57

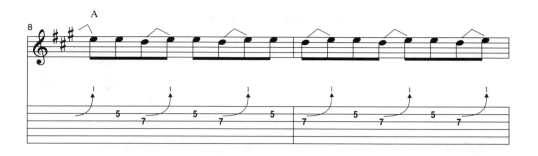

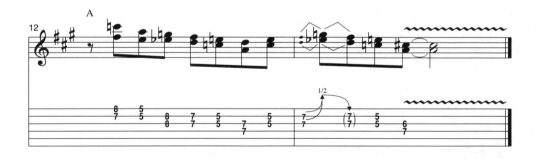

Southern Hospitality

Faixa 68
Videoclipe 58

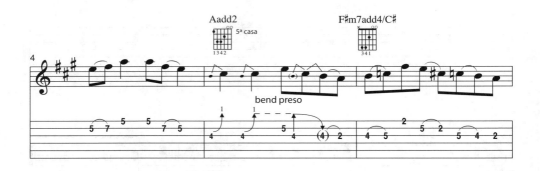

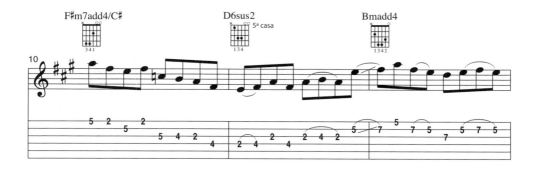
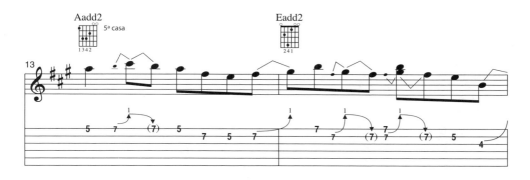
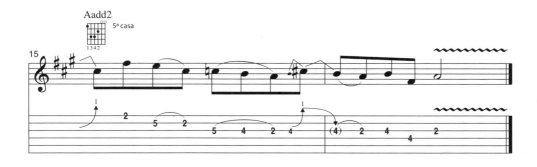

CAPÍTULO 11 **Pronto para Balançar: Fundamentos da Guitarra Rock**   181

182   PARTE 4 **Uma Mistura de Estilos**

NESTE CAPÍTULO

» **Tocando blues elétrico**

» **Soltando-se com o blues acústico**

» **Praticando músicas sobre mágoa, tristeza, e fazendo parecer legal**

» **Acesse as faixas de áudio e os videoclipes em** www.altabooks.com. br **(procure pelo título do livro)**

Capítulo **12**

Mais Triste que o Blues: Fundamentos da Guitarra Blues

O blues é uma das formas mais populares de música na guitarra, para quem ouve e para quem toca. E por que não? Quem consegue resistir às bases fáceis, melodias expressivas e letras comoventes do blues? Nem toda forma de música pode aquecer seu coração como o cantor que lamenta seu sofrimento no corredor da morte por um assassinato que não cometeu enquanto seu amor foge com seu melhor amigo. Ah, doce tristeza!

Mas antes de ficarmos muito sentimentais, queremos informar por que o blues parece ter nascido para a guitarra. Um motivo é que ele é um estilo relativa-mente fácil de tocar (sobretudo se comparado ao jazz ou à música clássica): os acompanhamentos padrão do blues são acessíveis e confortáveis para as mãos, e as melodias do blues ficam muito bem no braço da guitarra por causa das escalas que o estilo usa. E mais, o blues não exige muita técnica, e você toca melhor de ouvido, com o coração guiando o caminho.

Tocar ótimos blues seguindo os passos de lendas como B.B. King ou Stevie Ray Vaughan, pode ser difícil, mas tocar blues muito bons neste momento será bem fácil se você souber a forma, algumas escalas e movimentos simples.

Neste capítulo, abordaremos os blues elétrico e acústico. No processo, apresentaremos mais boxes (visto pela primeira vez no Capítulo 11), a *escala do blues*, a nomenclatura dos algarismos romanos e *turnarounds*, entre outros.

Ligando o Blues Elétrico

O blues elétrico é um tipo de blues que todos os gigantes do gênero tocam: Buddy Guy, B.B. King, Albert King, Albert Collins, Johnny Winter e Duane Allman, entre outros. Tocar blues elétrico se divide em duas categorias: base e solo. Veremos as duas nas seções a seguir.

Base do blues na guitarra

LEMBRE-SE

Tocar a *base* é o que você faz sempre que não toca o solo, como ao acompanhar um cantor ou outro instrumento tocando acordes, figuras secundárias e riffs de notas baixas repetidas. Em geral, a base requer menos proficiência técnica do que tocar solo e depende mais do "sentimento" do guitarrista do que de sua técnica. Para colocar o acorde no mesmo tipo de contexto, você deve começar com a forma mais popular, ou progressão, no estilo, o *blues de 12 compassos*, e compreender uma base conhecida como *shuffle* (também chamada de *swing* ou *tercina*).

Começando com o blues de 12 compassos

Tocar blues e rock na guitarra é muito parecido no sentido de que ambos têm muito solo na forma de blues de 12 compassos na estrutura da música (veja o Capítulo 11). Pegando o tom de A como exemplo, a progressão de blues de 12 compassos consiste em quatro compassos de A, dois compassos de D, dois compassos de A, um compasso de E, um compasso de D e dois compassos de A. Na notação musical, a progressão do blues de 12 compassos se parece com o exemplo mostrado na Figura 12-1.

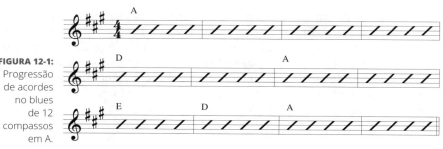

FIGURA 12-1: Progressão de acordes no blues de 12 compassos em A.

© John Wiley & Sons, Inc.

LEMBRE-SE

Os acordes em qualquer progressão comum, inclusive a progressão de blues na Figura 12-1, em geral são referidos por algarismos romanos. Eles identificam os acordes genericamente, não pelo tom. Você sempre atribui o algarismo romano I ao acorde que dá nome ao tom em que está. Então, conte alfabeticamente, letra por letra, atribuindo outros números aos acordes.

Por exemplo, no tom de A (como na Figura 12-1), o acorde A é I (algarismo romano um), o D é IV (quatro), e o E é V (cinco). (Você pode contar as letras nos dedos, começando em A, para confirmar se A é I, D é IV e E é V.) No tom de G, por outro lado, G é I, C é IV, e D é V. Usando esse sistema, se você decidir trocar os tons, sempre poderá dizer: "Comece tocando no acorde IV (quatro) no compasso 5". Se souber quais acordes são I, IV e V nesse tom, estará pronto para tocar. Veja a Tabela 12-1 para ter uma referência rápida que mostra os acordes I, IV e V nos tons comuns.

TABELA 12-1 **Acordes I, IV e V nos Tons Comuns**

Tom	I	IV	V
A	A	D	E
C	C	F	G
D	D	G	A
E	E	A	B
F	F	B♭	C
G	G	C	D

DICA

Se você toca o acompanhamento de blues usando acordes com pestana (veja o Capítulo 9), pode lembrar dos acordes meramente por sua posição no braço. Digamos, por exemplo, que esteja tocando uma progressão de blues em A. Se fizer um acorde com pestana baseado em E na 5ª casa (A), tocará o acorde I em A. Se trocar para o acorde com pestana baseado em A nessa mesma casa, agora estará tocando o acorde IV ou D. Mova essa mesma pestana em A duas casas para cima no braço, a 7ª casa, e tocará o acorde V, E. Veja como pode ser fácil tocar blues! Use essas mesmas posições em qualquer lugar no braço, ou seja, um acorde com pestana baseado em E em qualquer casa seguido de um acorde com pestana baseado em A na mesma casa, subindo essa pestana em duas casas, e saberá a progressão I-IV-V para qualquer tom que combina com a casa inicial.

A seguir estão duas variações importantes do blues de 12 compassos:

> » **IV Rápido:** Ainda usando o tom de A como exemplo, você substitui A (I) por um acorde D (IV) no compasso 2. Normalmente você deve esperar até o compasso 5 para tocar o acorde IV, portanto, trocá-lo no compasso 2 é rápido, daí seu nome.

» **Turnaround:** Em um turnaround, você toca um acorde V, em vez de um acorde I no último compasso (compasso 12). Essa mudança ajuda a retroceder a música ao acorde I do primeiro compasso, voltando a progressão para o começo. Um turnaround permite repetir a progressão várias vezes, como desejar. Os guitarristas de blues baseiam muitos improvisos apenas no turnaround, no final da progressão. (Para ter mais informações sobre os improvisos de turnaround, veja a seção "Turnarounds", mais adiante neste capítulo.)

Tente substituir os acordes I-IV-V básicos pelos acordes de 7ª e 9ª (A7, D9 ou E9, por exemplo), para a música ficar ainda mais parecida com blues (veja a seção a seguir para saber mais sobre os acordes de 9ª).

Misturando a batida com uma tercina

O blues depende muito de uma base chamada *tercina* (às vezes chamada de *shuffle* ou *swing*). Em uma tercina, você divide cada batida em três partes (em vez de duas, como é habitual). É possível ouvir isso na Faixa 69 (a gravação da Figura 12-2), mas temos aqui uma boa maneira de entender a diferença entre ritmo direto e ritmo tercinado. Recite cada uma das frases a seguir em voz alta, estalando os dedos em cada sílaba maiúscula. (Estale os dedos, é importante!)

1. BRI-lha BRI-lha ES-tre-LI-nha.

    Esse é o ritmo direto; cada estalo do dedo é uma batida, e cada batida você divide em duas partes.

2. SI-ga a ÁR-vo-re VER-de.

Esse é o ritmo tercinado — cada dedo estala em uma batida e cada batida você divide em três partes. Como muitos blues usam uma tercina, você precisa saber tocar o acompanhamento de blues de 12 compassos com esse ritmo.

A Figura 12-2 mostra um acompanhamento, com um IV rápido (compasso 2) e uma variação de turnaround (compasso 12), que consiste em apenas acordes tocados em tercinas. Em geral, o último compasso de um blues usa uma progressão na qual você chega no acorde final a partir de uma casa acima ou abaixo (veja o compasso 13). Consulte os diagramas de acordes na figura para ver o dedilhado dos acordes de 9ª na música.

Se você souber tocar o acompanhamento de rock boogie-woogie (no estilo Chuck Berry; veja o Capítulo 11), não terá problemas com a Figura 12-3, que é, na verdade, o mesmo acompanhamento de boogie (mas com a variação IV rápido), exceto que você o toca em tercina. Novamente, você chega no último acorde a partir de uma casa acima. Toque junto com o Videoclipe 37, se achar que isso o ajudará a manter o ritmo.

Nota: Na música das Figuras 12-2 e 12-3, a equivalência (♫=♩♪) que aparece perto das palavras *Ritmo tercinado* indica que você deve substituir as colcheias diretas pelas colcheias tercinadas (ou shuffle). Nas colcheias tercinadas, você deve segurar a primeira nota de cada batida um pouco mais do que a segunda.

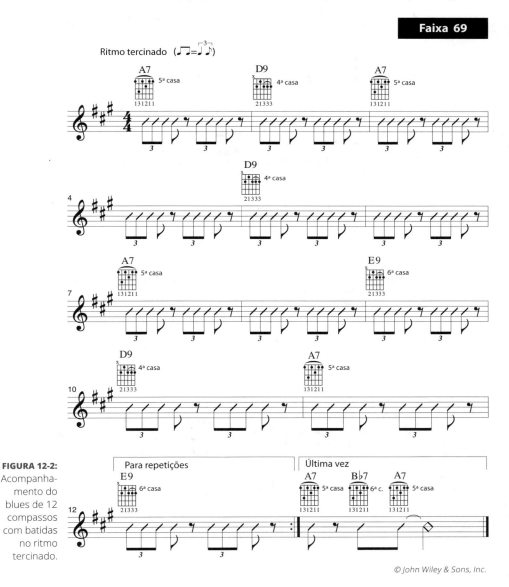

FIGURA 12-2: Acompanhamento do blues de 12 compassos com batidas no ritmo tercinado.

© John Wiley & Sons, Inc.

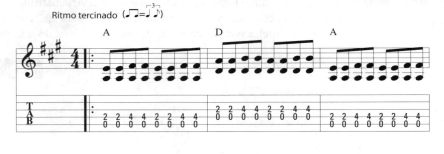
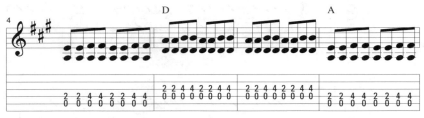
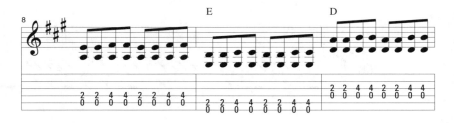

FIGURA 12-3: Acompanhamento do blues de 12 compassos com um riff boogie no ritmo tercinado.

© John Wiley & Sons, Inc.

DECOMPONDO LETRA E ESTRUTURA DO BLUES

Ao lidar com o blues, uma boa maneira de manter a estrutura direta da música é pensar na progressão de 12 compassos como três frases de quatro compassos. Você pode fazer isso porque a letra de um blues típico geralmente tem uma forma AAB (ou seja, as duas primeira seções da música são iguais e a terceira é diferente), com cada uma das três seções ocupando quatro compassos. Um blues típico, por exemplo, pode ser assim:

- **Primeira frase:** "Eu acordei esta manhã; eu estava me sentindo muito mal". Você canta essa frase nos quatro primeiros compassos da progressão de 12 compassos (I, I, I, I ou I, IV, I, I para a variação IV rápido).
- **Segunda frase:** "Eu acordei esta manhã; eu estava me sentindo muito mal". Essa frase repete a mesma letra cantada na primeira, e você a canta nos quatro compassos seguintes da progressão (V, IV, I, I ou V, IV, I, V, se for repetir a progressão).
- **Terceira frase:** "Não consigo parar de pensar que perdi a melhor garota que já tive". Esta frase é diferente das duas primeiras, e você a canta durante as última quatro barras da progressão (V, IV, I, I — ou V, IV, I, V se for repetir a progressão).

Em geral, você canta cada frase vocal dentro dos dois primeiros compassos da frase com quatro compassos, dando ao instrumentalista (que talvez seja você mesmo!) uma chance de tocar alguns improvisos legais de blues durante os compassos 3 e 4 de cada frase, dando à música uma sensação de pergunta e resposta. Mas mesmo que você não esteja usando um vocalista em determinada música, os instrumentalistas ainda poderão tocar a melodia com essa mentalidade de diálogo, em dois compassos mais dois compassos, em cada frase de quatro compassos.

Solo do blues na guitarra

LEMBRE-SE

O solo do blues é a linha melódica com uma nota, consistindo em uma mistura de linhas compostas e frases improvisadas. Um ótimo solo do blues inclui esses elementos em um conjunto contínuo e inspirado. As seções a seguir mostram as ferramentas e técnicas necessárias para criar seus próprios improvisos e solos de blues.

Começando com os boxes

Os guitarristas de blues improvisam na maioria da vezes usando *boxes*, assim como os guitarristas de rock. Box é um padrão da escala, geralmente descrevendo uma escala menor pentatônica, que lembra vagamente o formato de uma caixa (box). (Veja o Capítulo 11 para ter informações sobre escalas menores pentatônicas e boxes.) Usando notas em um box, é possível improvisar linhas de solo que ficam boas automaticamente ao tocar um acompanhamento de blues de 12 compassos.

Você já sabe usar boxes para tocar um solo de rock'n'roll na guitarra, que emprega as mesmas escalas e acordes do blues. (E descrevemos isso no Capítulo 11.) Se souber, não terá problemas para entender o exemplo na Figura 12-4, que mostra três boxes que podem ser usados para fazer um solo no tom de A apresentado no Capítulo 11; circulamos as notas boas para o bend. (Para ter informações sobre o bend, veja o Capítulo 10.)

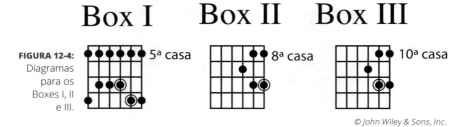

FIGURA 12-4: Diagramas para os Boxes I, II e III.

© John Wiley & Sons, Inc.

A Figura 12-5 mostra dois boxes novos que você também pode usar para um solo de blues:

» O chamado *Box IV* (porque não há nenhum nome ou numeração padrão para os boxes) é parecido com o Box III, exceto que você sobe três casas, até a 13ª posição (para o tom de A) e elimina as duas notas na 1ª corda (veja o Capítulo 7 para ter informações sobre como tocar em posição). De novo, circulamos a nota boa para o bend. Toque as notas nesse box usando o 2º dedo na 3ª corda e o 1º e 3º dedos na 2ª corda.

» Às vezes o *Box V* é considerado uma extensão mais baixa do Box I, porque contém as notas na 5ª casa do Box I nas duas cordas inferiores, e geralmente você vai e volta entre esses dois boxes. Use o 1º e 3º dedos para tocar as notas nas duas cordas.

FIGURA 12-5: Diagramas para os Boxes IV e V.

© John Wiley & Sons, Inc.

PAPO DE ESPECIALISTA

Você pode notar que o Box I cobre todas as seis cordas, enquanto os outros cobrem apenas duas ou três. Na verdade, o que mostramos nos Boxes II até V são *boxes parciais.* Existem versões completas (usando todas as seis cordas), mas com elas você acaba com um dedilhado "ruim" ou desconfortável, como tocar notas importantes com os dedos 2 e 4, em vez dos dedos 1 e 3, mais fortes, ou tem notas boas para o bend ficando em um dedo ruim para curvar. É por isso que a maioria dos guitarristas usa apenas boxes parciais, como mostrado nas figuras.

DICA

Se você souber tocar improvisos típicos usando os Boxes I, II e III, o improviso da Figura 12-6, que usa o Box IV, não será um problema. Toque com uma tercina e aplique um vibrato na última nota para ter um verdadeiro efeito de blues. (Veja o Capítulo 10 para obter detalhes sobre como tocar um vibrato.) Observe como o bend fica no 3º dedo, o melhor para curvar.

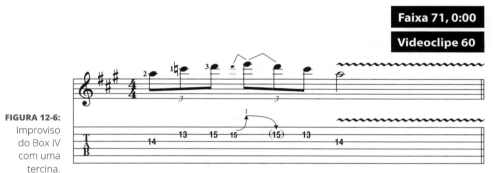

FIGURA 12-6: Improviso do Box IV com uma tercina.

© *John Wiley & Sons, Inc.*

A Figura 12-7 mostra um improviso típico que usa o Box V. Uma técnica de blues comum é o *slide* na 5ª corda (3º dedo) indo e vindo entre os Boxes V e I. (Veja o Capítulo 10 para ter informações sobre os slides.) Veja como todas as notas ficam bem nos 1º e 3º dedos, mesmo quando você se move entre os boxes.

FIGURA 12-7: Improviso do Box V com slide até o Box I.

© *John Wiley & Sons, Inc.*

CAPÍTULO 12 **Mais Triste que o Blues: Fundamentos da Guitarra Blues**

Adicionando intensidade com notas extras

A escala menor pentatônica produz boas notas de blues, porém adicionar mais duas notas dará uma palheta sonora ainda mais rica para a escolha das notas. A 5ª diminuta e a 3ª maior ajudam a dar mais definição a uma linha introduzindo uma nota *dissonante* ou cheia de tensão (a 5ª diminuta) e outra nota (a 3ª maior) que reforça a qualidade maior do acorde I.

PAPO DE ESPECIALISTA

Uma *5ª diminuta* é uma nota que está um semitom (ou uma casa) abaixo da 5ª normal de uma escala. Em uma escala menor pentatônica em A, por exemplo, a nota E é a *5ª*. (Conte as letras de A a E nos dedos para confirmar se E está cinco notas acima de A.) A nota E♭ é, portanto, a *5ª diminuta*. Uma *3ª maior* é uma nota que está um semitom (ou uma casa) acima da 3ª normal (menor) de uma escala menor pentatônica. Na escala menor pentatônica em A, por exemplo, a nota C é a *3ª menor*. A nota C♯ é a *3ª maior*. (Veja o Apêndice A para ter mais informações sobre sustenidos e bemóis.)

CRIANDO A ESCALA DE BLUES COM A 5ª DIMINUTA

LEMBRE-SE

A escala pentatônica com cinco notas funciona muito bem para o blues básico, mas para um som *realmente* original e choroso, toque a *5ª nota com bemol* (E♭ no tom de A) de vez em quando (essa nota é apenas outro nome para a 5ª diminuta). Adicionar a 5ª nota diminuta à escala pentatônica cria uma *escala de blues* com seis notas. A 5ª diminuta é particularmente dissonante, mas adiciona certo tempero à qualidade mais "comum" da escala menor pentatônica direta. Mas como em qualquer tempero, sal, funcho ou 5ª diminuta devem ser adicionados com moderação e prudência.

Os Boxes I, II e IV, como mostrados na Figura 12-8, consistem em notas da escala menor pentatônica. As notas nos círculos indicam o E♭ adicionado, ♭5 (bemol 5), desta vez, e não as notas para o bend. O Box I mostra a escala de blues em A completa (duas oitavas) na 5ª posição, enquanto os Boxes II e IV mostram escalas de blues parciais, que são boas para o improviso.

FIGURA 12-8: Grade mostrando a adição da 5ª diminuta (♭5) aos Boxes I, II e IV.

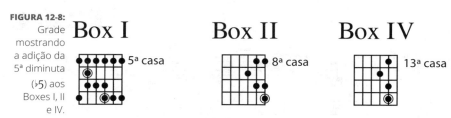

© John Wiley & Sons, Inc.

A Figura 12-9 mostra um improviso de blues do Box I típico, usando a escala de blues. Observe que você pode produzir o E♭ de dois modos: tocando na 8ª casa da 3ª corda ou curvando a nota na *7ª casa* (a nota boa típica para curvar no Box I) um semitom para cima.

As Figuras 12-10 e 12-11 mostram um improviso da escala de blues típico, primeiro usando o Box II (na 8ª posição), então (o mesmo improviso) usando o Box IV (na 13ª posição). Novamente, você toca ♭5 diretamente e como uma nota curvada (com o 3º dedo) em cada posição.

FIGURA 12-9: Improviso da escala de blues usando o Box I.

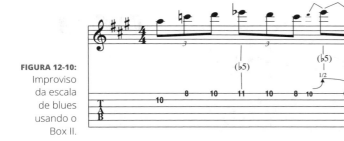

FIGURA 12-10: Improviso da escala de blues usando o Box II.

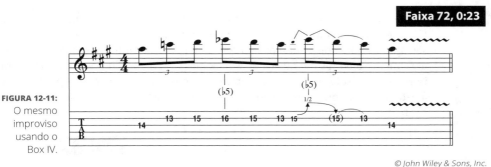

FIGURA 12-11: O mesmo improviso usando o Box IV.

PEGANDO EMPRESTADO A 3ª MAIOR

Outra nota que os praticantes do blues adicionam comumente à escala menor pentatônica, ou escala de blues, é a 3ª maior. Você pode considerar essa nota como a que "pega emprestado" da escala maior pentatônica ou da escala maior completa. No tom de A, a 3ª maior adicionada é o C♯, e a Figura 12-12 mostra onde fica no Box I (a nota no círculo). É a única nota que você toca com o 2º dedo se usa o Box I (a menos que também use a 5ª diminuta descrita na seção anterior).

Box I

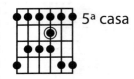

FIGURA 12-12: Grade mostrando a adição da 3ª maior ao Box I.

© John Wiley & Sons, Inc.

DICA

Com muita frequência, você martela a 3ª maior a partir da 3ª menor uma casa abaixo, como mostrado na Figura 12-13. (Consulte o Capítulo 10 para saber como tocar hammer-ons.)

Faixa 73, 0:00

FIGURA 12-13: Improviso usando a 3ª maior com o Box I.

© John Wiley & Sons, Inc.

Mesmo que você use a escala *menor* pentatônica para o solo, o *tom* de um blues típico é *maior* (como em A maior), porque a base do guitarrista toca acordes secundários *maiores* (que contêm 3ªs maiores). Nos improvisos com díades, geralmente ouvidos na música de Chuck Berry e The Beach Boys, o final de um improviso de solo descendente geralmente contém uma 3ª maior para ajudar a estabelecer o tom como maior, em vez de menor, como mostrado na Figura 12-14.

Faixa 73, 0:10

FIGURA 12-14: Riff com díade usando a 3ª maior no Box I.

© John Wiley & Sons, Inc.

194 PARTE 4 **Uma Mistura de Estilos**

Usando um fraseado curto

Embora o solo do blues use muitas das mesmas técnicas, escalas, acordes e boxes do solo de rock, os dois estilos são diferentes no *fraseado*. Muitas colcheias contínuas geralmente caracterizam o solo de rock (pense no solo de "Johnny B. Goode"). Mas o solo de blues (pense em B. B. King) usa com maior frequência frases mais curtas e espaçadas (mais separadas) que as do rock. (Veja o Apêndice A para ter mais informações sobre as colcheias.)

LEMBRE-SE

Em uma melodia típica do blues, você pode ouvir uma frase muito curta, um espaço vazio, então uma repetição da mesma frase. Em geral, essas frases curtas têm uma qualidade vocal, no sentido de que são expressivas, normalmente transmitindo dor ou tristeza. Às vezes, se o guitarrista também é o cantor, as frases vocais e da guitarra são praticamente idênticas. A Figura 12-15 mostra uma pequena passagem que demonstra o conceito de frase curta. Observe como a mesma figura (o pull-off da 8ª casa para a 5ª) parece boa, mas diferente se você a toca com um acorde distinto (primeiro em A7, depois em D7). Repetir uma figura após as mudanças de acorde é uma técnica típica do blues.

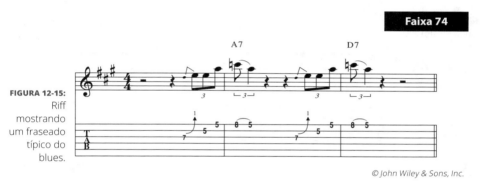

FIGURA 12-15: Riff mostrando um fraseado típico do blues.

© John Wiley & Sons, Inc.

Movimentos do blues

A Figura 12-16 mostra quatro movimentos típicos do blues. Um *movimento do blues* nada mais é do que um *improviso* curto e legal (uma frase musical independente). A Faixa 75 mostra como são esses movimentos se você os toca no contexto de uma progressão.

Os movimentos do blues são fáceis de criar porque são muito curtos. Crie seus próprios movimentos e veja como ficam quando os toca em progressões de blues de 12 compassos, mostradas anteriormente nas Figuras 12-2 e 12-3.

CAPÍTULO 12 **Mais Triste que o Blues: Fundamentos da Guitarra Blues**   195

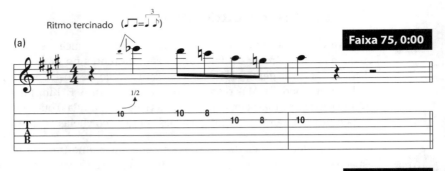

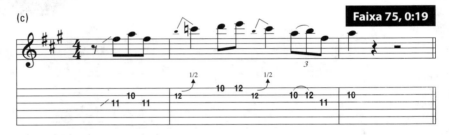

FIGURA 12-16: Riffs mostrando quatro movimentos típicos do blues.

© John Wiley & Sons, Inc.

TOQUE ISSO

Se você quiser tocar um blues elétrico agora usando os movimentos de blues da Figura 12-16, pule para a música "Chicago Shuffle", na seção "Tocando Blues", mais adiante neste capítulo.

196 PARTE 4 **Uma Mistura de Estilos**

Chegando à Raiz do Blues Acústico

Hoje o blues é mais ouvido na guitarra. B.B. King, Buddy Guy, Muddy Waters, Johnny Winter, Stevie Ray Vaughan, Albert King, Albert Collins e Eric Clapton, por exemplo, são conhecidos por seu estilo de tocar guitarra. Mas o blues começou de forma acústica, tocado no estilo dedilhado (veja o Capítulo 13) e ainda evoca imagens da área rural do Delta do Mississípi, onde nasceu e prosperou.

Nas seções a seguir, descrevemos os conceitos gerais do blues acústico e mostramos algumas técnicas específicas que o farão tocar em pouco tempo.

Conceitos gerais

Embora seja possível tocar blues elétrico em vários tons usando boxes móveis (veja a seção "Solo do blues na guitarra", anteriormente neste capítulo), você toca o blues acústico (às vezes chamado de *Delta Blues*) na posição solta (em geral tocando baixo no braço e usando uma combinação de cordas soltas e notas com pestana), quase sempre no tom de E. As seções a seguir descrevem os fundamentos necessários para tocar blues acústico.

Tocando melodia e acompanhamento simultaneamente

A ideia básica por trás do blues acústico é que você toca um solo que incorpora melodia (que você normalmente improvisa) e o acompanhamento ao mesmo tempo. Esse método é o oposto do blues elétrico, em que um guitarrista toca a melodia (o solo) enquanto outro toca o acompanhamento (a base).

A essência do estilo é assim: o polegar da mão direita toca a *tônica* de cada acorde (a nota que dá nome ao acorde) em semínimas constantes nas cordas graves. (Veja o Apêndice A para saber mais sobre as semínimas.) Enquanto isso, os dedos da mão direita tocam as notas da melodia que você tira da escala menor pentatônica em E ou escalas de blues em E, na posição solta. (Para ter mais informações sobre a escala menor pentatônica e a escala de blues, veja o Capítulo 11 e a seção "Solo do blues na guitarra", anteriormente neste capítulo.) Você pode usar qualquer escala ou misturá-las. A Figura 12-17 apresenta uma grade mostrando a escala menor pentatônica em E/blues em E na posição solta. Nas notas sem círculo, você tem a escala menor pentatônica em E; com círculo, as 5as diminutas (♭5) ou B♭ nesse tom, tem a escala de blues em E.

Observe que a escala na Figura 12-17 é, na verdade, o Box I na posição solta! Para o dedilhado da mão esquerda, toque em 1ª posição, ou seja, use o mesmo número do dedo como o número da casa. Como o polegar da mão direita dedilha constantemente longe das cordas graves, normalmente você tira as notas da melodia nas cordas agudas.

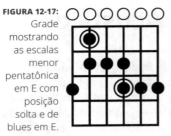

FIGURA 12-17: Grade mostrando as escalas menor pentatônica em E com posição solta e de blues em E.

© John Wiley & Sons, Inc.

A Figura 12-18 mostra um exercício simples que demonstra o estilo de blues acústico básico usando a escala de blues em E, primeiro descendente, depois ascendente. Toque em tercina, como na Faixa 76. Você pode ver como é possível tocar a melodia e o acompanhamento ao mesmo tempo, e nem é difícil. É por isso que a parte grave é tão fácil de tocar! Assista ao Videoclipe 61 para ver como o polegar da mão direita e os outros dedos interagem.

FIGURA 12-18: Combinando notas graves constantes com notas agudas a partir da escala de blues em E.

© John Wiley & Sons, Inc.

Empregando a repetição

DICA

Um aspecto importante do blues acústico (e na guitarra também) é a *repetição*. Essa ideia envolve um *motivo* (uma frase musical curta) que você repete às vezes uma vez, e outras, várias vezes. No blues acústico é possível conseguir esse efeito com uma das maneiras a seguir:

» **Repita uma frase *no mesmo tom* conforme o acorde secundário muda.**
Na Figura 12-19, o acorde muda de E para A. (As notas graves diferentes que o polegar toca indicam que o acorde muda.) Porém, o motivo se repete no mesmo tom. Note como as mesmas notas soam diferentes se você as toca em um acorde diferente (mesmo um implícito). Essa técnica é a base do blues.

198   PARTE 4 **Uma Mistura de Estilos**

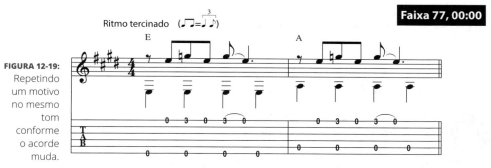

FIGURA 12-19: Repetindo um motivo no mesmo tom conforme o acorde muda.

© John Wiley & Sons, Inc.

» **Repita uma frase *em um tom diferente* conforme o acorde secundário muda.** Se você usar essa técnica, a relação entre a melodia e o acorde secundário ficará igual. Esse tipo de repetição é mostrado na Figura 12-20. Faça pestana na 5ª casa para tocar o acorde A no segundo compasso. (Abordamos os acordes com pestana no Capítulo 9.)

Note na Figura 12-20 que, para cada acorde, você usa um hammer-on para ir da 3ª menor para a 3ª maior. Essa técnica é comum no blues acústico. (Veja o Capítulo 10 para ter informações sobre hammer-ons.)

FIGURA 12-20: Movendo um motivo para um novo tom conforme o acorde muda.

© John Wiley & Sons, Inc.

Técnicas específicas

Você pode usar essas duas técnicas simples, analisadas em detalhes nas próximas seções, para variar mais seu blues acústico.

» Alternar a *textura* (ou seja, combinar diferentes padrões musicais, como tocar um compasso de base e um compasso de solo) cria um som inesperado e menos homogêneo.

CAPÍTULO 12 **Mais Triste que o Blues: Fundamentos da Guitarra Blues**   199

» Combinar cordas soltas com cordas pressionadas cria resultados incomuns, permitindo que algumas notas soem enquanto outras se movem melodicamente.

Alternando a textura

LEMBRE-SE

A *alternação* se refere à prática de tocar a melodia e as partes graves, uma por vez, alternando-as, em vez de ao mesmo tempo. No lugar de fazer o polegar tocar constantemente notas graves enquanto os outros dedos tocam simultaneamente as notas da melodia, às vezes é possível tocar apenas as notas da melodia ou as notas graves. Essa técnica não apenas adiciona variedade à textura da música, como também permite (porque *todos* os dedos ficam disponíveis) tocar alguns improvisos mais legais, difíceis e complicados do que seria possível normalmente.

A Figura 12-21 mostra uma frase que começa com apenas a melodia (que você toca em díades, uma técnica comum do blues acústico) e termina apenas com graves (tocando um boogie). Você pode ver como a parte grave, em vez de tocar somente semínimas nas tônicas baixas, fica mais elaborada quando não é preciso se preocupar com as notas da melodia. (Veja o Capítulo 8 para ter informações sobre as díades.)

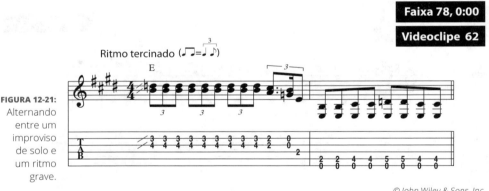

FIGURA 12-21: Alternando entre um improviso de solo e um ritmo grave.

© John Wiley & Sons, Inc.

Um truquezinho eficiente e elegante é tocar um improviso grave real (ou seja, uma *melodia* grave, em vez de um boogie) em um esquema de *alternação*. O exemplo na Figura 12-22 começa como o da Figura 12-21. É a vez da melodia no esquema. Então, no compasso 2, é hora da parte grave, portanto, você pode radicalizar com um improviso grave empolgante. Em geral, esses improvisos usam notas da escala menor pentatônica em E (ou blues em E) com algumas 3as maiores (na 4ª casa da 6ª corda) e 6as maiores (na 4ª casa da 5ª corda) adicionadas.

200 PARTE 4 **Uma Mistura de Estilos**

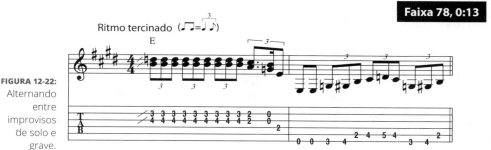

FIGURA 12-22: Alternando entre improvisos de solo e grave.

Combinando cordas soltas e pressionadas

Outra técnica importante do blues acústico é alternar entre uma corda solta e uma nota pressionada (em uma corda adjacente) que tem o mesmo tom ou tom próximo. Normalmente você usa essa técnica nas cordas agudas, mas pode tocá-la na parte grave também.

No exemplo mostrado na Figura 12-23, você toca o primeiro E agudo na 2ª corda (uma nota pressionada), em seguida toca o E na 1ª corda (uma nota solta) e toca-o de novo na 2ª corda. Então o E solto se repete depois de você tocar algumas notas próximas na 2ª corda. Ocorre a mesma ideia com os Bs na 3ª corda pressionada e na 2ª solta. O compasso 2 (com a parte grave tocando sozinha) mostra a mesma situação em uma composição da parte grave. Nas batidas 3 e 4, o D solto na 4ª corda se alterna com o D da 5ª corda e notas próximas.

FIGURA 12-23: Combinando notas pressionadas e cordas soltas.

Turnarounds

Em um solo típico do blues acústico, você toca a progressão de blues de 12 compassos repetidas vezes; do contrário, o solo inteiro termina muito, muito rápido. Normalmente, quando se chega ao fim (compassos 11 e 12) em cada tempo, você toca um pequeno improviso enfeitado conhecido como *improviso turnaround*, designado a marcar o fim e determinar a volta (ou retorno, daí o nome turnaround) para o compasso 1.

Em um sentido amplo, se você estiver no tom de E, o turnaround o colocará em um tipo de acorde B ou B7 (porque esse acorde leva de volta ao acorde E, o acorde no compasso 1 no próximo tempo). Mas se você simplesmente tocar um acorde E7 no compasso 11 e um B7 no compasso 12, perderá muitos encantos musicais, como mostram os exemplos a seguir.

O PODER DA GUITARRA SLIDE

A guitarra slide é uma adição importante à técnica da guitarra de blues. Ao tocar um slide, você não usa a mão esquerda para pressionar na guitarra empurrando as cordas na escala, como faz normalmente. Pelo contrário, segura uma barra de metal ou vidro (o slide) no braço e para (encurta a vibração) as cordas pressionando levemente o slide em certa casa. Para tocar afinado, você deve posicionar o slide diretamente sobre o filete do traste, não atrás dele, como faz normalmente com a pestana.

Para os slides, você pode usar qualquer coisa, desde o gargalo de uma garrafa de vinho até um frasco de remédio (o recipiente de um remédio para tosse é o ideal e favorito de Duane Allman) ou um pequeno tubo de latão. O lado sem corte de uma faca também funciona, se necessário. Hoje, sobretudo os slides de vidro e latão, disponíveis nas lojas de música, têm vários diâmetros, para se adaptarem a diferentes tamanhos de dedo. A maioria das pessoas coloca o slide no dedo anular ou mindinho, deixando os outros dedos livres para pressionar. O material do slide determina o peso e o tom; a escolha de um slide mais pesado ou leve é pessoal.

Como o slide fica sobre as cordas em uma linha reta, tocar acordes onde as notas estão em casas diferentes fica bem difícil. Muitos guitarristas resolvem o problema colocando a guitarra em uma afinação solta, como G ou D. (Veja o Capítulo 11 para ter informações sobre as afinações soltas.) Muitos famosos do blues com slide usavam (ou ainda usam) afinações soltas. Robert Johnson tocava em G solto; Duane Allman tocava em D ou E solto; Bonnie Raitt toca em A solto; e Derek Trucks, em E solto.

A qualidade do solo de guitarra fica sustentada, expressiva e vocal se você toca com um slide. Como o slide passa sobre a parte superior das cordas e não usa as casas para pressionar, a resposta é mais parecida com um violino ou voz, cuja mudança do tom é suave e contínua, em oposição ao som mais "separado" que resulta do pressionar normalmente. Quando você ouvir os grandes artistas do slide, escute sobretudo seu fraseado. É a melhor forma de apreciar o poder emocional da guitarra slide, ou seja, na execução expressiva da linha melódica.

A Figura 12-24 mostra quatro turnarounds de blues acústico muito tocados. Observe que a maioria utiliza algum tipo de linha *móvel cromática* (ou seja, ela se move em semitons).

FIGURA 12-24: Quatro turnarounds típicos em E.

© John Wiley & Sons, Inc.

TOQUE ISSO

Se você se sentir bem tocando as figuras na seção "Chegando à Raiz do Blues Acústico", estará pronto para tocar a música "Mississippi Mud", na próxima seção. Não tenha medo de parecer exagerado!

Tocando Blues

Certa vez, B.B. King disse: "Eu tenho o direito de cantar blues", e se você estiver pronto para tocar alguns blues autênticos, tem esse direito também! As duas músicas nesta seção usam muitas técnicas apresentadas neste capítulo.

DICA

Quando tocar estas peças pela primeira vez, não apresse o processo. No blues, a sensação vem antes da técnica, e o melhor modo de desenvolvê-la é manter o andamento devagar e controlado enquanto faz progresso. Foque a sensação e deixe que a técnica acompanhe. Funciona, de verdade.

Veja algumas informações especiais sobre as músicas para ajudá-lo:

» **Chicago Shuffle:** Para essa música, você precisa saber tocar blues com uma nota (veja a seção "Solo do blues na guitarra", anteriormente neste capítulo), juntar movimentos separados do blues em um conjunto coeso (veja a seção "Movimentos do blues", anteriormente neste capítulo) e dançar como se suas costas não tivessem ossos.

O solo de guitarra nessa peça usa vários recursos comuns do solo de blues: frases curtas com grandes espaços no meio, repetição, escala de blues, díades e turnaround no fim. (Para ter mais informações sobre essas técnicas, veja as seções anteriores deste capítulo.) A parte da base (não indicada aqui, exceto pelos nomes dos acordes) é o mesmo padrão usado na Figura 12-3 anterior (também não indicado aqui, mas você pode ouvir nas faixas de áudio). Observe que essa progressão particular inclui um IV rápido.

» **Mississippi Mud:** Para esta música, você precisa saber tocar uma linha grave independente com o polegar trabalhando em uma melodia tocada com os outros dedos (veja a seção "Tocando melodia e acompanhamento simultaneamente", anteriormente neste capítulo), como alternar as texturas suavemente (veja a seção "Alternando a textura", também neste capítulo), tocar um turnaournd e como encantar as pessoas com seu charme.

Essa música apresenta muitos conceitos do blues acústico tratados neste capítulo: escala menor pentatônica E em posição solta, notas graves constantes, alternação (o baixo toca sozinho no compasso 2, por exemplo), repetição de um improviso no mesmo tom, mesmo com o acorde secundário mudando (compasso 5), combinação de nota pressionada/corda solta (compasso 9) e um improviso de turnaround (compassos 11 a 12).

Chicago Shuffle

CAPÍTULO 12 **Mais Triste que o Blues: Fundamentos da Guitarra Blues**   205

Mississippi Mud

NESTE CAPÍTULO

» **Praticando o dedilhado**

» **Apresentando a pestana fixa**

» **Tocando arpejos, "toca e arranha", Carter e Travis**

» **Treinando músicas folk**

» **Acesse as faixas de áudio e os videoclipes em** www.altabooks.com.br **(procure pelo título do livro)**

Capítulo **13**

Ao Redor da Fogueira: Fundamentos da Guitarra Folk

Em termos de estilo de guitarra, hoje *folk* significa muito mais do que apenas tocar "Jimmy Crack Corn" ao redor de uma fogueira com um grupo de caubóis tristes e um cozinheiro chamado Toquinho assoprando em uma gaita desafinada. Embora o violão folk tenha desfrutado de um começo humilde como um estilo de dedilhado melancólico para acompanhar músicas simples, ele se desenvolveu como uma categoria de música popular própria.

O violão folk progrediu das cantigas de caubói do século XIX, passando pelas músicas dos Apalaches e baladas dos anos 1930 e 1940, pelos sucessos dos primeiros artistas country, como Jimmie Rodgers, Hank Williams e Johnny Cash, até o gênero rockabilly no final dos anos 1950. Nos anos 1960, a música folk teve um renascimento popular, começando com o Kingston Trio e continuando até o auge, com Bob Dylan, Joan Baez e o trio Peter, Paul & Mary. A partir daí, ele chegou às massas por meio dos estilos sofisticados de pop folk de John Denver, James Taylor, Joni Mitchell e Crosby, Stills & Nash. No século XXI, a música folk e a guitarra folk continuam a crescer na música de aristas como Sam Beam

CAPÍTULO 13 **Ao Redor da Fogueira: Fundamentos da Guitarra Folk** 207

(mais conhecido no palco e nas gravações pelo nome Iron & Wine), Brett Dennen, da Califórnia, e Kate Rusby, da Inglaterra.

Neste capítulo, mostraremos muitas abordagens para tocar guitarra folk, inclusive arpejos, "toca e arranha", Carter e Travis. Também veremos como usar a pestana fixa para mudar os tons, criar novos sons com afinações soltas e tocar harmônicas.

Tocando com Dedilhado

A música folk favorece tocar com *dedilhado* (um estilo no qual você toca as cordas com os dedos da mão direita, em vez da palheta). Pense na música "Puff the Magic Dragon", de Peter, Paul & Mary, "Don't Think Twice, It's All Right", de Bob Dylan, "Alice's Restaurant", de Arlo Guthrie, e "Landslide", de Fleetwood Mac, e conseguirá ouvir os padrões fáceis e ondulantes que os dedos produzem no acompanhamento.

Você também ouve o dedilhado no rock ("Blackbird", dos Beatles, "Dust in the Wind", do Kansas, a introdução em "Stairway to Heaven", de Led Zeppelin, e as introduções em "One" e "Nothing Else Matters", do Metallica), country e blues. E, claro, você toca dedilhando todas as músicas do violão clássico (abordaremos o violão clássico no Capítulo 14.)

Tocar dedilhando abre um mundo de possibilidades musicais que a palheta não consegue ter. Por exemplo, você pode tocar duas ou mais linhas simultaneamente enquanto dedilha: o polegar da mão direita toca a linha grave e os outros dedos tocam a melodia e as *vozes internas* (notas mais cheias ou secundárias nas cordas do meio, entre a melodia e o grave), para ter um som ainda mais completo e complexo.

Nas seções a seguir, descrevemos a técnica e a posição da mão direita usada para tocar dedilhando.

Técnica do dedilhado

No dedilhado da guitarra ou violão, você toca as cordas com os dedos individuais da mão direita, em vez de tocar com a palheta. Na maioria dos casos, toca uma corda por vez, em um padrão repetido, enquanto a mão esquerda faz o acorde. Em geral, o polegar, batendo para baixo, toca as cordas graves (baixo) e os outros dedos, batendo para cima, tocam as cordas agudas (um dedo por corda).

Depois de tocar cada nota, afaste o dedo para não repousar na corda adjacente. Essa técnica permite que todas as cordas soem e produzam acordes, em vez de apenas uma sucessão de notas individuais. Assim, você toca a guitarra como se fosse uma harpa, exceto que na guitarra parece muito mais legal.

Posição da mão direita

LEMBRE-SE

Quando você toca com os dedos, precisa girar um pouco a mão direita para que eles fiquem mais ou menos perpendiculares às cordas. A Figura 13-1 mostra o antes e o depois da mão direita na posição normal segurando a palheta e uma colocação girada perpendicular mais adequada para o dedilhado. Mantendo a mão direita perpendicular às cordas, os dedos ficam bem retos, não inclinados, quando você não gira e fica alinhado com o braço. (A propósito, essa posição representa a mesma abordagem perpendicular usada para tocar o violão clássico. Veja o Capítulo 14 para ter mais informações sobre a posição da mão direita.)

a

FIGURA 13-1: Mão direita na posição com palheta (a); mão direita na posição de dedilhado (b). b

Fotografias cortesia da Cherry Lane Music

DICA

Você pode fazer como muitos guitarristas e deixar as unhas da mão direita crescerem para que, quando tocar, o som fique mais claro ou alto. Se quiser um som muito claro, use dedeiras, acessórios de plástico ou metal que você coloca no polegar e nos outros dedos, ou cole unhas de acrílico nas unhas naturais (um procedimento comum em qualquer salão de manicure e uma medida de emergência que muitos violonistas clássicos usam se quebram uma unha pouco antes de uma apresentação).

Nota: a notação musical neste livro inicia os dedos da mão direita com as letras *p* (polegar), *i* (indicador), *m* (médio) e *a* (anular). Esse esquema vem da notação do violão clássico. As letras *p*, *i*, *m* e *a* são as primeiras letras das palavras em espanhol para os dedos (o violão clássico é muito popular na Espanha): *pulgar* (polegar), *indice* (indicador), *medio* (médio) e *anular*. Às vezes você vê os equivalentes em inglês: *t* (thumb ou polegar), *i* (index ou indicador), *m* (middle ou médio) e *r* (ring ou anular). Normalmente não se usa o dedo mindinho da mão direita ao dedilhar.

Usando uma Pestana Fixa

Pestana fixa é um recurso que segura as cordas na escala em certa casa. As pestanas fixas podem funcionar com elásticos, cordas ou até parafusos, mas todos têm a mesma finalidade: encurtam o comprimento de todas as cordas ao mesmo tempo, criando, de fato, uma nova pestana. Todas as cordas "soltas" agora tocam notas mais altas do que sem a pestana fixa.

Quanto mais altas? Um semitom para cada casa. Se você coloca a pestana fixa na 3ª casa, por exemplo, as cordas E soltas se tornam Gs (três semitons mais alto que E). Todas as cordas ficam igualmente mais altas também: B se torna D, G se torna B♭, D se torna F e A se torna C. (Por falar nisso, você não pode tocar nada antes da pestana fixa, apenas depois no braço.)

DICA

Para colocar corretamente a pestana fixa, posicione-a um pouco *antes* da 3ª casa (perto das tarraxas), *não* diretamente em cima do 3º filete de metal. A Figura 13-2 mostra uma pestana fixa colocada corretamente na guitarra na 3ª casa. Veja o Capítulo 17 pata ter informações sobre os diferentes tipos de pestanas fixas.

Por que se deve usar uma pestana fixa?

» **Uma pestana fixa permite mudar instantaneamente o tom de uma música.** Digamos que você saiba tocar "Farmer in the Dell" no tom de C, e apenas nesse tom. Mas quer acompanhar um cantor (talvez você mesmo) cujo alcance vocal é mais adequado para cantar essa música no tom de D.

Tudo bem. Coloque a pestana fixa na 2ª casa e simplesmente toque a música em C como sempre faz. A pestana fixa faz com que todas as cordas soem um tom acima do normal e a música fique em D! Na verdade, é possível mover a pestana para qualquer casa deslizando para cima e para baixo no braço, até encontrar o local (tom) perfeito para seu alcance vocal.

FIGURA 13-2: Pestana fixa no braço do violão. Observe que ela fica um pouco antes da casa, não diretamente sobre o filete.

Fotografia cortesia de Jon Chappell

DICA

Claro, se as notas e acordes na música tocada não tiverem cordas soltas, você poderá simplesmente mudar as posições no braço (usando acordes móveis) para encontrar o melhor tom para cantar. Use uma pestana fixa apenas se a música requerer o uso de cordas soltas.

» **Uma pestana fixa dá um som mais claro à guitarra.** Basta colocar uma pestana fixa no braço (bem alto no braço). A guitarra soará mais como bandolim (você sabe, aquele pequeno instrumento de corda em forma de lágrima que os gondoleiros tocam em filmes feitos na Itália).

DICA

As pestanas fixas podem ser muito úteis se você tem dois guitarristas tocando juntos uma música. Um pode tocar os acordes sem pestana fixa, no tom de C, por exemplo. O outro pode tocar os acordes, digamos, no tom de G com uma pestana fixa na 5ª casa, em C. A diferença no *timbre* (ou seja, a cor do tom ou a qualidade do som) entre os dois instrumentos cria um efeito impressionante.

» **Uma pestana permite mover, para qualquer tom, certas combinações de corda solta/pressionada que existem em apenas um tom.** Algumas pessoas se referem à pestana fixa como "trapaceiras". Elas acham que se você for iniciante e só consegue tocar em tons fáceis (A e D, por exemplo), precisa "trapacear" usando uma pestana fixa para tocar nos tons mais difíceis. Afinal, se você for bom guitarrista, poderá tocar em, digamos, B sem uma pestana fixa usando acordes com pestana.

Porém, na guitarra folk, a combinação de cordas soltas e pressionadas é a essência do estilo. Algumas vezes, tais combinações podem ser bem complicadas.

Pense, por exemplo, na introdução da música "Fire and Rain", de James Taylor, que ele dedilha no tom de A. Porém, James a toca usando uma pestana fixa na 3ª casa, fazendo a música soar três semitons acima, em C, porque o tom é mais adequado ao alcance vocal dele. Então, por que não tocar a música em C apenas sem uma pestana fixa? Porque o dedilhado impossibilita essa opção; as cordas soltas necessárias que James toca não existem em C, apenas em A!

» **Uma pestana fixa "aproxima" as casas quando você sobe no braço.**
Tocar com uma pestana fixa requer menos alongamento da mão esquerda, facilitando tocar algumas músicas.

Neste capítulo, conforme você toca vários exercícios e músicas, experimente uma pestana fixa. Veja como pode usá-la para encontrar o melhor tom para seu alcance vocal. E até nas seções instrumentais, experimente colocar a pestana fixa em várias casas para ver como isso afeta o timbre. Com certeza gostará do que vai ouvir.

Às vezes, usar ou não uma pestana fixa faz as notas saírem da afinação. Verifique a afinação e faça qualquer ajuste necessário sempre que colocar ou retirar a pestana fixa.

Focando os Arpejos

Para tocar com arpejos (também conhecido como *acorde quebrado*), faça um acorde com a mão esquerda e toque as notas, uma por vez, em sucessão, com a direita, permitindo que as notas soem ou sejam prolongadas. Essa técnica produz um som fluido mais leve na música, em comparação com tocar todas as notas de uma só vez. Nas seções a seguir, explicaremos como tocar o arpejo básico, assim como o padrão de "ninar" relacionado.

Tocando arpejos

Para tocar arpejos, coloque os dedos da mão direita nas cordas, na posição básica de dedilhado: polegar (*p*) na 6ª corda, indicador (*i*) na 3ª corda, dedo médio (*m*) na 2ª corda e anular (*a*) na 1ª corda. Todos os dedos agora estão prontos para tocar. (Consulte a seção "Posição da mão direita", anteriormente, para ver os detalhes.)

Mesmo sem realmente dedilhar um acorde da mão esquerda (porque todas as cordas tocadas são cordas soltas em um acorde Em), você ainda pode tocar um arpejo Em tocando primeiro o *p*, *i*, então *m* e finalmente *a*. Você deve ouvir o som de um belo acorde Em.

Só para saber como é esse padrão na notação, veja a Figura 13-1, que mostra exatamente como tocar as cordas soltas de um acorde Em com arpejo.

Faixa 82, 0:00

Videoclipe 66

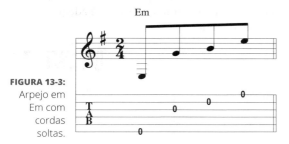

FIGURA 13-3: Arpejo em Em com cordas soltas.

© John Wiley & Sons, Inc.

Agora tente arpejar para cima (das cordas graves para as agudas) e para baixo o acorde Em solto. Mais uma vez, use apenas a 6ª, 3ª, 2ª e 1ª cordas. Em vez de tocar apenas *p-i-m-a*, como antes, toque *p-i-m-a-m-i*. Veja a notação na Figura 13-4 para verificar se está tocando as notas certas.

Faixa 82, 00:07

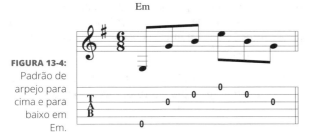

FIGURA 13-4: Padrão de arpejo para cima e para baixo em Em.

© John Wiley & Sons, Inc.

Em seguida, tente dedilhar os vários acordes nos Capítulos 4 e 6, tocando com *p-i-m-a* ou *p-i-m-a-m-i*. Mas para cada novo acorde, veja se o polegar toca na corda grave correta, a *tônica* do acorde (a 6ª corda para todos os acordes E e G, a 5ª corda para todos os acordes A e C e a 4ª corda para todos os acordes D). (A *tônica* de um acorde é simplesmente a nota que dá nome a ele; por exemplo, a tônica de um acorde C é a nota C.)

Muitos padrões de arpejo são possíveis porque você pode tocar as cordas em muitas ordens diferentes. Os padrões *p-i-m-a* e *p-i-m-a-m-i* são os mais comuns.

TOQUE ISSO

Para tocar uma música agora usando o arpejo *p-i-m-a-m-i*, pule para a seção "Tocando no Estilo Folk", mais adiante neste capítulo, e verifique a música "House of the Rising Sun".

CAPÍTULO 13 **Ao Redor da Fogueira: Fundamentos da Guitarra Folk** 213

Tocando o padrão de "ninar"

Alguns guitarristas se referem ao padrão de acompanhamento mostrado na Figura 13-5 como padrão de *ninar* porque tem um belo som e é adequado para tocar acompanhamento das canções de ninar.

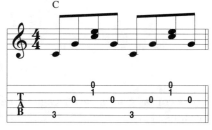

FIGURA 13-5: Padrão de acompanhamento das canções de ninar.

© John Wiley & Sons, Inc.

Esse padrão incorpora uma díade (duas notas tocadas juntas; veja o Capítulo 8) em um arpejo. Depois de tocar os dedos *p* e *i* individualmente, você toca *m* e *a* juntos (ao mesmo tempo) nas duas cordas superiores. Segure cada acorde com a mão esquerda enquanto as notas soam. De novo, use uma pestana fixa para encontrar o melhor tom para cantar (mencionamos as pestanas fixas anteriormente neste capítulo).

TOQUE ISSO

Para tocar uma música agora usando o padrão de ninar, pule para a seção "Tocando no Estilo Folk", posteriormente neste capítulo, e verifique a música "The Cruel War Is Raging".

Lidando com a Técnica "Toca e Arranha"

A técnica *toca e arranha* é um padrão de acompanhamento que tem um som "bombástico". Aqui, o polegar toca normalmente (batendo na corda grave), mas os outros dedos tocam (arranham) as três ou quatro cordas superiores com a parte de trás das unhas em um movimento descendente (em direção ao chão). Os dedos batem nas cordas como uma palheta, mas você não move o braço ou a mão inteira. Basicamente, curva os dedos na palma e os estende rápido, mudando de uma posição de mão fechada para uma aberta, tocando as cordas com as unhas no processo.

TOQUE ISSO

A Figura 13-6 mostra dois compassos do padrão "toca e arranha" em um acorde C. Não se preocupe em tocar *exatamente* três cordas com o dedo arranhando. Fazer um movimento suave e fluido com a mão direita é mais importante. Assista ao Videoclipe 67 para ver como os dedos da mão direita arranham as cordas.

Faixa 83, 0:10

Videoclipe 67

FIGURA 13-6: Padrão "toca e arranha" simples em um acorde C.

© John Wiley & Sons, Inc.

Uma variação de "toca e arranha" simples é o *toca, arranha, sobe* (que produz um som "bom-bástico"). Depois de tocar com a parte de trás das unhas dos dedos do meio e anular, você usa a parte macia do dedo indicador para tocar a 1ª corda (para cima). Você executa essa técnica invariavelmente em uma base de colcheias nas batidas 2 e 4 (um, dois e três, quatro e). (Veja o Apêndice A para ter mais informações sobre as colcheias.)

TOQUE ISSO

A Figura 13-7 mostra o padrão de dois compassos, usando a técnica "toca, arranha, sobe". Mantenha os movimentos para baixo e para cima estáveis, sem nenhuma interrupção no ritmo. (Ouça a Faixa 84 para escutar isso e não desanime se levar um tempo para se acostumar.)

DICA

Não pense no movimento para cima com o dedo como um toque com palheta, mas como um arranhão ascendente com a mão inteira. Em outras palavras, mantenha a mão direita solta e fluida enquanto puxa para cima para tocar a 1ª corda com o 1º dedo.

DICA

Você pode usar o padrão "toca e arranha" ou "toca, arranha, sobe" para qualquer música com um som "bombástico" ou "bom-bástico", como "Jingle Bells" ou "I've Been Working on the Railroad".

FIGURA 13-7: Padrão "toca, arranha, sobe" em um acorde C.

Considerando o Estilo Carter

No *estilo Carter* (nomeado devido à famosa família Carter, cujos membros incluem June Carter, "Mãe" Maybelle e "Tio" A. P.), você toca a melodia nas cordas graves com o polegar, enquanto os outros dedos fazem um acompanhamento na forma de arranhões. Esse estilo funciona bem para músicas com notas de melodia que ficam, na maioria, nas batidas 1 e 3. (Os arranhões ocorrem nas batidas 2 e 4.) Mas se uma nota da melodia ficar na batida 2 ou 4, basta omitir o arranhão nessa batida.

DICA

É possível tocar esse estilo facilmente com uma palheta ou com os dedos, portanto, experimente dos dois modos e veja qual é mais confortável.

A Figura 13-8 mostra uma passagem que você pode tocar usando o estilo Carter, em que a melodia fica inteiramente nas cordas mais graves. A melodia é de uma música tradicional, chamada "Wildwood Flower", que ficou famosa com a família Carter. Woody Guthrie escreveu sua própria letra e a chamou de "The Sinking of the Ruben James".

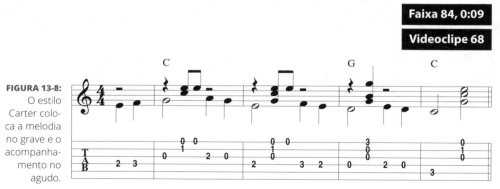

FIGURA 13-8: O estilo Carter coloca a melodia no grave e o acompanhamento no agudo.

TOQUE ISSO

Para tocar uma música agora no estilo Carter, pule para a seção "Tocando no Estilo Folk", mais adiante neste capítulo, e verifique a canção "Gospel Ship".

Experimentando o Estilo Travis

O estilo Travis, nomeado em homenagem ao guitarrista country Merle Travis, provavelmente é a técnica folk de dedilhado mais popular. Nela, o polegar alterna entre duas cordas graves (às vezes três) em semínimas constantes, enquanto os outros dedos tocam as cordas agudas (mais altas), em geral entre as semínimas (nas batidas fracas). O resultado é um som forte e rítmico que você pode usar em vários acompanhamentos, desde o ragtime até o blues, e um padrão de acompanhamento 4/4 ondulante ouvido na música "The Boxer", de Simon and Garfunkel, "Dust in the Wind", do Kansas, "Much Too Young (To Feel This Damn Old)", de Garth Brooks, e "Dog Faced Boy", de Phish.

Essa técnica é mais complexa do que as analisadas nas seções anteriores, portanto mostraremos como tocá-la, passo a passo, nas próximas seções.

Padrão básico

É possível criar padrões Travis diferentes variando o tempo usado para tocar as cordas agudas. O que continua igual é a base constante que você toca com o polegar. Um padrão de cordas agudas é tão popular, que o chamamos de "padrão Travis básico". Você pode tocá-lo seguindo estas etapas:

1. **Comece fazendo o acorde D com a mão esquerda e segurando-o durante o compasso.**

2. **Usando apenas o polegar, alterne entre tocar as 4ª e 3ª cordas em semínimas constantes, como mostrado na Figura 13-9a.**

   A parte do polegar é a base do padrão. A notação padrão marca a parte do polegar usando movimentos para baixo (linhas verticais descendentes anexadas às cabeças da nota). Toque essa parte várias vezes para balançar constantemente.

3. **Agora adicione a 2ª corda ao padrão tocando com o indicador após a batida 2 (entre as notas do polegar), como mostrado na Figura 13-9b.**

TOQUE ISSO

   Verifique se a 2ª corda continua a vibrar enquanto o polegar toca na 4ª corda na batida 3. Toque esse padrão parcial várias vezes até parecer natural. Ouça a Faixa 85 para entender a base.

4. **Agora adicione a 1ª corda ao padrão tocando-a com o dedo médio após a batida 3 (entre as notas do polegar), como mostrado na Figura 13-9c.**

   Toque esse padrão parcial várias vezes até se sentir confortável.

CAPÍTULO 13 **Ao Redor da Fogueira: Fundamentos da Guitarra Folk** 217

5. Por fim, adicione a 1ª corda (que você toca usando o dedo médio) à batida 1, tocando a 4ª corda simultaneamente com o polegar, como na Figura 13-9d.

No estilo Travis, tocar uma corda aguda e uma corda grave juntas é conhecido como *beliscar*.

DICA

Uma variação do padrão básico é chamado, às vezes, de *ondulação*. Esse padrão não belisca, e você toca na batida fraca, como na Figura 13-9e. Em geral, você toca a última batida fraca apenas se não muda os acordes quando vai para o próximo compasso. Se mudar os acordes, omita essa parte.

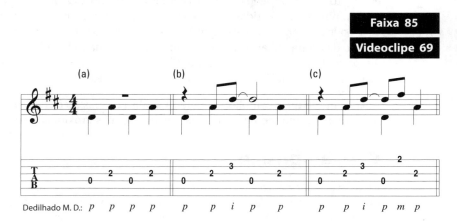

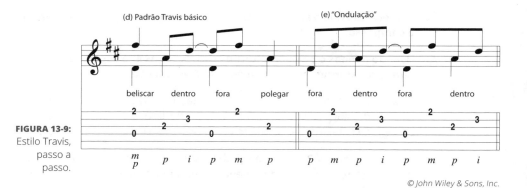

FIGURA 13-9: Estilo Travis, passo a passo.

© John Wiley & Sons, Inc.

Você pode criar outras variações do padrão básico adicionando ou omitindo beliscões e as batidas fracas, mas *nunca* omita as notas do polegar. É possível criar essas variações enquanto toca, usando-as para quebrar a monotonia de um padrão que você repete sempre.

DICA

Para o padrão Travis básico, um modo fácil de lembrar quais cordas tocar e a ordem de tocá-las é pensar no grupo de cordas com quatro notas que você toca como um grupo de *cordas externas* e *internas*. No acorde D, por exemplo, a 1ª e 4ª cordas são "externas", e a 2ª e 3ª cordas são "internas". Veja a Figura 13-9d de novo. Diga a seguinte frase enquanto toca: "Beliscar, dentro, fora, polegar". As etapas a seguir relacionam a frase às ações correspondentes:

1. **Beliscar: na batida 1, toque as cordas externas (4ª e 1ª) como um beliscão; o polegar toca a 4ª corda, e o dedo médio toca a 1ª corda simultaneamente.**

2. **Internas: na batida 2, toque as cordas internas (3ª e 2ª), uma de cada vez; o polegar toca primeiro, depois o dedo indicador.**

3. **Externas: na batida 3, toque as cordas externas (4ª e 1ª), uma de cada vez; o polegar toca primeiro, depois o dedo médio.**

4. **Polegar: na batida 4, toque apenas o polegar na corda grave do grupo interno (3ª corda).**

Note que você normalmente não usa o dedo anular ao tocar os padrões Travis.

Estilo de acompanhamento

LEMBRE-SE

Depois de conhecer o padrão Travis básico, você pode criar um acompanhamento inteiro para uma música apenas tocando junto uma série de acordes e aplicando o devido padrão de cada um. É possível tocar o padrão para qualquer acorde memorizando as seguintes informações:

» Qual grupo de quatro cordas tocar para cada acorde. (Veja o gráfico na Figura 13-10.)

» Quais dedos da mão direita usar nessas cordas. (O polegar e o dedo médio tocam as cordas externas, o polegar e o dedo indicador tocam as cordas internas.)

» A frase *beliscar, dentro, fora, polegar*. Usando essa frase (veja a seção anterior), você pode tocar qualquer padrão para qualquer acorde.

A Figura 13-10 mostra as quatro cordas que você pode usar para vários acordes e identifica as "internas" e as "externas" de cada grupo. Experimente os grupos indicados para cada acorde, tocando o padrão Travis e a ondulação.

TOQUE ISSO

Para tocar uma música agora usando o acompanhamento Travis, pule para a seção "Tocando no Estilo Folk", mais adiante neste capítulo, e verifique a música "All My Trials".

Estilo de solo

Você pode usar o estilo Travis para criar solos instrumentais empolgantes ao colocar a melodia da música no agudo (como beliscar e tocar na batida fraca) enquanto o grave, junto com outras batidas fracas colocadas estrategicamente, faz o acompanhamento. Nesse estilo de solo, você não toca necessariamente grupos de quatro cordas (como faria no estilo acompanhamento). A melodia dita os grupos, que às vezes se expandem para cinco cordas.

	Grupo mais alto	Grupo mais baixo
Tônica na 4ª corda D, Dm, D7, F 4ª corda	dentro ⎡ ① ② ③ ④ ⎤ fora	
Tônica na 5ª corda C, C7, A, Am, A7, B7	dentro ⎡ ① ② ③ ⑤ ⎤ fora	dentro ⎡ ② ③ ④ ⑤ ⎤ fora
Tônica na 6ª corda E, Em, E7, G, G7	dentro ⎡ ① ② ③ ⑥ ⎤ fora	dentro ⎡ ② ③ ④ ⑥ ⎤ fora (não é bom para G7)

FIGURA 13-10: Pares de cordas internas e externas para vários acordes no estilo Travis.

© John Wiley & Sons, Inc.

A Figura 13-11 mostra como uma melodia, neste caso, "Oh, Susanna", é tocada em um estilo Travis solo. Observe que as batidas 1 e 2 em cada compasso são beliscões (o polegar e outro dedo tocam as cortas juntas), porque a melodia e o grave ficam nessas batidas. As outras notas da melodia ficam nas batidas fracas, vindo nas notas graves intermediárias.

220   PARTE 4 **Uma Mistura de Estilos**

FIGURA 13-11: O início de "Oh, Susanna" arranjado no estilo solo de Travis.

© John Wiley & Sons, Inc.

TOQUE ISSO

Para tocar a música usando o solo Travis agora, pule para a seção "Tocando no Estilo Folk", mais adiante neste capítulo, e verifique a música "Freight Train".

Afinação solta

TOQUE ISSO

Você pode criar efeitos interessantes se colocar o estilo Travis em afinações soltas. A Figura 13-12 é uma passagem da afinação em G solta (D-G-D-G-B-D, do grave para o agudo) que lembra algo que Joni Mitchell poderia ter tocado em um de seus primeiros álbuns. A única coisa incomum aqui é que você afina a guitarra de modo diferente. Nada muda na mão direita em relação ao estilo Travis normal. O Videoclipe 70 ajuda a orientação da mão esquerda no braço conforme desce em posições diferentes.

Para entender a afinação solta em G, siga estas etapas:

1. Solte a 6ª corda até ela soar uma oitava abaixo da 4ª corda solta.

2. Solte a 5ª corda até ela soar uma oitava abaixo da 3ª corda solta.

3. Solte a 1ª corda até ela soar uma oitava acima da 4ª corda solta.

DICA

Observe que na Figura 13-12 você usa apenas um grupo de quatro notas (5ª, 4ª, 3ª e 2ª). As 5ª e 3ª cordas são soltas até o final, quando você toca os harmônicos na 12ª casa com pestana. Pense "beliscar, dentro, fora, polegar" ao longo deste exemplo (veja a seção anterior "Padrão básico" para saber mais sobre essa frase).

PAPO DE ESPECIALISTA

Um *harmônico* é um tom bonito, agudo e que lembra um sino que você produz tocando levemente uma corda (com a parte macia do dedo da mão esquerda) em certa casa (em geral 12ª, 7ª ou 5ª) diretamente no filete de metal, em vez de na frente dele, como faria ao pressionar normalmente, e em seguida, tocando a corda.

CAPÍTULO 13 **Ao Redor da Fogueira: Fundamentos da Guitarra Folk**

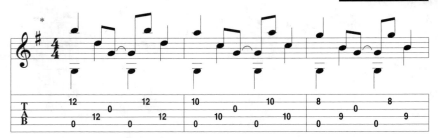

*Afinação em G solta (grave para agudo): D G D G B D

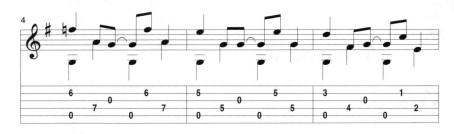

FIGURA 13-12: Estilo Travis na afinação solta em G.

© John Wiley & Sons, Inc.

Tocando no Estilo Folk

A variedade de músicas apresentadas nesta seção vai desde um padrão de acompanhamento simples que você repete diversas vezes até o tratamento no estilo solo de uma afinação, com um baixo independente, uma melodia sobreposta e alguns truques no meio. Nestas cinco músicas, você encontra praticamente toda abordagem de dedilhado possível que seja adequada para as músicas folk. Não se deixe enganar pela natureza simples das músicas; as partes da guitarra aqui fazem com que pareçam encorpadas e completas. Depois de entender os arranjos, só precisará de botas de cano longo e uma camisa de flanela, e estará pronto para uma carreira cheia de vadiagem, trabalho cooperativo e protestos políticos.

Veja algumas informações sobre as músicas para ajudá-lo. Algumas músicas utilizam uma técnica conhecida como *transição melódica do grave*. Essa técnica é uma linha com uma nota, tocada pelo polegar, que leva ao acorde seguinte e serve para quebrar a monotonia de um padrão repetido.

» **House of the Rising Sun:** Para "House of the Rising Sun", você precisa saber tocar um padrão de arpejo para cima e para baixo (veja a seção "Tocando arpejos", anteriormente neste capítulo), dedilhar acordes maiores e menores básicos (veja o Capítulo 4) e fazer uma música sobre uma vida desperdiçada em um bordel parecer ser algo leve e superficial.

O padrão de arpejo para cima e para baixo (*p-i-m-a-m-i*) é um ótimo acompanhamento para "House of the Rising Sun" e outras músicas parecidas. Sua mão esquerda deve segurar cada acorde no compasso inteiro. Pense nos *acordes quebrados* (em que as notas soam), e não nas *notas individuais* (em que as notas param rápido). Observe que os dedos tocam apenas as três cordas superiores de cada acorde na música, mesmo que o polegar mude de corda entre os acordes.

» **The Cruel War Is Raging:** Para "The Cruel War Is Raging", você precisa saber tocar o padrão de ninar (descrito antes na seção "Escolhendo o padrão de 'ninar'"), dedilhar os acordes maiores e menores básicos (veja o Capítulo 4) e colocar um bebê para dormir com uma música sobre aniquilação e destruição.

Segure cada acorde com a mão esquerda enquanto as notas soam. Use uma pestana fixa para encontrar o melhor tom para cantar (veja a seção "Usando uma pestana fixa", anteriormente neste capítulo).

» **Gospel Ship:** Para "Gospel Ship", você precisa saber tocar um solo no estilo Carter (veja a seção "Considerando o Estilo Carter", anteriormente neste capítulo), tocar hammer-ons e pull-offs (veja o Capítulo 10) e conhecer alguém no planeta que realmente conheça a letra dessa música.

Os hammer-ons, pull-offs e transições melódicas do grave são uma parte importante do estilo Carter, como se vê nesse arranjo, mais ou menos baseado na tradicional música "Gospel Ship". A notação padrão ajuda a determinar quais notas tocar com o polegar (aquelas com hastes para baixo) e quais tocar com os outros dedos (com hastes para cima). Porém, essa música funcionará igualmente bem se você usar uma palheta. Experimente dos dois modos.

CAPÍTULO 13 **Ao Redor da Fogueira: Fundamentos da Guitarra Folk** 223

» **All My Trials:** Para "All My Trials", você precisa saber tocar um acompanhamento no estilo Travis (veja a seção "Estilo de acompanhamento", anteriormente neste capítulo), tocar hammer-ons (veja o Capítulo 10) e cantar uma música de modo convincente sobre trabalho e miséria sem parecer pretensioso porque teve uma vida relativamente fácil e privilegiada.

O compasso 1 usa o grupo de notas mais graves do acorde G, porque se você usar as mais altas, acabará com um acorde incompleto. Como o compasso 2 tem apenas duas batidas, você toca apenas metade do padrão nele. O compasso 5 começa como se você estivesse usando o conjunto de cordas mais agudas (para compensar suavemente a nota alta do compasso anterior), mas na batida 2, muda para o conjunto de cordas mais graves, novamente para evitar um acorde incompleto. O compasso 9 incorpora uma pequena linha grave no padrão na transição de G para Em. No compasso 12, um hammer-on beliscado aumenta o estilo folk.

» **Freight Train:** Para "Freight Train", você precisa saber tocar um solo no estilo Travis (veja a seção "Estilo de solo", anteriormente neste capítulo), como tocar hammer-ons (veja o Capítulo 10) e parecer um simples vagabundo tocando um arranjo dedilhado sofisticado com quatro técnicas novas.

Uma transição melódica do grave quebra a monotonia nos compassos 4 e 8. No compasso 9, você dedilha um acorde E e pode usar o 1º dedo, fazendo uma pestana, para tocar a 1ª corda, na 1ª casa. Use o polegar esquerdo, em torno do braço, para dedilhar a 6ª corda nos compassos 11 e 12. O compasso 14 apresenta um truquezinho especial: você bate em uma nota aguda ao mesmo tempo em que toca uma nota grave. No compasso 15, o grave alterna entre três notas, não duas.

House of the Rising Sun

CAPÍTULO 13 **Ao Redor da Fogueira: Fundamentos da Guitarra Folk**

The Cruel War Is Raging

Faixa 89

Videoclipe 72

The cruel war is rag - ing.

let ring

Dedilhado M. D.: *p i a/m i p i a/m i sim.*

Dm   E   F

John - ny has to fight. I want to be

Dm   C   F   C

with him from morn - ing till night.

CAPÍTULO 13 **Ao Redor da Fogueira: Fundamentos da Guitarra Folk** 227

Gospel Ship

Faixa 90

Videoclipe 73

228   PARTE 4 **Uma Mistura de Estilos**

All My Trials

CAPÍTULO 13 **Ao Redor da Fogueira: Fundamentos da Guitarra Folk**

Freight Train

CAPÍTULO 13 **Ao Redor da Fogueira: Fundamentos da Guitarra Folk**   231

232   PARTE 4 **Uma Mistura de Estilos**

NESTE CAPÍTULO

» Preparando-se para tocar violão clássico

» Pegando o jeito das batidas livres e da pausa

» Tocando arpejos e contraponto

» Praticando peças clássicas

» Acesse as faixas de áudio e os videoclipes em www.altabooks.com.br (procure pelo título do livro)

Capítulo **14**

Maestro, Por Favor: Fundamentos do Violão Clássico

O violão clássico não apenas sugere certo estilo musical, como também implica uma abordagem do instrumento bem diferente da de outro estilo, seja folk, jazz, rock ou blues. O violão clássico abrange uma longa tradição de técnicas e práticas que compositores e executores observaram por anos e que eles ainda seguem, mesmo com o advento de composições musicais mais modernas e de vanguarda.

Para tocar as grandes músicas de Bach, Mozart e Beethoven, fazendo com que pareçam autênticas, você *deve* tocá-las no estilo clássico. Mesmo que não tenha intenção de se tornar um violonista clássico sério, você pode melhorar seu tom, técnica e fraseado praticando as técnicas clássicas.

LEMBRE-SE

Não fique com a impressão de que, porque segue certas disciplinas, a música clássica se resume a regras rígidas e regulamentos. Muitos violonistas com carreiras nos campos popular e clássico acham que alguns aspectos do violão clássico são livres, e esses individualistas austeros tentaram introduzir técnicas

CAPÍTULO 14 **Maestro, Por Favor: Fundamentos do Violão Clássico** 233

clássicas no pop e no rock. Steve Howe, do grupo Yes, Michael Hedges e Chet Atkins têm técnicas clássicas em seus estilos inigualáveis. E mais, não podemos imaginar o Metallica tendo o mesmo efeito "headbang" se estivessem em cadeiras com costas retas, com as pernas esquerdas levantadas e os pulsos dobrados em ângulos retos.

Neste capítulo, abordaremos com seriedade o violão clássico e apresentaremos a posição sentada correta e as devidas posições das mãos direita e esquerda. Também veremos como usar as batidas livres e de pausa para enfatizar uma melodia em um padrão de arpejo e como combinar melodias para criar um contraponto.

Preparando-se para Tocar Violão Clássico

Você sempre toca violão clássico em um instrumento com cordas de náilon (o contrário dos modelos com cordas de aço usados para muitos outros estilos), em uma posição sentada. Além disso, deve utilizar certas *batidas* da mão direita (métodos de tocar as cordas) para ter o som esperado e deve adotar uma nova abordagem para o posicionamento da mão esquerda. Mostraremos como fazer tudo isso nas próximas seções.

Sabendo sentar-se

Os verdadeiros violonistas clássicos (ou seja, a maioria deles) sentam-se de modo diferente dos outros porque seguram o violão na perna *esquerda*, em vez na direita. Eles também levantam a perna esquerda uns 15cm usando um apoio para os pés. Se você consegue esse equilíbrio, acompanhe os objetivos a seguir:

» Você repousa o lado agudo do violão (o mais próximo das cordas mais agudas) na perna esquerda, com as costas do instrumento encostando no abdome. O peso do seu braço direito no lado grave mantém o instrumento no lugar (equilibrado, por assim dizer). Dessa forma, suas mãos ficam completamente livres para tocar, apenas tocar. Você não precisa usar as mãos para evitar que o violão caia no chão (a menos que se levante de repente para atender ao telefone).

» Você posiciona o violão de modo que a mão esquerda possa tocar em qualquer casa no ângulo certo (perpendicular); veja a seção "Usando a posição correta da mão esquerda", mais adiante neste capítulo. Esse ângulo permite tocar as posições mais altas (7ª para cima) com mais facilidade do que se consegue na posição sentada do violão acústico com cordas de aço (veja o Capítulo 3).

234   PARTE 4 **Uma Mistura de Estilos**

Porém, a verdade é que muitas pessoas que tentam aprender violão clássico simplesmente não se importam com tais coisas, por exemplo, como segurar o instrumento. Por quê? Porque é complicado demais. Onde você conseguiria um apoio para os pés? (Tudo bem, é possível encontrar um na loja de música local, talvez.) Se você quiser apenas experimentar algumas peças de violão clássico para se divertir, segure-o como normalmente faz. A polícia da música não poderá prendê-lo, e você ainda poderá ouvir um belo arranjo de notas, mesmo que não esteja tocando estritamente "segundo as regras".

DICA

Contudo, se você leva a sério tocar violão clássico, compre um apoio para os pés e consulte a Figura 14-1, que mostra a posição sentada correta. Você também pode usar um equipamento especial que levanta o violão na sua perna, permitindo manter os pés nivelados no chão. Esses dispositivos estão ficando populares porque não criam uma elevação desigual em suas pernas e músculos das costas, o que geralmente acontece levantando a perna e mantendo a outra nivelada. Ah, e se você quiser continuar estudando violão clássico, aprenda a ler música (se ainda não sabe), porque muitas músicas impressas para violão clássico não têm tablatura. (Para começar a ler música, veja o Apêndice A. Também verifique o livro *Violão Para Leigo*s, escrito por nós e publicado pela Editora Alta Books.)

FIGURA 14-1: Posição sentada para o violão clássico

Fotografia cortesia de Chappell

LEMBRE-SE

O importante é sentar-se reto na borda da cadeira, levantando a perna esquerda (ou o violão) e segurando o instrumento no centro do corpo. Mantenha a cabeça do violão (onde as tarraxas se conectam) na mesma altura do ombro, como mostrado na Figura 14-1.

Descobrindo o que fazer com a mão direita

Depois da postura correta, a mão direita é a consideração mais importante para conseguir o verdadeiro som do violão clássico. Você deve tocar com a mão direita na posição certa e fazer os toques corretos dos dedos.

Usando a posição correta da mão direita

O conceito mais importante sobre a posição da mão direita é que você mantém os dedos (indicador, médio e anular) perpendiculares às cordas enquanto toca. (Em geral, não se usa o mindinho no violão clássico.)

Esse posicionamento é fácil. Por quê? Porque sua mão, que é uma extensão do braço, fica naturalmente em um ângulo de 60º em relação às cordas. Experimente. Viu? Mas se você mantiver os dedos inclinados, não poderá conseguir o volume máximo das cordas. Para ter o som mais forte (que você precisa para destacar as melodias das vozes grave e interna), deve tocar as cordas em um ângulo de 90º — perpendicular.

LEMBRE-SE

Gire a mão direita no pulso para que os dedos fiquem perpendiculares às cordas e o polegar fique cerca de 3cm à esquerda (de seu ponto de vista) do dedo indicador, como mostrado na Figura 14-2. Repouse o polegar e os outros dedos da mão direita (indicador, médio e anular) na 6ª, 3ª, 2ª e 1ª cordas, respectivamente, como mostrado na figura. Essa estrutura é a posição básica do violão clássico para a mão direita. Seus dedos estão perpendiculares às cordas?

FIGURA 14-2: Posição correta da mão direita.

Fotografia cortesia de Jon Chappell

DICA

Se você quiser aperfeiçoar a técnica clássica da mão direita, veja uma dica para forçar seus dedos na posição correta: coloque todos os quatro dedos (polegar, indicador, médio e anular) na *mesma corda* (digamos, a 3ª), enfileirando-os. Posicionando os dedos assim, seu polegar não conseguirá repousar à direita do dedo indicador. Então, sem tirar a mão, mova cada dedo para seu lugar normal: polegar na 6ª corda, indicador na 3ª, dedo médio na 2 e anular na 1ª. Consulte a Figura 14-2 para verificar se o polegar está na posição certa em relação aos outros dedos (ao lado, não atrás deles).

Cuidando das unhas

As unhas da mão direita afetam o tom de seu toque. Se as unhas estiverem muito curtas, apenas a parte macia do seu dedo tocará a corda, e o tom resultante será bem suave e leve. Por outro lado, se as unhas forem muito longas, apenas a unha tocará a corda, e o tom será mais agudo e metálico. A maioria dos guitarristas clássicos deixa as unhas um pouco compridas, para que a parte macia e a unha toquem a corda ao mesmo tempo, produzindo um tom agradável e equilibrado.

Alguns violonistas têm um estojo especial de cuidados para as unhas contendo tesoura ou cortadores de unha, lixas e limas de unha, e lenços abrasivos que permitem manter as unhas com o comprimento, formato e uniformidade desejados.

Se você leva a sério tocar violão clássico, deixe as unhas crescer e corte-as para ficarem redondas, seguindo o mesmo contorno dos dedos. Então, limpe-as com uma lixa ou lima. Deixe crescer apenas as unhas da mão direita. As unhas da mão esquerda devem ficar curtas, para que não toquem na escala conforme você pressiona as cordas, impedindo que as notas soem corretamente. Mas se você toca violão clássico casualmente, por diversão ou apenas para experimentar, não se preocupe com o comprimento das unhas da mão direita. Muitas pessoas tocam violão clássico com as unhas curtas (e com o violão sobre a perna direita também!).

Mudando a cor do tom

Você pode alterar a cor do tom das cordas colocando a mão direita em pontos diferentes ao longo delas, ou seja, mais perto da ponte, da escala ou diretamente sobre a abertura. Se você toca diretamente sobre a abertura, o tom é mais cheio e rico. Quando vai em direção à ponte, o tom fica mais claro e metálico, e em direção à escala, fica mais harmonioso e suave.

Por que você precisa mudar o *timbre* (cor do tom)? Principalmente para variar. Se você toca uma peça com uma seção que se repete, pode tocar sobre a abertura na primeira passagem e, na repetição, tocar mais perto da ponte. Ou talvez esteja chegando ao clímax da peça e deseja aumentar o efeito tocando com um som mais claro e metálico. Em seguida, pode tocar mais perto da ponte.

Usando a posição correta da mão esquerda

LEMBRE-SE

Ao dedilhar as casas no estilo clássico, tente pensar na mão esquerda como a peça de uma máquina que você trava em uma posição — uma posição que pode ser caracterizada por ângulos retos e perpendicularidade (para facilitar tocar e ter o som ideal). Quando você sobe e desce no braço ou nas cordas, a maquininha nunca muda de aparência. Você simplesmente a move nas duas direções de uma grade, como faria com o brinquedo Traço Mágico. Veja como funciona:

» Mantenha os dedos equilibrados e arqueados para que as pontas toquem a escala em um ângulo de 90° e coloque-os perpendiculares às cordas.

» Endireite o polegar e mantenha-o quase de frente para o dedo indicador enquanto o pressiona nas costas do braço do violão. Conforme você vai para as casas mais agudas, acompanhe com o polegar, mantendo-o de frente para o dedo indicador. Você pode movê-lo pelo braço como os outros dedos, mas nunca deixe que ele apareça acima da escala.

» Mova seu braço com a mão para que a mão fique perpendicular às cordas. Conforme toca as casas mais graves, mantenha o cotovelo para fora, longe do seu corpo. Nas casas mais agudas, traga o cotovelo para dentro, para mais perto do seu corpo.

Teoricamente, não importa a corda ou casa onde você toca, a posição da mão esquerda fica igual, como mostrado na Figura 14-3. Claro, exigências especiais da música *poderiam* forçá-lo a abandonar a posição básica da mão esquerda de vez em quando. Portanto, pense nas orientações anteriores apenas como orientações.

FIGURA 14-3: Posição correta da mão esquerda.

Fotografia cortesia de Jon Chappell

DICA

Se você toca outros estilos de violão (como rock ou blues) há algum tempo, provavelmente vê a ponta do polegar esquerdo dando a volta em todo o braço, aparecendo acima da 6ª corda. Esse hábito do polegar está errado no violão clássico: ele *sempre* fica atrás do braço. Felizmente, temos uma boa maneira de acabar com esse hábito (mas você deve estar disposto a sofrer um pouco). Peça a um amigo para segurar um objeto pontudo (como um lápis) enquanto o vê tocando. Sempre que seu polegar aparecer por trás do braço, o amigo o cutuca levemente com o objeto! Esse método de treinamento pode machucar um pouco, mas depois de alguns cutucões, seu polegar ficará escondido atrás do braço, onde é seu lugar. Esse método é como as crianças no tempo de Charles Dickens (romancista inglês) aprendiam a técnica correta da mão esquerda.

Focando Batidas Livres e de Pausa

Se você tivesse um técnico de golfe ou boliche, provavelmente ele daria aulas sobre a importância de um bom arremesso ou tacada. Bem, acredite se quiser, é igual ao tocar a corda de um violão. Seu dedo pode prosseguir depois de tocar uma corda de uma ou outra maneira, dando a você dois tipos de batidas. Uma é a *batida livre*, usada para arpejos e passagens rápidas da escala. A outra, a *batida de pausa*, você usa para acentuar as notas da melodia. Porém, na prática, o polegar sempre toca batidas livres, mesmo no caso de melodias. (As batidas livres são usadas para tocar clássico e popular; as batidas de pausa são exclusivas do violão clássico.) As seções a seguir descrevem as duas batidas.

Tocando batidas livres

LEMBRE-SE

Se você toca uma corda em um ângulo levemente ascendente, seu dedo repousa no ar, acima da próxima corda adjacente. (Claro que ele não fica assim por muito tempo, pois você deve retorná-lo para sua posição inicial normal para tocar de novo.) Esse tipo de batida, em que o dedo balança *livremente* no ar, é chamado de *batida livre*. A Figura 14-4 mostra como tocar uma batida livre.

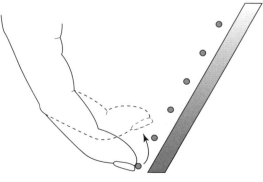

FIGURA 14-4: Batida livre. Observe que depois de tocar uma corda, o dedo da mão direita balança no ar.

© John Wiley & Sons, Inc.

CAPÍTULO 14 **Maestro, Por Favor: Fundamentos do Violão Clássico**   239

No violão clássico, você usa batidas livres para tocar o material não melódico, como os *arpejos* (acordes tocados com uma nota por vez, não todas juntas). Tente arpejar as cordas soltas (polegar na 6ª corda, indicador na 3ª, dedo médio na 2ª e anular na 1ª), todas usando batidas livres.

TOQUE ISSO

A Figura 14-5 é um trecho de uma peça espanhola, "Malagueña", que quase todo violonista toca em um momento ou outro. Você toca a melodia com o polegar enquanto o dedo médio toca batidas livres na corda E aguda solta. A notação do violão clássico indica os dedos da mão direita com as letras *p*, *i*, *m* e *a*, que indicam as primeiras letras dos nomes dos dedos em espanhol: o polegar é *p* (*pulgar*), indicador é *i* (*indice*), dedo médio é *m* (*media*) e anular é *a* (*anular*). Você também vê essas notações usadas no violão folk dedilhado (veja o Capítulo 13 para obter detalhes). Assista ao Videoclipe 76 para ver como o polegar da mão direita faz a melodia.

FIGURA 14-5: Exercício de batida livre (do clássico "Malagueña").

© John Wiley & Sons, Inc.

PARTE 4 **Uma Mistura de Estilos**

Tocando batidas de pausa

LEMBRE-SE

A *batida de pausa* usa um tipo diferente de acompanhamento da batida leve. Em vez de tocar a corda em um ângulo levemente ascendente, toque diretamente nela (não para cima) de modo que seu dedo pare, ou *pause*, na corda mais grave adjacente. Chegando diretamente na corda (não em um ângulo ascendente), você tira o som máximo dela. É por isso que as batidas de pausa são boas para as notas da melodia; elas são as mais importantes, aquelas você precisa enfatizar. A Figura 14-6 mostra como tocar uma batida de pausa.

Use batidas de pausa para acentuar as notas da melodia em uma peça clássica que inclui vozes internas, ou seja, preenchimento ou notas secundárias nas cordas do meio (tocadas com as batidas livres), e notas graves.

TOQUE ISSO

Toque a escala de C maior com duas oitavas mostrada na Figura 14-7 *lentamente*, todas usando batidas de pausa. Mude da 2ª para a 5ª posição no final do compasso 1 deslizando suavemente o 1º dedo na 3ª corda, subindo até a 5ª casa. (Veja o Capítulo 7 para ter informações sobre como tocar em posição.) Na descida, volte para a 2ª posição deslizando suavemente o 3º dedo na 3ª corda, descendo até a 4ª casa. Alterne entre *i* (dedo indicador) e *m* (dedo médio) conforme toca. O Videoclipe 77 mostra como fica a alternância dos dedos indicador e médio.

LEMBRE-SE

Para ter agilidade e precisão, alternar entre dois dedos da mão direita (em geral *i* e *m*) é comum ao tocar melodias de violão clássico.

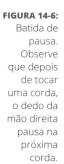

FIGURA 14-6: Batida de pausa. Observe que depois de tocar uma corda, o dedo da mão direita pausa na próxima corda.

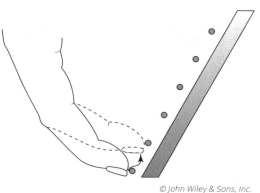

© John Wiley & Sons, Inc.

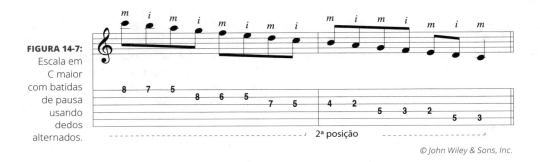

FIGURA 14-7: Escala em C maior com batidas de pausa usando dedos alternados.

© John Wiley & Sons, Inc.

Examinando os Estilos de Arpejo e Contraponto

Você toca a maioria das peças de violão clássico usando arpejos ou contrapontos, que analisamos em detalhes nas seções a seguir.

» No *estilo arpejo*, você segura os acordes com a mão esquerda enquanto dedilha as cordas em sucessão com a mão direita (para que cada corda soe e prolongue). Em geral, você toca simultaneamente uma melodia nas cordas superiores (usando batidas de pausa) sobre os arpejos.

» A música de violão clássico em *contraponto* normalmente tem duas partes: uma parte grave, que você toca com o polegar, e uma aguda (a melodia), que você toca (em geral usando batidas livres) com os outros dedos alternados (por exemplo, *i* e *m*). A palavra *contraponto* refere-se ao estilo em que você toca duas ou mais melodias (geralmente com bases diferentes ou contrastantes) simultaneamente, mais ou menos o que ocorre se duas pessoas com ideias opostas falam ao mesmo tempo. Contudo, na música, as linhas separadas se apoiam, em vez de se contradizerem. Imagine se os debates políticos tivessem esse efeito!

Combinando batidas livres e de pausa nos arpejos

A Figura 14-8 mostra um exercício em arpejo. Você toca a primeira nota de cada compasso e as notas com hastes para baixo na notação padrão com o polegar; as outras são tocadas com os dedos (*i* na 3ª corda, *m* na 2ª e *a* na 1ª).

As notas tocadas na 1ª corda têm uma *marca de acentuação* (>) na notação padrão. Essas marcas informam para você *acentuar* (ou enfatizar) certas notas tocando-as mais alto para colocá-las acima das outras. Em outras palavras, use a batida de pausa mais poderosa para as notas acentuadas e as batidas livres para as outras. A indicação *sim.* significa continuar tocando o mesmo padrão de dedilhado em todo o exercício.

Segure todas as notas de cada compasso simultaneamente com a mão esquerda, na duração do compasso.

DICA

Antes de combinar as batidas de pausa e livres, toque a Figura 14-8, usando apenas batidas livres para entender a peça. Depois que se sentir confortável, adicione batidas de pausa às notas na 1ª corda.

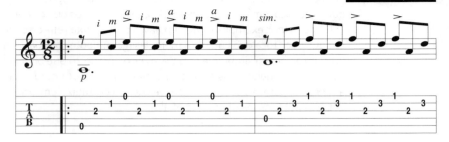

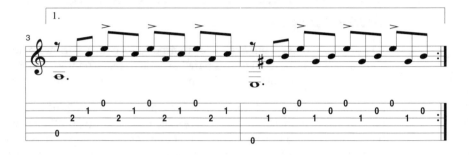

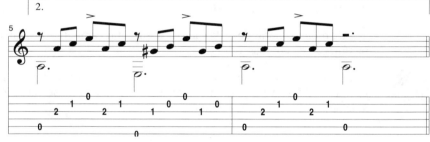

FIGURA 14-8: Exercício de arpejos combinando batidas livres e de pausa.

© John Wiley & Sons, Inc.

Experimentando um exercício de contraponto

TOQUE ISSO

A Figura 14-9 é o trecho da composição de um compositor desconhecido do período Barroco, durante o qual a música de contraponto era muito popular. Toque as notas com hastes para baixo (na notação padrão) usando o polegar. Use dedos alternados (batidas livres) para tocar a melodia. Verifique o Videoclipe 78 para pegar o jeito de tocar duas linhas independentes simultaneamente.

A peça não indica nenhum dedilhado em particular da mão direita. Contanto que você aplique o conceito de dedos alternados (mesmo que vagamente) para ter velocidade e precisão, poderá usar qualquer dedilhado mais confortável. Não existe um modo certo ou errado.

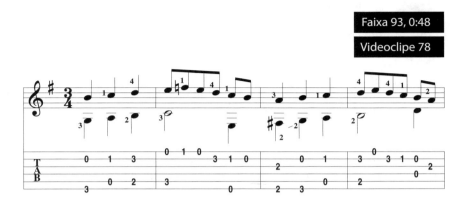

FIGURA 14-9: Exercício de contraponto.

© John Wiley & Sons, Inc.

Contudo, indicamos o dedilhado da mão esquerda porque, em particular, é o único possível para essa peça. A linha inclinada na frente do 2 na segunda batida do compasso 3 e a 3ª batida do compasso 5 indica que você está usando o mesmo dedo utilizado para tocar a nota anterior.

TOQUE ISSO

Pratique tocando apenas a parte superior com os dedos (alternando) algumas vezes. Depois toque a linha grave somente com o polegar algumas vezes. Por fim, toque as duas partes simultaneamente. Ouça a Faixa 93 para ajudar com a base.

Tocando Peças Clássicas

Tocar peças de violão clássico nunca incomoda, porque você não precisa nem cantar e nem de um amplificador. Pode tocar a qualquer momento, em qualquer lugar (contanto que tenha um violão com cordas de náilon).

LEMBRE-SE

A notação padrão do violão clássico usa alguns símbolos especiais para indicar os acordes com pestana (veja o Capítulo 9 para ter mais informações sobre isso). O símbolo C com um algarismo romano indica uma pestana nas seis cordas. (O número romano informa em qual casa fazer a pestana.) Um C com (|) indica uma pestana parcial (menos de seis cordas). E uma linha horizontal pontilhada à direita de C informa por quanto tempo segurar a pestana.

As músicas deste capítulo são as que todos os violonistas clássicos aprendem em algum momento. São ótimas se você deseja ter uma vida cheia de Romanza, que é sempre empolgante, nunca Bourrée.

» **Romanza:** para "Romanza", você precisa fazer batidas livres e de pausa (veja a seção "Focando Batidas Livres e de Pausa", anteriormente neste capítulo), acordes com pestana (verifique o Capítulo 9) e vibrar a letra r ao dizer "Romanza" (para parecer realmente um cidadão europeu).

"Romanza" é uma peça simples com arpejos que lhe dá a oportunidade de acentuar as notas da melodia com batidas de pausa (todas tocadas na 1ª corda com o dedo *a*). Para praticar, você pode tocar a peça usando batidas livres, adicionando batidas de pausa depois. Use o polegar para tocar todas as notas graves (hastes para baixo na notação padrão). Use o dedilhado da mão direita mostrado no 1º compasso em toda a peça. Nos compassos 9 e 10, mantenha o 1º dedo com pestana na 7ª casa, com o 2º dedo pressionado na 8ª casa (3ª corda) *o tempo todo*. Estique o dedo mindinho até a 11ª casa para a primeira batida do compasso 10. Note que isso se reflete nas indicações do dedilhado da mão esquerda.

» **Bourrée em E menor:** para "Bourrée em E menor", você precisa saber tocar uma melodia usando dedos alternados enquanto toca uma linha grave com o polegar (veja a seção "Experimentando um exercício de contraponto", anteriormente neste capítulo), fazer acordes com pestana (veja o Capítulo 9) e pronunciar a palavra *bourrée*.

Bourrée é uma dança popular com mais de 200 anos (pouco antes da aparição do "Funky Chicken"). Essa peça em contraponto é um trecho muito divertido de tocar porque parece bonito e complicado, mas na verdade é bem simples. Leo Kottke toca uma versão de dedilhado e Jethro Tull fez um arranjo de jazz. Toque todas as notas graves (hastes para baixo na notação padrão) usando o polegar. Alterne os dedos (por exemplo, *m–i–m–i* etc.) com a mão direita. A alternância não precisa ser rígida. Use o que for melhor para você. Indicamos alguns dedilhados da mão esquerda no início para você começar. Depois, use o dedilhado que for natural.

PAPO DE ESPECIALISTA

Para ter inspiração, ouça as gravações dessa peça feita pelo violonista clássico John Williams, a versão folk de Kottke e o swing-jazz de Jethro Tull. O guitarrista de heavy metal Yngwie (pronuncia-se *ing*-vey) Malmsteen também tem uma versão com guitarra distorcida ensurdecedora. Embora J. S. Bach nunca tenha imaginado todas essas versões estranhas para sua pequena suíte simples, todas são ótimas.

Romanza

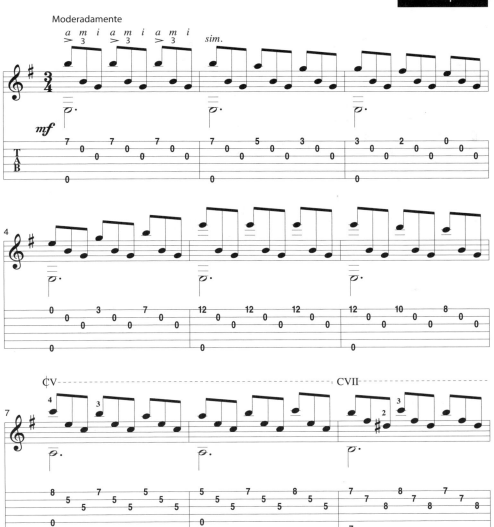

CAPÍTULO 14 **Maestro, Por Favor: Fundamentos do Violão Clássico**   247

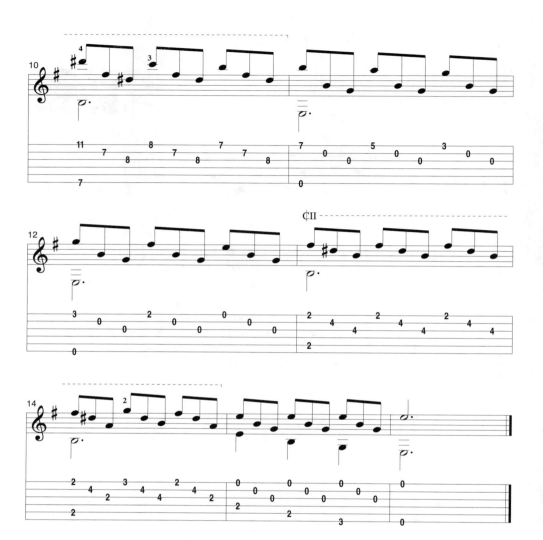

248 PARTE 4 **Uma Mistura de Estilos**

Bourrée em E menor

Faixa 95
Videoclipe 80

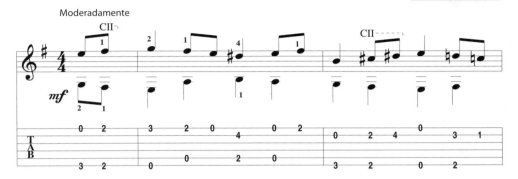
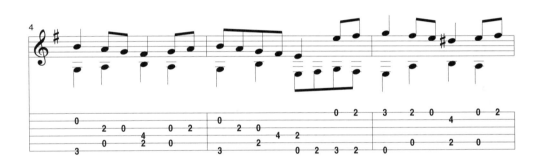
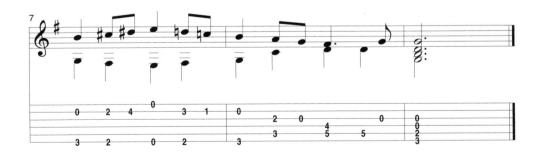

CAPÍTULO 14 Maestro, Por Favor: Fundamentos do Violão Clássico

250   PARTE 4 **Uma Mistura de Estilos**

> **NESTE CAPÍTULO**
>
> » Entendendo o que significa guitarra de jazz
> » Considerando o acompanhamento da base do jazz
> » Tocando solos de jazz
> » Praticando jazz
> » Acesse as faixas de áudio e os videoclipes em www.altabooks.com.br (procure pelo título do livro)

Capítulo **15**

Óculos de Sol e Boina: Fundamentos da Guitarra de Jazz

J azz é uma forma de música que os instrumentistas criaram quando começaram a ter liberdade com as formas de música existentes, improvisando as melodias compostas e variando as estruturas harmônicas. Os guitarristas seguiram os esforços anteriores de outros instrumentistas, como o grande trompetista Louis Armstrong, que foi um dos primeiros mestres da improvisação melódica.

LEMBRE-SE

A guitarra de jazz pode ser difícil de dominar porque a *improvisação* (criar música na hora) é uma parte importante do estilo. Normalmente, criar música é trabalho do compositor. Mas no jazz, os músicos devem (em geral) improvisar, e para fazer isso bem, é preciso saber muito mais do que se pode aprender em um capítulo de um livro *Para Leigos*! Não se desespere. Mostraremos algumas coisas simples para que você *pareça* um guitarrista de jazz e que o ajudarão a encontrar seu caminho.

Neste capítulo, colocamos nossos óculos escuros e ajudamos você a aprender acordes e progressões de jazz, melodia com acordes, substituições de acordes e solo de nota simples. Também mostramos a diferença entre acordes internos e externos, assim como animar uma melodia.

Apresentando uma Nova Harmonia

A guitarra de jazz difere da guitarra de rock e blues sobretudo nos seguintes pontos:

- » A guitarra de jazz não usa distorção, favorecendo um tom mais leve e suave.
- » As melodias de jazz têm uma harmonia mais sofisticada, observando com mais atenção as construções dos acordes, que por si só são mais complexos.
- » As linhas de jazz geralmente empregam mais *saltos* (distâncias musicais com mais de um tom, por exemplo, de A para C) do que o rock ou o blues.

A abordagem de um guitarrista de jazz em relação aos acordes é mais profunda do que a do rock ou blues. No rock ou no blues, os guitarristas geralmente usam uma escala para tocar todos os acordes, mas no jazz, podem usar muitas escalas. Eles também devem ter consciência das notas que formam cada acorde, pois arpejar, ou tocar os tons do acorde em sucessão, é uma característica do som do jazz.

LEMBRE-SE

Grande parte da música que você ouve, ou seja, pop, rock, blues, folk e clássica (sobretudo a música clássica dos séculos XVII e XVIII, como Bach e Mozart), conta com a harmonia tradicional (acordes e progressões básicos, como os encontrados nos Capítulos 4 a 14). Mas a harmonia do jazz usa o que a maioria das pessoas chama de (surpresa!) acordes de jazz. Esses *acordes* geralmente têm mais notas do que os básicos, ou às vezes podem ter o mesmo número de notas dos básicos, porém uma ou mais notas são alteradas cromaticamente (aumentada ou diminuída em um semitom). Veremos os acordes estendidos e alterados nas seções a seguir.

Acordes estendidos

Os acordes maiores e menores simples são formados por apenas três notas: o 1º, 3º e 5º graus da escala maior ou menor cuja nota inicial é igual à tônica do acorde. (Para saber mais sobre os graus da escala e como formar acordes, veja o Capítulo 11.) Esses acordes são chamados de tríades (três notas). Os acordes de sétima têm quatro notas: o 1º, 3º, 5º e 7º graus da escala homônima do acorde.

Em jazz, você encontra acordes formados por cinco ou mais notas. Continuando com os outros graus da escala, você pode ir além do 7º grau para criar acordes de 9ª (usando o 1º, 3º, 5º, 7º e 9º graus), acordes de 11ª (1º, 3º, 5º, 7º, 9º e 11º) e de 13ª (1º, 3º, 5º, 7º, 9º, 11º e 13º). Os acordes que incluem notas além dos acordes de 7ª são chamados de *acordes estendidos*.

PAPO DE ESPECIALISTA

Normalmente, nem todos os membros de um acorde estendido são, de fato, tocados. Por exemplo, em um acorde de 13ª, é possível tocar apenas quatro ou cinco das sete notas, portanto pode-se tocar um acorde de 13ª usando apenas quatro cordas.

Acordes alterados

Os acordes de jazz geralmente contêm notas que são alteradas (aumentadas ou diminuídas em um semitom). Essas alterações produzem muitos nomes engraçados, como C7♭9, B♭13#11 e G7#5. E cada acorde de jazz — e há dezenas deles — tem um som único.

Ao tocar as versões jazz de músicas populares, os acordes alterados geralmente substituem os acordes tradicionais, mas saber qual acorde substituir e quando não é fácil e requer a habilidade de um exímio músico de jazz. (Para obter detalhes, veja a seção "Fazendo substituições", mais adiante neste capítulo.) E mais, vá para a seção "Tocando Jazz", posteriormente neste capítulo, para ver algumas substituições típicas de acordes.

Apoiando a Melodia: Acompanhamento da Base

Acompanhamento é o termo que os músicos de jazz usam quando se referem a tocar a base. Para o guitarrista, acompanhamento significa a base da guitarra, ou seja, tocando com acordes, os guitarristas de jazz geralmente utilizam acordes internos, externos e completos, que explicaremos nas seguintes seções.

Acordes internos

Os *acordes internos* são aqueles que não usam a 1ª corda (E agudo). Normalmente, usam acordes com quatro notas tocadas nas 2ª, 3ª, 4ª e 5ª ou 6ª cordas. Os guitarristas de jazz adoram tocar acordes internos, e há muitos para escolher.

Voicings internos

A Figura 15-1 mostra 15 voicings típicos com acordes de jazz internos. *Voicing* é um arranjo específico de notas em um acorde escolhido no lugar de outro arranjo mais adequado a uma finalidade musical ou situação. Cada acorde na

Figura 15-1 é móvel e é mostrado na posição mais baixa possível no braço. Para produzir outros acordes do mesmo tipo, basta mover o acorde uma casa para cada semitom. Por exemplo, o primeiro acorde mostrado é B7#9. Para tocar C7#9, suba o acorde em uma casa.

DICA

Alguns nomes de acordes podem parecer estranhos. Veja como pronunciar os três primeiros, da esquerda para a direita na linha de cima (depois você deve pegar o jeito). "Si com sétima menor e nona aumentada", "Si com sétima menor e nona diminuta" e "Fá sustenido maior com sexta e nona". Um pequeno círculo no nome do acorde (°) significa diminuta (que geralmente indica diminuir a 5ª em um semitom). O penúltimo acorde (na linha inferior) é "Fá sustenido diminuto com sétima".

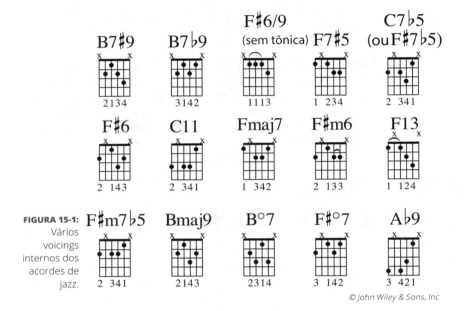

FIGURA 15-1: Vários voicings internos dos acordes de jazz.

© John Wiley & Sons, Inc

Se você simplesmente tocar alguns desses acordes, eles soarão como jazz agora mesmo. Aliás, os músicos de jazz gostam muito de dedilhar esses acordes no meio do braço ou um pouco acima (em geral, entre, digamos, as 4ª e 11ª casas). Experimente tocá-los nesse local.

Movimentos internos

Os guitarristas de jazz gostam de exercitar um bom solo de vozes, ou seja, gostam que os acordes mudem para que sejam suaves e econômicos. Muitas vezes, nas progressões de jazz, a única diferença entre os acordes é que uma das notas é movida uma casa ou duas (veja as Figuras 15-2 e 15-4). Essa economia de movimento torna a música mais fácil de tocar e, ao mesmo tempo, parece mais agradável.

A Figura 15-2 mostra três movimentos típicos (progressões) que consistem em acordes internos que os músicos de jazz usam. Toque cada acorde uma vez, depois toque o seguinte, e você parecerá um músico de jazz. Experimente as progressões em diferentes casas; elas são móveis!

Acordes externos

LEMBRE-SE

Acorde externo é um termo usado para um acorde, sobretudo um acorde de jazz, que utiliza apenas as quatro cordas superiores, ou seja, as cordas E e A graves têm uma folga. Com os acordes externos, geralmente você não tem a *tônica* (a nota que dá nome ao acorde) na parte inferior ou não inclui nenhuma tônica.

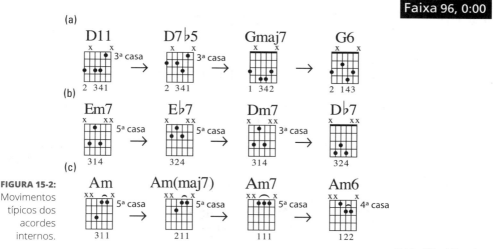

FIGURA 15-2: Movimentos típicos dos acordes internos.

© John Wiley & Sons, Inc

Voicings externos

A Figura 15-3 mostra 11 voicings externos típicos com acordes de jazz. Mais uma vez, cada um é mostrado na posição mais baixa possível no braço e são móveis. Experimente tocá-los entre as 4ª e 11ª casas, onde os guitarristas de jazz mais gostam.

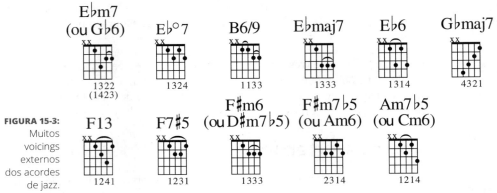

FIGURA 15-3: Muitos voicings externos dos acordes de jazz.

© John Wiley & Sons, Inc

Movimentos externos

Como os movimentos internos descritos antes neste capítulo, os externos na Figura 15-4 mostram o princípio do bom solo de voz, tão importante na guitarra de jazz. O último movimento, Figura 15-4c, parece uma exceção, porque você deve saltar no braço, mas esse movimento é muito comum. É possível pegar a forma do acorde de 7ª diminuta e subir ou descer três casas sem mudar o acorde (você muda o *voicing* ou a ordem das notas, mas ainda toca as mesmas quatro notas). Quando os guitarristas de jazz tocam um acorde de 7ª diminuta, geralmente sobem no braço para variar ou dar uma sensação de movimento.

Faixa 96, 0:17

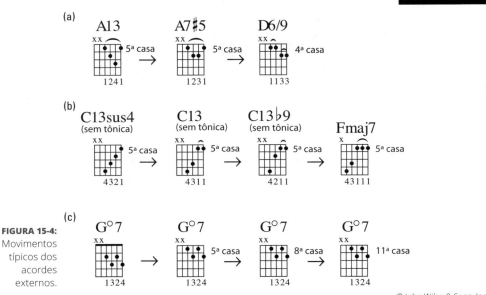

FIGURA 15-4: Movimentos típicos dos acordes externos.

© John Wiley & Sons, Inc

256 PARTE 4 **Uma Mistura de Estilos**

Acordes completos

LEMBRE-SE

Nem todos os acordes de jazz estão limitados a acordes internos ou externos de quatro notas. A Figura 15-5 mostra cinco acordes de jazz completos e diferentes (que usam cinco ou seis cordas) que podem ser tocados em qualquer casa (mas são mostrados aqui na posição mais baixa possível).

FIGURA 15-5: Muitos voicings da guitarra de jazz com acordes completos.

 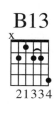   

© John Wiley & Sons, Inc

Solando: Melodia com Acordes

A *melodia com acordes*, como seu nome implica, é um estilo de solo no jazz que incorpora a melodia e os acordes de uma música. Você pode ouvir esse modo de tocar na música de estrelas do jazz como Johnny Smith, Jim Hall e Joe Pass. A melodia com acordes geralmente envolve colocar jazz em uma música existente de outro gênero. Embora a melodia da música seja normalmente tocada de modo oficial (como foi composta), o músico muda os acordes tradicionais para versões de jazz. Esses acordes de jazz, quando tocados no lugar dos oficiais, são chamados de substituições.

PAPO DE ESPECIALISTA

Embora tocar um solo de melodia com acordes já escritos não seja muito difícil, criar uma própria (o que os guitarristas de jazz fazem) é uma tarefa complicada. Em primeiro lugar, você precisa saber harmonizar (colocar acordes) uma melodia, e depois precisa saber aplicar as substituições dos acordes. Essas habilidades vão além de meramente tocar guitarra, elas entram no domínio da composição e arranjo. É por isso que não mostraremos como fazer.

Nas seções a seguir, daremos uma ideia do que está envolvido e mostraremos um modo fácil de enganar, para que você *pareça* estar criando um solo de melodia com acordes. Então, na seção "Tocando Jazz" deste capítulo, poderá tocar "Greensleeves" como um arranjo de melodia com acordes lendo a tablatura.

Fazendo substituições

Substituições são acordes de jazz usados no lugar dos acordes oficiais, e elas têm uma das duas formas gerais:

» **Mesma tônica:** algumas vezes você substitui um acorde com a mesma tônica, mas usa uma versão estendida ou alteração cromática (veja a seção "Apresentando uma Nova Harmonia", anteriormente neste capítulo). Por exemplo, se a progressão de acordes iniciar com C e for para A7, você poderá substituir por Cmaj7 e A7♭9, apenas para parecer com jazz.

» **Tônica diferente:** outras vezes, é possível substituir por acordes que nem têm a mesma tônica. Em vez disso, o acorde substituído pode ter outras notas em comum com o original. Pegando o mesmo exemplo, em vez de tocar C e A7, você pode tocar algo como C6/9 e E♭7, porque A7 e E♭7 têm duas notas em comum (C♯/D♭ e G).

De qualquer forma, você pode fazer infinitas substituições de acordes possíveis e pode levar anos tocando jazz até desenvolver uma intuição para saber quais pode substituir e onde.

Fingindo com três acordes

Em vez de aprender centenas de substituições, tente fingir um solo de melodia com acordes usando três acordes simples. Veja novamente os três primeiros acordes móveis na Figura 15-3: os voicings externos para m7, °7 e 6/9. Como esses acordes têm um som um pouco ambíguo, geralmente não parecerão errados, não importando onde você os toca ou a ordem em que os coloca: eles simplesmente parecem jazz.

Você pode ficar com um acorde por um tempo, movendo-o para diferente casas, ou seja, subir e descer uma casa por vez parece legal. Ou pode trocar livremente entre os acordes, tocando-os em várias casas. Crie a base enquanto toca. Se quiser, poderá usar a Figura 15-6 para começar e ver um exemplo do que estamos falando. Verifique o Videoclipe 81 para ter uma ideia da abordagem livre e despreocupada adequada. Divirta-se!

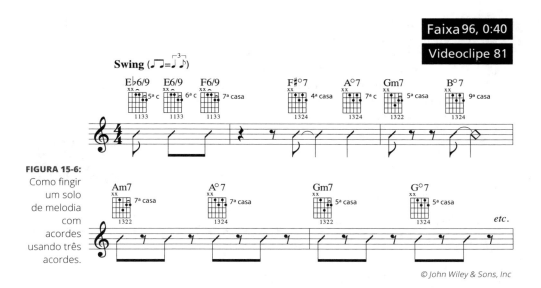

FIGURA 15-6: Como fingir um solo de melodia com acordes usando três acordes.

© John Wiley & Sons, Inc

Solando: Melodia do Jazz

Fazer um solo no jazz é muito parecido com a abordagem de solo no blues ou rock. Você toca a maioria das melodias com notas simples, compostas ou não preparadas, e faz improvisos (passagens curtas idiomáticas para o estilo). Não é preciso variar muito a técnica; toque as notas com uma palheta, no modo alternativo (veja o Capítulo 5). O que muda é o ritmo e a abordagem das melodias. O vocabulário, fraseado e tom separam o solo de jazz dos outros estilos de guitarra.

Você pode criar uma melodia de jazz ou fazer seu solo parecer mais animado aplicando alguns princípios simples. As três técnicas a seguir podem fazê-lo parecer um ícone do jazz em pouco tempo.

Apresentando os tons alterados

Algo que o jazz faz é introduzir tons alterados cromaticamente ou notas fora do tom. No blues, as notas são adicionadas com moderação; no jazz, qualquer uma pode ser alterada e incluída na melodia improvisada. Contanto que uma nota alterada seja harmonizada (chegue a uma conclusão lógica por uma melodia "no tom" ou um *tom do acorde*), qualquer uma será legítima.

TOQUE ISSO

A Figura 15-7 mostra uma melodia tocada de dois modos: primeiro do modo oficial e composto, depois, com tons alterados cromaticamente adicionados. Observe que essa figura está no ritmo tercinado, também chamado de swing. Muitas peças de jazz são tocadas com um ritmo de swing. (Para ter mais informações sobre tercinas, veja o Capítulo 12). Assista ao Videoclipe 82 para ver como a mão esquerda deve descer para a 4ª posição e tocar o slide no compasso 2 da versão com tons alterados.

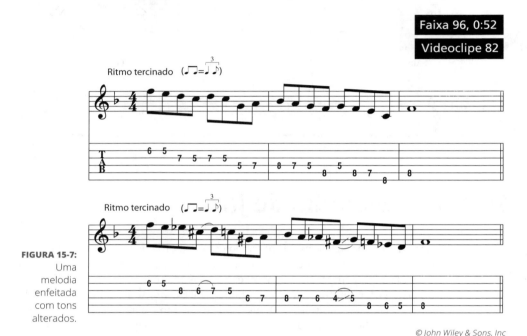

FIGURA 15-7: Uma melodia enfeitada com tons alterados.

© John Wiley & Sons, Inc

Abordagem das notas-alvo

Parte da qualidade livre e flexível do jazz resulta do modo como algumas vezes a nota da melodia principal (ou alvo) é acessada a partir de uma casa acima ou abaixo. Fazendo isso, você adiciona tempero e variedade à música tocada.

A Figura 15-8 mostra uma melodia tocada de duas formas: no contexto oficial e com as notas principais da melodia acessadas a partir de uma casa acima ou abaixo (as setas indicam as notas principais). O Videoclipe 83 mostra como a mão esquerda vai para a 4ª posição nos dois primeiros compassos da versão alterada e incorpora as notas-alvo e as alteradas com eficácia.

FIGURA 15-8: Abordagem das notas-alvo a partir de uma casa acima ou abaixo.

Criando melodias a partir de acordes com arpejo

Às vezes, para produzir uma linha de jazz, tudo que você precisa fazer é tocar os tons do acorde contidos na base. Como os acordes de jazz normalmente são complexos, como C7♭9♯5, só de tocar como um arpejo (um de cada vez, em sucessão) cria-se um jazz instantâneo (veja a Figura 15-9). Em geral, um bom jazz incorpora uma mistura agradável de arpejos e notas lineares (graduais). Verifique os movimentos das mãos direita e esquerda no Videoclipe 84 para ver como tocar arpejos com suavidade.

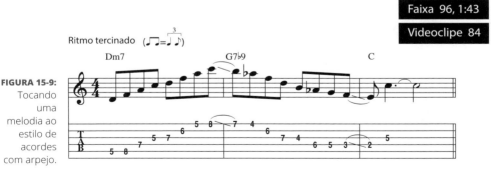

FIGURA 15-9: Tocando uma melodia ao estilo de acordes com arpejo.

CAPÍTULO 15 Óculos de Sol e Boina: Fundamentos da Guitarra de Jazz 261

Tocando Jazz

Nas músicas a seguir você encontra muitas técnicas de jazz: acordes estendidos, alterados, internos e externos, substituições, tons alterados e melodias formadas a partir de acordes com arpejo.

É possível tocar "Greensleeves" com palheta ou dedilhando. Toque "Swing Thing" com uma palheta (acordes e melodia). Veja algumas sugestões que o ajudarão a entender e tocar as músicas:

» **Greensleeves:** tratamos essa antiga música popular inglesa com um arranjo solo de melodia com acordes. Os acordes oficiais da música são Em, D, C, B etc., mas aqui, como é típico em um arranjo de jazz usando melodia com acordes, usamos substituições animadas. Para tocar a música, você precisa saber tocar acordes de jazz, combinar a melodia de notas simples com acordes (veja a seção anterior "Solando: Melodia com Acordes") e parecer legal enquanto toca uma música do século XVI.

Procure misturar suavemente as notas simples da melodia com as notas apoiadas pelo acorde. Ao tocar os acordes, destaque a nota superior tocando-a um pouco mais firme ou ondulando o acorde (fazendo arpejos) para que a voz da melodia apareça.

» **Swing Thing:** essa música utiliza movimentos típicos do jazz na base e no solo. Para essa peça, você precisa saber tocar acordes internos (veja a seção "Acordes internos", anteriormente neste capítulo), tocar uma linha única de colcheias na parte de cima do braço (veja o Capítulo 7) e improvisar até morrer de cansaço.

A progressão começa com um acompanhamento típico em F. A parte do solo segue uma progressão II-V-I-VI (Gm7-C7-F-D7), sobre a qual muitas variações são escritas. Note o padrão de arpejo na primeira metade do compasso 6, que é seguido por uma tercina de tons alterados cromaticamente. São dois exemplos das técnicas de jazz típicas analisadas neste capítulo. Veja quantas mais você consegue encontrar.

Greensleeves

CAPÍTULO 15 Óculos de Sol e Boina: Fundamentos da Guitarra de Jazz

Swing Thing

Swing (continuação)

CAPÍTULO 15 **Óculos de Sol e Boina: Fundamentos da Guitarra de Jazz**

266   PARTE 4 **Uma Mistura de Estilos**

5

Sua Própria Guitarra

NESTA PARTE...

Evite erros de principiante e tenha o mínimo de problemas ao comprar sua primeira guitarra.

Combine os estilos de música e os modelos de guitarra para decidir melhor sobre sua guitarra de preferência.

Complete sua preparação e melhore o som com amplificadores, efeitos, estojos e acessórios.

Saiba como trocar as cordas para que sempre toque afinado e com bom tom.

Proteja e preserve seu instrumento para que ele tenha excelentes condições para tocar.

NESTE CAPÍTULO

» **Desenvolvendo uma estratégia de compra**

» **Sabendo o que você quer em sua primeira guitarra**

» **Combinando estilos de música e modelos de guitarra**

» **Mudando gradualmente para sua segunda guitarra (terceira, quarta etc.)**

» **Seguindo algumas diretrizes antes de fazer a grande compra**

Capítulo **16**

Comprando uma Guitarra

omprar uma nova guitarra é um acontecimento empolgante. Você vai até a loja de instrumentos musicais e imediatamente encontra um mundo de possibilidades, um supermercado de escolhas tentadoras. Cada guitarra na parede parece gritar: "Me escolha! Me escolha!" Será que você deve resistir, ter autocontrole e evitar os modelos que sabe que não pode comprar?

Claro que não! Tenha coragem e experimente qualquer modelo que lhe interesse. Afinal, você não está pedindo para testar uma Ferrari exibida no salão de exposição, está apenas pedindo ao vendedor para ver como as guitarras são diferentes. E não está sendo leviano também. Tocar várias guitarras ajuda a entender as diferenças entre os instrumentos caros e de alta qualidade e os aceitáveis, mas que você pode comprar.

Portanto, satisfaça sua curiosidade. Mesmo que não tenha muita experiência para reconhecer as sutis diferenças entre uma boa guitarra e uma ótima, pelo menos se exponha. E não espere até decidir comprar um instrumento para experimentar pela primeira vez. Faça várias visitas à loja antes de estar pronto para comprar e reserve um tempo para absorver sua experiência. Tente visitar diferentes lojas de instrumentos musicais, se puder. Algumas podem ter um representante exclusivo de uma marca específica em sua região; outros

CAPÍTULO 16 **Comprando uma Guitarra** 269

revendedores podem não conseguir vender essa marca de guitarra. Além disso, só pelo fato de manusear vários instrumentos diferentes, você assimila muito mais conhecimento do que poderia imaginar sobre o que torna uma guitarra boa de tocar. Portanto, saia e tenha experiências práticas.

Comprar uma guitarra pode ser uma experiência parecida com achar que tem o conhecimento básico de uma língua estrangeira e visitar o país onde ela é falada: você pratica por semanas, mas na primeira vez em que um falante nativo começar a falar, você ficará todo confuso. Mas não tenha pressa, fique firme. Você só está comprando uma guitarra, não está em uma terra estranha tentando encontrar o banheiro mais próximo. Tudo será resolvido com a ajuda deste capítulo.

Uma Coisa de Cada Vez: Desenvolvendo um Plano de Compra

Antes de se dirigir à loja de instrumentos musicais local pronto para gastar seu dinheiro suado em uma guitarra, é preciso pensar no que fará. Você precisa fazer algumas perguntas difíceis para si mesmo sobre essa compra, e precisa ser *agora*. Não espere até entrar na loja para desenvolver uma estratégia de compra (que, naquele momento, geralmente se traduz em não ter nenhuma estratégia). Lembre-se de que os dois fatores mais importantes ao tomar qualquer decisão de compra, sobretudo em relação à guitarra, quando a paixão tende a falar mais alto, são desenvolver um plano e reunir todas as informações necessárias para fazer a melhor escolha.

Comece desenvolvendo seu plano de compra respondendo a algumas perguntas específicas sobre exatamente o que você deseja em uma guitarra e quanto pode gastar com ela. Limitar suas opções não significa que você não pode mudar de ideia depois de entrar na loja e ver todos os belos instrumentos disponíveis, ou que não pode deixar a inspiração imediata e o capricho guiarem sua decisão final. "Eu *não* consigo decidir entre estas duas guitarras... ah, fala sério! Me dê as *duas*!") Mas você *precisa* de um ponto de partida.

Focando o instrumento de seus sonhos (práticos), faça a si mesmo as seguintes perguntas:

» **Qual o meu nível de comprometimento?** Independentemente de sua habilidade atual, você realmente se vê praticando todo dia nos próximos cinco anos, seguindo um programa dedicado de excelência em guitarra? Ou primeiro quer ver se essa "coisa de guitarra" vai durar? Só porque você *pode comprar* uma guitarra de US$1.000 não significa necessariamente que deve ter uma. É possível comprar um instrumento de qualidade por muito menos que um de marca. Antes de gastar seu dinheiro, determine honestamente a importância da guitarra em sua vida, então aja com responsabilidade, de acordo com essa prioridade. (Ou ignore por completo esse conselho e se jogue, guitarrista rebelde!)

» **Qual é meu limite para gastar?** A resposta para essa pergunta é fundamental, porque, com frequência, quanto mais cara a guitarra, mais recursos ela tem. Portanto, você precisa equilibrar seu nível de comprometimento e recursos disponíveis. Você não quer abrir mão da alimentação por seis meses e viver em uma caixa de papelão só porque se deixou levar por um momento de euforia na loja de instrumentos. É possível exagerar com muita facilidade. Se você não limitar o quanto pode gastar, poderá não saber se passou do limite... ou da quantia.

» **Gosto de guitarra nova ou usada?** Será muito mais fácil para você comparar os atributos das guitarras novas. E os preços dos instrumentos novos são bem padronizados, embora essa variação exista entre os diferentes tipos de revendedores: lojas grandes versus estabelecimentos familiares, revendedores online versus lojas físicas, etc.

As operações no varejo e online oferecem garantia contra qualquer defeito de fabricação nos instrumentos novos. Você não tem nenhuma proteção parecida se compra uma guitarra em um anúncio de jornal (embora as lojas de música também vendam instrumentos usados, em geral com garantias da própria loja), na Craigslist, no eBay ou em outro serviço de anúncio online. Mas por outro lado, algumas vezes é possível fazer um bom negócio em um instrumento usado... *se você sabe o que procura.* E, claro, se quer um instrumento vintage, está procurando uma guitarra usada por natureza.

Entendendo o Preço de uma Guitarra Nova

Até pouco tempo atrás, o custo de uma guitarra nova era baseado no preço de *tabela*, ou varejo (definido pelo fabricante), que o revendedor descontava do preço de venda, ou a quantia real que você, comprador, pagava. Nem é preciso dizer que o preço de tabela era muito maior do que o preço descontado, desde cem até milhares de dólares, sobretudo em relação a um instrumento top de linha. E o desconto variava de acordo com o cliente e a política, ou o capricho do revendedor individual.

Mas o antigo método de precificação, no qual o representante anuncia o preço de tabela junto de seu preço de venda com desconto, está bem ultrapassado. Agora é muito mais comum ver apenas o preço de venda anunciado pelo revendedor. Essa prática encoraja os revendedores a oferecerem o menor preço que conseguem logo no início (sem forçar a negociação do cliente), para serem competitivos. Você pode ainda encontrar variação no preço do mesmo instrumento entre os grandes revendedores, e entre revendedores grandes e pequenos (que geralmente não podem oferecer um grande desconto porque não negociam estoques com alto volume). Mas o preço das guitarras novas tende a ser bem consistente.

CAPÍTULO 16 **Comprando uma Guitarra**   271

Se você não estiver certo se está conseguido o preço mais baixo, sempre poderá perguntar ao vendedor: "É o melhor que você consegue?" ou "Este é o menor preço final? Eu vi o tipo e modelo online no Empório da Guitarra Fly-by-Night do Tio Bubba por menos 75 dólares". Muitos revendedores têm uma política de igualar o preço e honrar qualquer oferta legítima da concorrência, em vez de perder uma venda. Mas se o revendedor não conseguir melhorar o preço em nada, você poderá aceitar os termos ou tentar fazer melhor.

DICA

Se você pensa em comprar uma guitarra usada de uma pessoa particular em um anúncio de jornal ou serviço online, como a Craigslist ou o eBay, tenha muito cuidado ao avaliar a qualidade e a condição do instrumento, especialmente se as fotos forem as únicas coisas que você tiver para se guiar (e quase sempre é o caso). E mais, saiba que a maioria dos preços postados (também conhecidos como *preços iniciais*) dos donos particulares é bem alta. Prepare-se para pechinchar e conseguir o melhor preço para a guitarra, mesmo que seja exatamente o que você está procurando.

Depois de achar que tem as respostas satisfatórias para as perguntas anteriores, vá para a segunda parte de seu plano de ataque para comprar uma guitarra: *reunir informações sobre a guitarra específica*. A seção a seguir o ajuda a saber mais sobre a construção da guitarra, materiais e acabamento. Lembre-se: ser um comprador informado é a melhor defesa para não fazer um mau negócio no varejo.

Algumas Considerações para Sua Primeira Guitarra

Se você está apenas começando a aprender guitarra, pode fazer a seguinte pergunta musical: "Qual é o mínimo que preciso gastar para não comprar uma porcaria?" É uma boa pergunta, porque as práticas de fabricação modernas agora permitem que os *luthiers* (um termo elegante para fabricantes de guitarra) produzam material muito bom por cerca de US$200; às vezes até menos.

DICA

Se você for mais velho (ou seja, alguém com mais de 14 anos) e pretende crescer com um instrumento, planeje gastar entre US$200 e US$250 em um violão e um pouco menos em uma guitarra. (As guitarras são um pouco mais fáceis de fabricar do que os violões, portanto, normalmente custam um pouco menos, em comparação.) Nada mau para algo que pode oferecer uma vida inteira de entretenimento e ajudá-lo a desenvolver habilidades musicais, não é mesmo?

Ao tentar decidir sobre uma provável guitarra, considere os seguintes critérios:

» **Aparência:** Você deve gostar da aparência de uma guitarra em particular ou nunca ficará satisfeito com ela. Portanto, use sua visão e gosto (e nos referimos aqui ao seu gosto estético, então, por favor, não passe a língua na guitarra) para selecionar as possíveis candidatas. Uma guitarra vermelha não é necessariamente melhor nem pior que uma azul, mas fique à vontade para basear sua decisão de compra apenas no quanto gosta da aparência da guitarra.

» **Facilidade de tocar:** Só porque uma guitarra é relativamente barata não significa que é difícil de tocar (embora essa correlação tenha acontecido no passado). Você deve ser capaz de pressionar as cordas na escala com certa facilidade. E não deve ter muitos problemas para tocar nas casas de cima do braço, embora algumas vezes sejam mais difíceis do que as casas mais baixas.

DICA

Veja uma forma de ter certa perspectiva sobre a facilidade de tocar: volte para a Ferrari, quer dizer, para a guitarra mais cara, na outra extremidade da prateleira e veja como é tocar uma de alta qualidade. (***Sugestão:*** "como faca quente na manteiga" é uma reação comum ao tocar uma guitarra muito boa.) Então vá para o instrumento com preço mais acessível que você está considerando. É muito mais fácil de tocar? Não deve ser, embora uma guitarra mais cara geralmente seja mais fácil do que um modelo mais barato. Se o provável instrumento não for confortável para você, siga adiante.

» **Entonação:** Além de ser relativamente fácil de tocar, uma boa guitarra deve ser afinada. Teste a entonação tocando uma harmônica na 12ª casa na 1ª corda (veja o Capítulo 13 pata ter informações sobre como produzir uma harmônica) e combine isso com a nota pressionada na 12ª casa. Embora as notas tenham uma qualidade tonal diferente, a afinação deve ser exatamente igual. Faça esse teste nas seis cordas. Ouça especialmente as 3ª e 6ª cordas. Em uma guitarra não preparada corretamente, é provável que essas cordas fiquem desafinadas primeiro. Se você não confia em seu ouvido para saber a diferença, peça a ajuda de um guitarrista experiente nesse assunto; é *crucial*. Veja o Capítulo 19 para ter mais informações sobre a entonação.

» **Construção sólida:** Se você estiver examinando um violão, bata suavemente no tampo do instrumento (como o médico faz para verificar suas costelas e peito), para assegurar que não tem ruídos. Olhe dentro da abertura, procurando restos de cola e outra evidência de acabamento ruim. (Escoras mal lixadas são uma grande pista de que um instrumento foi construído com pressa.) Na guitarra, verifique se as engrenagens de metal estão bem presas e sem ruídos. Sem ligar em um amplificador, bata nas cordas soltas com força e ouça se há ruídos. Passar a mão esquerda pela borda do braço para verificar se os trastes são lisos e colocados corretamente é outro teste bom. Se ainda tiver dúvidas sobre o que deve sentir, consulte um guitarrista experiente sobre a "verificação dos trastes".

Separando Modelos que Combinam com Seu Estilo

Você consegue se imaginar entrando em uma loja de instrumentos musicais e dizendo: "Sou um músico folk. Você tem um fagote de folk? Não é o fagote de rock nem de jazz — e *por favor*, não é aquele fagote de country. Que tal aquele belo fagote de folk ali no canto?"

É absurdo, certo? Mas você é guitarrista, então pedir um tipo de guitarra por estilo musical é legítimo. Peça uma guitarra de heavy metal, por exemplo, e o vendedor entenderá perfeitamente e o levará até o canto da loja onde ficam todos os objetos assustadores (raios, caveiras e cores berrantes). Se pedir uma guitarra de jazz, você e o vendedor seguirão uma direção diferente (em direção aos caras que usam boinas e golas altas, ostentando broches com "Bird lives!" escrito).

A Figura 16-1 mostra uma coleção de modelos populares de guitarra e violão. Observe a diversidade de formas e design.

FIGURA 16-1: Modelos diferentes para pessoas diferentes.

Fotografias cortesia da Charvel Guitars, Epiphone Guitar Corp., Fender Musical Instruments Corporation, Gibson Guitar Corp., Guild Guitars, PRS Guitars e Taylor Guitars

Agora, alguns estilos musicais compartilham modelos de guitarra. Você pode tocar blues e rock, por exemplo, com o mesmo sucesso em uma Fender Stratocaster (ou Strat, para abreviar). E uma Gibson Les Paul é tão capaz de tocar um solo de rock chorado quanto uma Strat. (Como regra, o som de uma Les Paul é diferente do de uma Strat.) Fazer seu próprio tipo de música na guitarra escolhida faz parte da diversão.

DICA

Veja a seguir alguns estilos de música popular e guitarras clássicas que a maioria das pessoas associa a esses estilos. (Embora muitos modelos estejam além da faixa de preço de um comprador iniciante, a familiaridade com eles ajudará a associar os modelos aos estilos, e vice-versa. Normalmente, as guitarras mais baratas são baseadas em modelos icônicos de alta qualidade). Esta lista não está completa, mas inclui portadores de padrões reconhecidos dos respectivos gêneros:

- **Blues acústico:** National Steel, Gibson J-200
- **Bluegrass:** Martin Dreadnought, Taylor Dreadnought, Collings Dreadnought, Santa Cruz Dreadnought, Gallagher Dreadnought
- **Clássica:** Ramirez, Hopf, Khono, Humphrey, Hernandez, Alvarez
- **Country:** Fender Telecaster, Gretsch 6120, Fender Stratocaster
- **Blues elétrico:** Gibson ES-355, Fender Telecaster, Fender Stratocaster, Gibson Les Paul
- **Folk:** Dreadnoughts e Grand Concerts da Martin, Taylor, Collings, Larrivée, Lowden, Yamaha, Alvarez, Epiphone, Ibanez e Guild; Gibson J-200; Ovation Adamas
- **Heavy metal:** Gibson Les Paul, Explorer, Flying V e SG; Fender Stratocaster; Dean; Ibanez Iceman; Charvel San Dimas; Jackson Soloist
- **Jazz:** Gibson ES-175, Super 400 L-5 e Johnny Smith; tampos curvos da D'Angelico, D'Aquisto e Benedetto; Epiphone Emperor Regent; modelos assinados pela Ibanez
- **New age, new acoustic:** Taylor Grand Concert, Ovation Balladeer, Takamine elétrica com cordas de náilon
- **R&B:** Fender Stratocaster, Gibson ES-335
- **Rock:** Fender Stratocaster, Gibson Les Paul e SG, Ibanez RG e série assinada, Paul Reed Smith, Tom Anderson, Ruokangas

LEMBRE-SE

Embora a lista anterior tenha guitarras que as pessoas normalmente associam a certos estilos, não deixe que isso limite sua criatividade. Toque a música que deseja tocar na guitarra de sua escolha, não importa o que dizem os gráficos. Em outras palavras, depois de estudar a lista, veja-a com reserva e escolha a guitarra que deseja, toque a música preferida e não se preocupe com o que os gráficos mostram. Essas guitarras são muito melodiosas, e as etiquetas de preço refletem a qualidade e a herança delas.

Indo para Sua Segunda Guitarra (e Além)

Suas decisões mais difíceis ao comprar uma guitarra podem não surgir no primeiro instrumento, mas no segundo. Admita, provavelmente a primeira vez foi confusa, mas agora que sabe um pouco sobre guitarra e o que está disponível no mercado, talvez encare uma possibilidade ainda mais assustadora do que antes: o que deve escolher como sua *próxima* guitarra?

DICA

Se ainda não está cobiçando certo modelo, mas gosta de um brinquedo novo, considere as três abordagens comuns a seguir para escolher outra guitarra:

» **Abordagem contrária e complementar:** Se você tem um violão, pode querer considerar uma guitarra (ou vice-versa), porque é sempre bom ter um conjunto de instrumentos diferentes em seu arsenal. Diversidade é algo muito positivo para uma pessoa que pretende consolidar uma coleção.

» **Abordagem de clone:** Algumas pessoas só querem ter tantas, digamos, Les Pauls quanto puderem durante a vida: antigas, novas, vermelhas, azuis... ei — o dinheiro é *seu*. Compre quantas quiser (e puder).

» **Abordagem de upgrade:** Se tudo o que deseja fazer é dominar a Stratocaster, basta ter uma versão melhor do que tinha antes. Assim, poderá usar a nova guitarra para ocasiões importantes, como gravações e apresentações, e a antiga para levar à praia.

DICA

Quanto você deve gastar no segundo instrumento (ou no próximo)? Uma diretriz é mirar um nível acima da sua antiga guitarra. Assim, não acabará tendo muitas parecidas. Planeje gastar cerca de U$200,00 a mais do que o valor atual (não o que você pagou) da guitarra que possui. Fazendo isso, você assegura uma categoria diferente do seu instrumento inicial.

Quando você deve parar de comprar guitarras? Assim que morrer ou o dinheiro acabar, claro. Na verdade, não há regras obrigatórias que ditam quantas guitarras são "suficientes". Contudo, atualmente, um arsenal razoavelmente bem equipado inclui uma guitarra com um rolamento (Fender Strat e/ou Telecaster), uma humbucker (como Gibson Les Paul), corpo com meia abertura, jazz com corpo vazado (elétrica), violão com cordas de aço, violão de 12 cordas e um clássico com cordas de náilon. Talvez você possa acrescentar mais uma ou duas guitarras de determinada especialidade, como uma com corpo de aço preparada especialmente para tocar slide ou uma de 12 cordas.

LEMBRE-SE

Ao fazer um upgrade para uma segunda guitarra, o problema mais uma vez é a *qualidade*. Mas dessa vez, em vez de apenas assegurar que terá um instrumento que toca afinado e não desmorone como uma casa de cartas se você respira perto, também precisará *tomar decisões inteligentes*. Não se preocupe, não é tão grave quanto parece. No entanto, considere os quatro pilares a seguir para julgar a qualidade de um instrumento:

» **Construção e tipo de corpo:** Como a guitarra é projetada e montada.

» **Materiais:** Madeiras, metais (usados nas engrenagens, captadores, partes eletrônicas) e outros materiais usados.

- » **Acabamento:** A qualidade da construção.
- » **Equipamentos:** Acréscimos estéticos e outros acessórios.

Não tem certeza do significado de todos os termos ao determinar a qualidade de uma guitarra? As seções a seguir irão informá-lo.

Construção e tipo de corpo

Como uma guitarra é construída define seu tipo e (geralmente) o tipo de música para o qual é usada. Considere apenas dois exemplos:

- » Uma *guitarra com corpo maciço* é usada para rock. Ela tem aberturas no corpo, o que aumenta sua *sustentação* (a capacidade da guitarra de aumentar o tempo em que uma nota tocada soa).
- » Um violão *com tampo curvo* é usado para o jazz tradicional, porque tem um topo entalhado com contornos, produzindo tons suaves mais associados a esse estilo.

As seções a seguir explicam os três itens mais importantes relacionados à construção da guitarra: madeira maciça versus laminada, tampos e construção do braço.

Madeira maciça versus laminada

Um violão com madeira maciça é mais desejável do que um com madeira *laminada* (em que, em vez de usar uma peça maciça e mais grossa de madeira, o fabricante usa várias camadas de madeira barata prensadas e cobertas com verniz). Os instrumentos feitos totalmente de madeira maciça são mais caros, custando cerca de US$500 ou mais.

O topo do instrumento é o elemento mais crítico na produção do som; as partes de trás e laterais refletem basicamente o som de volta no topo. Portanto, se você não puder bancar um violão com madeira maciça, procure várias configurações nas quais o topo seja sólido e as outras partes laminadas. Uma boa escolha é um topo sólido com costas e laterais laminadas, que é bem menos caro do que um modelo todo em madeira maciça.

Se não tiver certeza se o instrumento tem madeira maciça ou laminada, pergunte ao revendedor ou consulte o fabricante.

Tampos

No âmbito da guitarra, um grande determinante do preço é se o topo tem um tampo. *Tampo* é uma camada decorativa de madeira fina, geralmente de maple (bordo) *enfeitado* (com um padrão de veio decorativo), que fica no topo do corpo sem afetar o som. As madeiras populares do tampo incluem os maples laranja-avermelhado e castanho-avermelhado. Os topos com madeira geralmente têm acabamentos claros ou transparentes para mostrar um belo padrão de veio.

Construção do braço

A lista a seguir descreve os três tipos mais comuns de construção do braço, do mais barato ao mais caro:

- » **Aparafusado:** O braço é preso às costas da guitarra com grandes parafusos (embora algumas vezes uma placa cubra os orifícios dos parafusos). As Fender Stratocasters e Telecasters são exemplos de guitarras com braços aparafusados.
- » **Fixado (ou colado):** O braço se liga ao corpo por uma superfície uniforme que cobre a junção, criando um efeito contínuo do braço até o corpo. A junta é colada. As Gibson Les Pauls e Paul Reed Smiths têm braços colados.
- » **Braço inteiriço:** Uma construção sofisticada na qual o braço é uma unidade longa (embora consista de várias peças de madeira coladas) que não para no corpo, mas que continua até a parte traseira da guitarra. Esse tipo de braço é ótimo para ter uma máxima sustentação. Uma Jackson Soloist é um exemplo de guitarra com o design de braço inteiriço.

Só porque uma técnica de construção é mais avançada ou cara não significa que é necessariamente melhor que as outras. É possível "melhorar" o som da Strat de Jimi Hendrix modificando seu braço para uma configuração colada? *Que sacrilégio!*

Materiais: Madeiras, engrenagens e outros

Uma guitarra, assim como uma escultura, não está limitada ao seu material. *Davi* de Michelangelo e o prato de doces da tia Agnes são feitos de mármore, mas você viajaria para Florença para ver qual? (Sugestão: supomos que você não seja louco por doces.) Portanto, não julgue uma guitarra *apenas* pelos materiais, mas considere que um instrumento com materiais melhores (ornamentos de abalone, em vez de plástico) tende a ter um acabamento muito melhor, sendo, portanto, uma guitarra melhor do que um modelo que usa materiais baratos. Nas seções a seguir, mostraremos alguns materiais importantes a considerar.

Madeiras

Como se espera, quanto mais cara ou rara uma madeira, mais caro é o instrumento feito com ela. Os fabricantes dividem as madeiras em categorias, e cada categoria tem uma influência no preço total da guitarra.

Veja a seguir três critérios usados para classificar a madeira:

» **Tipo:** Essa categoria simplesmente determina se uma peça de madeira é mogno, maple ou jacarandá. O jacarandá tende a ser a madeira mais cara usada na construção do instrumento, seguido pelo maple e mogno.

» **Estilo:** É possível classificar as madeiras segundo a região ou veio. Por exemplo, o maple enfeitado, como o laranja-avermelhado e o castanho-avermelhado, é mais caro que o maple amarelo ou olho de pássaro.

» **Classificação:** Os fabricantes de guitarra usam um sistema de classificação de A até AAA (a mais alta) para avaliar as madeiras com base no veio, na cor e na resistência. Os instrumentos de alta qualidade têm madeira com a classificação mais alta.

Engrenagens

Nos instrumentos mais caros, há melhorias em todos os componentes, inclusive nas *engrenagens* ou partes de metal da guitarra. As engrenagens cromadas geralmente são mais baratas, portanto, se você começar a pesquisar guitarras mais caras, verá botões, seletores e tarraxas com acabamento preto fosco ou folheados a ouro no lugar dos cromados.

A verdadeira engrenagem que o fabricante usa, não apenas o acabamento, muda também nos instrumentos mais caros. Uma engrenagem de alta qualidade e de marca normalmente substitui a engrenagem genérica com menos prestígio do fabricante nas guitarras sofisticadas. Por exemplo, os fabricantes podem usar um produto de maior qualidade para as tarraxas em uma guitarra luxuosa, como tarraxas com trava *Sperzels* (uma marca e tipo populares de afinador), que trava a corda, em vez de o usuário precisar amarrá-la no pino.

A ponte é uma área de upgrade importante também. A conhecida *ponte flutuante* (chamada assim porque você pode subir ou descer usando uma alavanca) é uma mistura complicada de cordas, botões de afinação e âncoras. As melhores montagens flutuantes, como o sistema Floyd Rose ou sistemas fabricados sob a licença Floyd Rose, operam com muito mais suavidade e segurança do que as variedades simples com três cordas encontradas nas guitarras baratas. (As cordas ficam no tom certo em um sistema Floyd, mesmo depois de você abusar na alavanca.)

Captadores e partes eletrônicas

A menos que um fabricante de guitarra também seja conhecido por fabricar ótimos captadores, você verá cada vez mais captadores de terceiros conforme busca uma maior qualidade. No setor elétrico, Seymour Duncan, DiMarzio, Bartolini, Bill Lawrence, Lace e EMG são exemplos de marcas de captadores de alta qualidade que os fabricantes de guitarra utilizam em seus modelos. Fishman e

L. R. Baggs são dois sistemas acústicos populares encontrados em muitas guitarras conhecidas.

Embora não sejam conhecidas pelas marcas, as partes eletrônicas na guitarra também são aperfeiçoadas junto com os outros componentes quando você se aventura em um território mais caro. É possível ver mais variedade, por exemplo, na manipulação do captador. Os fabricantes podem fornecer circuitos que mudam os captadores com bobina dupla ou humbucker para aqueles com bobinas simples, permitindo a emulação do comportamento dos captadores Strat. Ter uma guitarra que pode imitar o comportamento do captador de outros tipos de guitarra fornece a você um instrumento com tom versátil. Você pode ver mais manipulação na fiação. Por exemplo, os fabricantes de guitarra podem inverter a *polaridade* de um captador — a direção dos sinais — para fazer com que ela pareça mais suave e floreada.

Nas guitarras mais caras, você também pode encontrar controles de volume e tom aprimorados, resultando em uma *transição* melhor. Transição é a progressão gradual ou abrupta da mudança (também chamada de *resposta*) das características de um sinal (nesse caso, volume e tom) à medida que você gira um botão do valor mínimo para o máximo. Um botão com uma transição mais suave é uma evidência de partes eletrônicas com ótima qualidade. As guitarras muito baratas não produzem nenhum som até serem aumentadas para 3; então você tem um aumento do som de 4 para 7 e nenhuma mudança entre 7 e o valor máximo do botão, 10, ou nas guitarras raras e barulhentas, 11. (E se você não entendeu a última piada, assista ao documentário de rock hilário *Isto é Spinal Tap. É obrigatório que todos os guitarristas assistam.)

Acabamento

Para os instrumentos mais caros, você pode ficar detalhista e exigente, sem problemas. Já vimos prováveis compradores trazerem um espelho de dentista para examinar o interior de um violão.

Para os violões com preço variando do médio ao caro, você deve esperar encontrar *juntas*, ou seja, conexões sólidas entre os componentes, sobretudo onde o braço encontra o corpo. Você também deve esperar uma cola limpa sem bolhas (no topo e nas costas), uma aplicação suave e uniforme do acabamento, e uma boa preparação: cordas na altura certa sem nenhum ruído, braço sem deformação e distorção, e uma entonação real. (Veja o Capítulo 19 para ter informações sobre a entonação.)

Veja os lugares na guitarra onde as superfícies diferentes se encontram, particularmente as junções do braço no corpo e a borda da escala, onde os trastes de metal entram nas ranhuras. Você não deve ver nenhum excesso de cola, e as superfícies devem se unir uniformemente.

280   PARTE 5 **Sua Própria Guitarra**

É possível conseguir essas informações só de tocar a guitarra e registrar suas impressões. Como viajar em um Rolls-Royce ou Bentley, tocar um instrumento de qualidade deve ser algo suave.

Acessórios (customização)

Os acessórios são a parte especial sem nenhum efeito acústico ou estrutural na guitarra. Existem apenas como decoração. Algumas pessoas consideram os acessórios especiais espalhafatosos ou pretensiosos, mas achamos que uma excelente guitarra é uma obra para apreciar com olhos e ouvidos. Portanto, escolha a ostentação.

Os acessórios típicos incluem ornamentos detalhados no braço (como abalones gravados na escala), um design especial da cabeça, e no violão, a *roseta*, ou um desenho decorativo em torno da abertura.

Um aspecto sutil dos acessórios: você pode achar que a única diferença entre as guitarras esteja nos ajustes. Por exemplo, um ornamento especial pode parecer ser a única coisa que diferencia os modelos Grand Deluxe e Deluxe de certa empresa. Mas a verdade é que a guitarra mais cara, embora teoricamente tenha os mesmos materiais e construção, geralmente tem materiais superiores e passa por um controle de qualidade maior.

Essa situação é apenas uma realidade darwinista. Se 12 peças de madeira, todas para os topos da guitarra, vão para a fábrica e são designadas para 6 Grand Deluxes e 6 Deluxes (a propósito, os títulos são fictícios, sem nenhuma semelhança com os modelos reais de guitarra, atuais ou não, mais fabricados), as 6 melhores peças de madeira serão para as Grand Deluxes, e as outras, para os modelos Deluxe. Elas compartilham uma classificação idêntica, mas pessoas com poderes subjetivos decidem quais modelos recebem quais topos.

Antes de Comprar: Conhecendo o Processo de Compra

Comprar uma guitarra é parecido com comprar um carro ou uma casa (tudo bem, é um *pouco* menos monumental do que comprar uma casa) no sentido de que é um empreendimento empolgante e muito divertido, mas você deve ter cuidado e ser um cliente atento também. Só você sabe a guitarra certa para si mesmo, qual o preço certo para seu orçamento e nível de comprometimento, e se um negócio parece ser bom. Não ignore seus instintos naturais como comprador, mesmo que seja novo na compra de guitarras. Veja, ouça, considere, vá almoçar antes da grande compra e fale sobre isso com seu amor. Fornecemos algumas diretrizes úteis nas seções a seguir.

CAPÍTULO 16 **Comprando uma Guitarra** 281

Lembre-se que você está *comprando*. E a experiência de compra em si não é diferente para as guitarras em comparação com outro produto. Faça uma pesquisa e considere opiniões diferentes *antes* de comprar. E confie em seus instintos.

Escolhendo entre revendedores online e físicos

Atualmente, em muitas compras você se depara com esta pergunta: "Compro em uma loja física ou online?" Para um instrumento musical, uma boa regra é: se você sabe *exatamente* o que deseja, até a cor e opções, pode considerar a compra online. Com frequência, você consegue o melhor preço para o instrumento escolhido seguindo esse caminho, embora possa pagar o frete. (Alguns revendedores online oferecem frete grátis sob certas condições.) A maioria dos revendedores online oferece uma garantia de reembolso se você retornar o instrumento com rapidez, por qualquer motivo, sem perguntas. É um ótimo negócio.

 Comprar às cegas é comum com muitos produtos, como aparelhos eletrônicos e computadores. Mas se você não consegue comprar algo tão pessoal quanto uma guitarra sem se apaixonar por ela primeiro, e quer "namorar" antes de se "casar", definitivamente vai preferir a abordagem das lojas físicas tradicionais. Uma guitarra comprada na loja normalmente vem com um contrato de serviço oficial e uma cooperação amigável não oficial da equipe, o que vale ouro. As lojas de instrumentos musicais sabem que competem com revendedores online e compensam muito isso com serviços.

Buscando consultoria especializada

Como diz certo ditado: "Um especialista é alguém que sabe mais do que você". Se você tem um amigo cujos conhecimento e experiência com guitarras ultrapassam os seus, leve-o junto, sem dúvida. Esse amigo não só conhece guitarras, como também conhece *você*. Um vendedor não o conhece, nem tem seus melhores interesses em mente. Mas um amigo sim. E outra opinião nunca é demais, nem que seja apenas para você expressar a sua.

 Conte com seu professor de guitarra (se tiver um) para ajudá-lo a percorrer a selva dos compradores de guitarra, sobretudo se ele está com você há algum tempo e conhece seus gostos e estilo de tocar. O professor pode saber coisas sobre você que você nem percebe — por exemplo, que perdeu tempo na seção das cordas de aço, embora seu principal interesse sejam as cordas de náilon. Um bom professor faz perguntas, ouve suas respostas e o guia gentilmente para onde *você* quer ir.

Porém, outro ditado diz: "Moe era o mais esperto dos Três Patetas". Se você tem um amigo que é como Moe, ou seja, mais inteligente que você quando o assunto é guitarra, mas normalmente um pouco pateta, deixe-o em casa. Você não precisa de um sabichão fazendo palhaçada (e beliscando o nariz do vendedor com um alicate) enquanto você tenta se concentrar.

Negociando com o vendedor

Negociar com o vendedor não precisa ser estressante e antagônico, mas algumas pessoas ficam muito ansiosas com a situação. Parte disso se deve ao fato de que o pessoal na loja de instrumentos algumas vezes tem a má reputação de ser indiferente, intimidador ou desinformado (ou uma combinação dessas três qualidades). Mas ignore os boatos e estereótipos negativos. Podem existir maçãs podres em qualquer setor, mas a maioria dos vendedores nas lojas de música tenta conseguir genuinamente o melhor instrumento para suas necessidades. Mas você pode aumentar suas chances de ter uma boa experiência se estabelecer prioridades antes de entrar na loja, para que não acabe parecendo vago e despreparado se ele fizer perguntas.

A primeira pergunta típica de um vendedor pode ser: "Quanto você quer gastar?" Basicamente, a pergunta significa: "Qual faixa de preço você procura para eu saber a qual seção da loja posso levá-lo?" É uma pergunta legítima, e se você puder responder diretamente, acabará economizando muito tempo. Ele também pode perguntar sobre suas habilidades e preferências de estilo, portanto, fique preparado para responder isso também.

DICA

Prepare-se para responder às perguntas do vendedor de forma sucinta. Por exemplo, "Prefiro as guitarras Strat, embora não necessariamente a Fender. Sou um músico de blues intermediário, não uma máquina, e gostaria de gastar menos de US$600". Essas respostas fazem você parecer decidido e ponderado. O vendedor terá informações suficientes com base nessas respostas. Mas se disser: "Ah, para a guitarra certa, o preço não é importante; gosto do modelo que aquele cara tocou no Grammy ano passado", você não será levado a sério, e provavelmente nem acabará com o instrumento que deseja.

Quando o vendedor falar, ouça com atenção e faça perguntas. Você está ali para observar e absorver, não para impressionar. Se decidir que não está pronto para comprar nesse momento, diga a ele. Agradeça pelo tempo e pegue o contato dele. Certamente você está livre para ir a outra loja e investigar. Fazer isso não só é uma opção, mas também seu dever!

Fechando o negócio

LEMBRE-SE

Você pode descobrir o preço de um instrumento antes de sair da loja. Visite sites de revendedores online populares (como Guitar Center e Sweetwater) para determinar os preços aproximados dos modelos que o interessam. Quando escrevemos este livro, o preço de uma Gibson Les Paul Standard variava entre US$1.860 e US$2.600, em média, e uma Fender American Standard Stratocaster custava certa de US$1.500. A Figura 16-2 mostra essas duas estrelas do setor.

FIGURA 16-2: Dois clássicos pelos quais os músicos julgam a maioria das guitarras no mercado.

Gibson Les Paul   Fender Stratocaster

Fotografias cortesia da Gibson Guitar Corp. e Fender Musical Instruments Corporation

Lembre-se que os preços de venda anunciados geralmente são mais baixos do que o revendedor pode oferecer. Se você comparar os preços online com os da loja física, verifique se os preços online são de revendedores respeitados e de renome, e seja receptivo aos preços um pouco mais altos em relação aos encontrados em uma loja.

DICA

Por fim, ao decidir sobre onde comprar, não negligencie o valor do serviço. As lojas de varejo, diferente dos revendedores online, estão em melhor posição para oferecer um serviço personalizado e pessoal a um novo cliente. Talvez como resultado da competição tensa com o surgimento do negócio online, muitas lojas estão aumentando os incentivos do serviço. Esse serviço inclui qualquer coisa, desde consertar problemas menores e fazer ajustes até fornecer *ajustes* periódicos (como uma afinação e troca de óleo da guitarra). E uma loja de música pode ser um ótimo lugar para encontrar pessoas e falar sobre guitarras!

NESTE CAPÍTULO

» Aumentando a potência com amplificadores

» Avaliando os efeitos

» Escolhendo um estojo

» Completando seu arsenal

Capítulo **17**

Amplificadores, Efeitos, Estojos e Acessórios

Depois de ter adquirido sua guitarra, é preciso pensar nos pequenos itens (e não tão pequenos) que facilitam muito a vida, se você for guitarrista, claro. Alguns produtos que descrevemos neste capítulo são essenciais, como estojos e cordas (e amplificadores, se você toca guitarra), mas é possível pensar em outros apenas como acessórios. Achamos esses itens úteis, e eles têm alguma aplicação musical ou prática. Você não encontrará adesivos de para-choques nem canecas escritas com "Guitarristas têm um dedilhado especial" nestas páginas, apenas uma breve lista de coisas que realmente podem ajudá-lo.

Ficando Ligado com os Amplificadores

A rigor, você *pode* tocar guitarra sem amplificação, mas não é muito divertido. Sem um amplificador, você ouve as notas zumbindo como mosquitinhos musicais, mas não há nenhuma expressão nem tom. E possivelmente não conseguirá estremecer as janelas nem sacudir o piso com o riff de "Smoke on the Water" que acabou de aprender, a menos que se conecte e tenha decibéis para queimar.

DICA

Recomendamos que guarde sua melhor decisão crítica de compra para a guitarra. Mas depois de gastar tudo para ter a guitarra que estava além de seus recursos, poderá seguir em frente, ser mais irresponsável financeiramente e comprar um bom amplificador. Você não começa a desenvolver total maturidade e individualidade até ter uma guitarra de qualidade e um amplificador decente juntos. Mas se *tiver* que ser mesquinho em algum ponto, sugerimos que gaste menos com o amplificador, a princípio.

Há dois tipos gerais de amplificador: práticos e de desempenho. As maiores diferenças entre eles se resumem ao tamanho, potência e custo. A Figura 17-1 mostra um amplificador prático e outro de desempenho.

FIGURA 17-1: Os amplificadores de desempenho, como à esquerda, são maiores e mais potentes do que os práticos, à direita.

Fotos cortesia da Marshall Amplification plc

Começando com um amplificador prático

LEMBRE-SE

Se você tem fundos limitados, comece com um *amplificador prático*, que tem recursos decentes (controles do tom, reverb, dois ou mais controles de volume para que possa criar um som distorcido) e produz um bom som, mas em volumes baixos (5 a 25 watts são comuns nos amplificadores práticos). Esse tipo de amplificador inicial acostuma você a ouvir a guitarra do jeito que tem que ser ouvida — através de um amplificador.

Os amplificadores práticos podem custar apenas US$100 e têm recursos que aparecem em seus equivalentes de desempenho mais caros. Com os amplificadores, a potência, e não os recursos, é o que eleva o preço. A potência é cara, requerendo transformadores resistentes, alto-falantes e gabinetes. Para o uso doméstico e casual, como uma sessão entre amigos na garagem ou porão, 15 ou 20 watts geralmente são suficientes e 5 a 25 watts são o bastante para praticar o solo e tocar com o estéreo.

Por outro lado, recursos como controles do tom e efeitos (por exemplo, reverb e tremolo) são mais fáceis de implementar porque os fabricantes podem gravá-los em um chip e instalar em uma placa de circuito. A seguir estão algumas coisas úteis para buscar em um amplificador prático:

» **Estágios de múltiplos ganhos:** *Ganho* é uma palavra técnica para "potência sonora", e ter dois ou mais controles de volume separados em um amplificador dá mais flexibilidade ao desenvolver o som distorcido.

» **EQ de três bandas:** EQ, ou *equalização*, é o controle do tom para graves, médios e agudos. Um aparelho EQ é um controle de tom especial que permite uma maior flexibilidade sobre o conjunto de graves, médios e agudos do som.

» **Reverb embutido:** *Reverb* é um efeito de eco que faz a guitarra soar como se estivesse sendo tocada em determinado ambiente, ou seja, cômodos de vários tamanhos, sala de concertos, catedral, desfiladeiro etc. (Veja a seção "Efeitos: Pedais e Outros Dispositivos", mais adiante no capítulo, para ter informações.)

» **Troca de canais via pedal:** A *troca de canais* permite acessar diferentes grupos de volume e controle do tom. Alguns amplificadores práticos incluem isso, outros não. (Na prática, todos os amplificadores de desempenho ou sofisticados incluem.) Decida se esse recurso é importante o bastante para pagar por um no amplificador prático. Sempre é possível conseguir um som distorcido com um efeito externo, como um stomp box, mas é um pouco mais complicado. (Veja a seção "Efeitos: Pedais e Outros Dispositivos", mais adiante neste capítulo, para ter informações.)

» **Conector para fone de ouvido:** Um *conector para fone de ouvido* é um objeto muito útil em um amplificador prático, porque permite conseguir um som totalmente amplificado sem passar pelo alto-falante. Ótimo para praticar durante a madrugada!

DICA

Por causa da miniaturização das partes eletrônicas, agora é possível obter sons de guitarra completos e autênticos a partir de uma unidade do tamanho de uma câmera portátil, contanto que você ouça com fones de ouvido (ou seja, ela não possui alto-falante nem amplificador). Referidos como *processadores pessoais de multiefeitos*, esses acessórios maravilhosos vêm com presilhas e baterias para uma prática livre (ótimos para tocar no banheiro e na frente do espelho). E eles geralmente oferecem distorção, EQ, reverb e outros efeitos, várias *predefinições* (sons programados ou configurados pelo fabricante) e som estéreo. Essas unidades são ótimas para tocar em um veículo em movimento e podem até enviar um sinal adequado para gravação ou mais amplificação. Custam cerca de US$200 (por exemplo, Korg Pandora) e valem pelo investimento se a portabilidade, a privacidade e o tom autêntico forem importantes para você.

Ligando um amplificador de desempenho

Os amplificadores práticos servem a um propósito, mas não resistirão se você aumentá-los para os níveis de desempenho. *Desempenho*, nesse caso, significa desde tocar com três amigos em uma garagem apertada até ser ouvido acima do baterista e baixista barulhentos no Thursday Night Blues Bash do Slippery Sam.

Após decidir se arriscar com amplificadores de melhor qualidade, você tem um universo de marcas e modelos para escolher. Converse com outros guitarristas e vendedores, leia revistas sobre guitarras e ouça gravações para descobrir quais amplificadores os artistas gostam de usar. A escolha de um amplificador é tão pessoal e individual quanto a da guitarra. Ele não deve apenas ter um bom som, mas também *parecer* bom, como se fosse o certo para você. A busca pelo amplificador perfeito é tão difícil quanto a procura por uma guitarra perfeita. Ou quase.

Os amplificadores de desempenho são mais potentes do que os práticos. Mais potência não significa apenas mais volume. Uma potência maior também produz um sinal mais claro e puro em volumes mais altos. Em outras palavras, se dois amplificadores com diferentes potências produzem a mesma intensidade total, o amplificador mais potente terá um sinal mais claro e sem distorção.

Um amplificador de 50 watts geralmente é mais do que suficiente para circunstâncias normais e domésticas, como tocar em uma banda de cinco pessoas no bar local ou outro local de apresentação. Se você tocar em locais maiores ou um gênero que requer níveis altos absurdos, como heavy metal, escolha 100 watts. Alguns músicos que desejam um som muito limpo e tocam em estéreo (requerendo dupla potência) podem optar por 100 watts sem problemas, porque o som pode ficar mais claro em níveis mais altos.

AMPLIFICADORES DE GRAVAÇÃO

Apesar dos amplificadores de alta potência custarem geralmente mais do que os similares de baixa potência, isso não significa que todos os amplificadores de baixa potência sejam baratos. Muitos fabricantes produzem amplificadores de alta qualidade e preços elevados que geram apenas baixa potência, e eles são muito populares para a gravação porque não abalam a estrutura de sua casa ao fazer música. Com os *amplificadores de gravação*, a qualidade, e não a potência, os tornam mais caros.

Muitos amplificadores podem operar em 100 ou 50 watts, permitindo selecionar a potência com um interruptor. Por que você desejaria operar em 50 watts se pagou por um amplificador de 100 watts? Porque um amplificador de 50 watts "satura", ou distorce, mais rápido (em um nível mais baixo) do que um de 100 watts, e para muitos tipos de música (blues, rock, metal) essa distorção é desejável.

PAPO DE ESPECIALISTA

No passado, todos os circuitos eletrônicos eram alimentados por válvulas eletrônicas, aqueles cilindros de vidro com luz vermelha na parte de trás dos antigos rádios. À medida que a tecnologia se desenvolveu, os eletrônicos sólidos (que consistem em transistores e, depois, em microchips) substituíram as válvulas, exceto nos amplificadores de guitarra. A última geração de amplificadores tem tecnologia digital para *modelar*, ou emular, vários tons e efeitos de guitarra. Porém, muitos argumentam que a tecnologia da válvula ainda produz o melhor tom (mais quente e completo, devido em parte à maneira como a válvula afeta o sinal) para as guitarras porque, embora não sejam tão eficientes ou mesmo precisos ao reproduzir fielmente o sinal original, os amplificadores de válvula realmente produzem o tom mais musical. Todos os seus guitarristas favoritos gravam e tocam exclusivamente com amplificadores de válvula, desde um Marshall de 100 watts até um Fender Twin Reverb, Vox AC30 e MESA/Boogie Dual Rectifier.

DICA

Como iniciante, você pode não gostar (ou se importar) com as diferenças entre tom da válvula e de estado sólido (transistor). Você pode obter uma boa distorção de um amplificador de estado sólido, que geralmente é mais barato, portanto, é provável que escolha um amplificador de estado sólido, que é geralmente mais barato, e ignore o que se fala sobre tons. Além disso, você pode preferir obter o som de distorção com um pedal, e todo o problema fica irrelevante. Procure recursos como efeitos embutidos (reverb, chorus etc.) e um conector para fone de ouvido. Sobretudo, ouça o som e gire os botões. Se gostar do que ouve e se sentir bem selecionando diferentes sons, o amplificador será perfeito para você.

Efeitos: Pedais e Outros Dispositivos

Os guitarristas raramente plugam um amplificador e começam a tocar. Bem, eles podem começar assim, mas se você ouvir uma música gravada, sobretudo qualquer música de guitarra gravada, perceberá rapidamente que há muito mais coisa acontecendo do que apenas um som de guitarra "normal". No mínimo, você ouve algum tratamento do ambiente na forma de eco criado artificialmente, ou *reverb*, como o efeito é conhecido na linguagem da guitarra. É possível ouvir distorção (intencional), especialmente no rock e no blues, e outros efeitos, como um ua-ua, vibrato e manipulações eletrônicas.

Bem-vindo ao mundo maravilhoso e estranho dos *efeitos*. Efeitos são recursos que você insere entre sua guitarra e o amplificador e permitem alterar o sinal de vários modos criativos e incomuns. Milhares desses pequenos recursos estão disponíveis em fabricantes diferentes, com muitas faixas de preço. Como descobrirá nas seções a seguir, é possível comprar efeitos como unidades individuais ou um pacote completo, chamado *processador de multiefeito*. Independente de você preferir um pacote ou à la carte, os efeitos podem apimentar o som básico da guitarra de maneiras incríveis.

A maioria dos efeitos vem em forma de pedais acessados com os pés, também conhecidos como *stomp boxes*, porque ficam no chão e você os ativa pisando neles. Essa estrutura permite ativar e desativar seletivamente, sem interrupção, os efeitos enquanto toca a guitarra. A Figura 17-2 mostra um conjunto de efeitos típicos com um número razoável de pedais na *cadeia de sinais* (isto é, o caminho da guitarra até o amplificador).

DICA

Se você plugar, digamos, um acessório de reverb *em linha* (entre o amplificador e a guitarra), poderá fazer a guitarra soar como se tocasse em uma catedral. Uma unidade de distorção pode fazer os tons soarem como os de Jimi Hendrix, Metallica ou Nirvana, mesmo em volumes baixos e com o amplificador definido para reproduzir um som limpo.

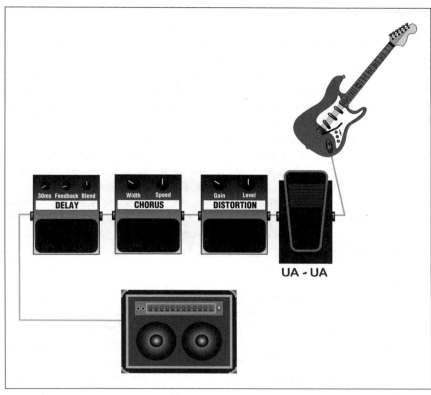

FIGURA 17-2: Um conjunto típico de um guitarrista que usa efeitos.

© John Wiley & Sons, Inc.

Examinando os efeitos individuais

LEMBRE-SE

Dezenas de diferentes tipos de efeitos estão disponíveis, muito mais do que você poderia ter e utilizar de uma vez. O preço dessas unidades individuais varia também, com caixas de distorção a partir de US$45 e reverbs digitais e delays custando US$175 (ou mais). Para ajudá-lo a escolher os vários tipos de efeitos, veja a lista a seguir de alguns dos mais populares:

» **Distorção:** Esse efeito simula o som de um sinal de guitarra muito forte para o amplificador; o recurso acelera o sinal a ponto de saturar, mas de modo agradável musicalmente. A distorção, para um guitarrista, pode significar desde uma qualidade levemente encorpada e quente até um prolongamento indistinto e uma distorção gritante de serra elétrica, como a usada pelas bandas de metal e grunge.

» **Chorus:** Esse efeito simula o som de muitas guitarras tocando ao mesmo tempo, tornando o som total mais encorpado. Aumentar a velocidade produz um efeito modulado ou de tremolo. A música "Every Breath You Take", do The Police, é um exemplo de som chorus.

» **Flanger/Phase shifter:** Esses dois acessórios produzem efeitos parecidos que criam um som ruidoso, retorcido e subaquático, ouvido nos primeiros álbuns de Van Halen e na base de guitarra de muitas músicas funk dos anos 1970.

» **Pitch shifter:** Esse recurso (também conhecido como *harmonizador*) permite tocar em harmonia consigo mesmo dividindo o sinal em dois caminhos, o original e um intervalo musical definido pelo usuário, como uma 3ª maior (quatro semitons distantes). Também permite efeitos chorus. Um pitch shifter popular com intervalo fixo é o *pedal de oitava*, usado muito bem por Jimi Hendrix, que produz um tom uma ou duas oitavas (ou ambas) (12 semitons) acima ou abaixo do original.

» **Digital delay:** Esse recurso é uma repetição separada do seu som, bom para ecos, efeitos amplos e para criar repetições das notas com sincronia rítmica. A versão análoga era um acessório de eco em fita que, na verdade, gravava o som em fita magnética e o tocava momentos depois. Os ecos em fita ainda têm certa popularidade por causa de sua qualidade tonal única e vintage (que é inferior à versão digital em termos de replicação exata do sinal original). Ouça a abertura da música "Welcome to the Jungle", do Guns N' Roses, para escutar o som do digital delay.

» **Pedal ua-ua:** Esse pedal de efeitos é um tipo de filtro de frequência (que varia os conteúdos grave e agudo de um sinal) que enche a guitarra com características expressivas e vocais (na verdade, soa como se dissesse "ua"). Você controla o som elevando ou abaixando o pedal. Esse recurso ficou popular com Jimi Hendrix e foi a base do som da guitarra disco. Eric Clapton também usou um ua em "White Room" quando tocava no Cream.

» **Reverb:** Esse efeito reproduz o eco natural geral em ambientes como um cômodo grande, ginásio, catedral etc. Geralmente, está incluído nos amplificadores em uma versão limitada (muitas vezes, apenas um controle), mas tê-lo como um efeito separado dá muito mais variedade e controle.

» **Tremolo:** Como o reverb, o tremolo foi incluído em muitos amplificadores dos anos 1950 e 1960 (como o Fender Twin Reverb) e agora está disponível em um pedal. O tremolo é a flutuação rápida do volume (não do tom, como o vibrato), que faz a guitarra soar como se você tocasse através de um ventilador elétrico lento. As músicas "Crimson and Clover", de Tommy James and The Shondells, "Boulevard of Broken Dreams", da banda Green Day, e "Money", do Pink Floyd, mostram um efeito tremolo marcante.

Considerando processadores de multiefeitos

DICA

Os pedais individuais são ótimos porque permitem comprar efeitos, um por vez, e eles são utilizados de maneira *modular*, ou seja, é possível escolher incluí-los em sua cadeia ou não, e você pode reorganizá-los para criar diferentes efeitos. Mas muitos guitarristas escolhem um *processador de multiefeitos*, que coloca todos os efeitos individuais em um único local. Esses processadores são *programáveis*, significando que você pode armazenar configurações diferentes nos efeitos e usá-las com uma batida do pé. Os processadores de multiefeitos, como os pedais individuais, também oferecem uma abordagem modular para a ordem dos efeitos, embora isso seja feito de modo eletrônico, não fisicamente.

Em geral, um processador de multiefeitos pode fazer tudo que os pedais individuais fazem, portanto, a maioria dos guitarristas que usam muitos efeitos acaba comprando um. Você ainda pode usar os pedais individuais, conectando-os ao processador. Grande parte dos guitarristas ainda mantém seus pedais individuais mesmo depois de comprar um processador de multiefeitos, porque os individuais são pequenos, simples de operar e convenientes. Um guitarrista pode não querer carregar o processador de multiefeitos maior e pesadão para uma sessão casual quando precisa apenas de um ou dois efeitos. A faixa de preços para esses processadores é de US$120 a US$1.500. Eles podem ser encontrados em vários tamanhos, inclusive como aplicativos para smartphone ou outros dispositivos móveis.

Justificando os Estojos

Um estojo para guitarra é tão importante, que muitos fabricantes o incluem no preço do instrumento. Muitos fabricantes produzem estojos especialmente projetados para determinados modelos e enviam as guitarras dentro deles para os revendedores. Essa prática dificulta a compra da guitarra sem estojo, e com razão.

LEMBRE-SE

Comprar um instrumento importante e sair da loja sem uma proteção adequada de qualidade é um modo tolo de economizar dinheiro. O gesto mais respeitoso que você pode ter para seu instrumento é dar-lhe um local seguro para descansar.

Há três tipos básicos de estojo, que veremos nas próximas seções: rígido ou duro, macio e bolsa de turnê. Cada um tem vantagens, e o fator proteção é proporcional ao custo: quanto mais caro o estojo, melhor a proteção que ele oferece ao instrumento.

Estojos rígidos

O *estojo rígido* é a opção mais cara (de US$80 a US$120, ou mais), porém oferece a melhor garantia contra danos na guitarra. É feito de madeira revestida com couro ou náilon e pode até sobreviver aos rigores dos encarregados pelas malas nos aeroportos, oferecendo uma proteção contra apertos no instrumento. Objetos pesados podem cair no estojo e ele pode ser empilhado com segurança sob itens de bagagem sem nenhum prejuízo à preciosa guitarra no interior. Alguns estojos rígidos são feitos de plástico resistente moldado, que os tornam resistentes a perfurações, amassados e arranhões, mas são forrados com tecido para fornecer à guitarra um ambiente sem choques durante o transporte e armazenamento.

A coisa mais segura a fazer é comprar um estojo rígido, a menos que você tenha alguma razão realmente convincente para não fazer isso. Se ainda não tem um estojo para sua guitarra e pensa em comprar um, tente imaginar qualquer situação na qual um estojo rígido pode *não* ser adequado. Se não conseguir ter uma resposta rápida e pronta, escolha um estojo rígido, e pronto.

Estojos macios

O *estojo macio* não é completamente macio, sendo, na verdade, mais duro que macio. Normalmente é feito de um material prensado, como papelão, e pode dar alguma proteção ao instrumento, por exemplo, se alguém derruba uma xícara de café (um xícara vazia, que seja). Mas é só isso. Você pode conseguir esses estojos por cerca de US$30.

O estojo macio é uma alternativa barata para o estojo rígido porque permite transportar o instrumento sem que fique exposto às intempéries e, pelo menos, impede que algo externo o arranhe. Mas esses estojos deformam com facilidade se colocados sob qualquer pressão real (como ficar preso na esteira do aeroporto), desmontam, dobram e rasgam com muito mais facilidade do que um estojo rígido. Porém, na maioria das situações um estojo macio fornece proteção contra os solavancos e batidas diários que arranhariam uma guitarra sem proteção.

Bolsas de turnê

A *bolsa de turnê* não fornece quase nenhuma proteção contra choques porque é feita de náilon, couro ou outro tecido, afinal, é uma bolsa. Essas bolsas fecham com zíper e têm a resistência de qualquer outra mala macia. Elas custam entre US$25 e US$150.

As vantagens das bolsas de turnê são que elas são leves, ajustam-se ao ombro e ocupam apenas o espaço da guitarra em si, sendo ideal se você usa transporte público ou tenta colocar a guitarra no compartimento de bagagens de mão no avião.

CUIDADO

As pessoas que vivem em grandes cidades e usam o transporte público preferem as bolsas de turnê. Com essa bolsa no ombro e um carrinho levando um amplificador na outra mão, a pessoa ainda tem uma mão livre para colocar o bilhete no metrô e segurar nas alças do vagão. Mas uma bolsa de turnê não protege tanto quanto um estojo macio, e você não pode colocar nada mais pesado do que um cachecol ou suéter sobre a guitarra embalada.

Acessórios: Outras Coisas Essenciais para Completar o Preparo

Além de escolher os atores principais do preparo, ou seja, guitarra, amplificador, efeitos e estojos, você ainda precisa decidir sobre um elenco inteiro de personagens secundários. São coisinhas que, embora sejam baratas e fáceis de comprar, são fundamentais para manter seu equipamento principal feliz e saudável. Nas seções a seguir recomendamos os acessórios indispensáveis que completam seu conjunto de música.

Cordas

Você sempre precisa ter cordas extras à mão pelo simples motivo de que se uma arrebentar, precisará substituir imediatamente. Fazer isso requer carregar ao menos um jogo completo, porque qualquer uma das seis cordas pode arrebentar. Diferente dos pneus de carro, em que o reserva serve para todos, as guitarras usam seis cordas com calibres individuais. É um problema para os guitarristas que arrebentam sempre a mesma corda; eles ficam com muitos jogos incompletos! Felizmente, esses jogos são baratos, cerca de US$7, se você comprar um único jogo, e mais barato ainda se comprar em caixas de 12 jogos. Ou é possível comprar cordas avulsas por cerca de US$1,50 a unidade.

DICA

As cordas mais agudas e finas tendem a arrebentar com mais facilidade do que as mais graves e grossas, portanto, tente carregar três reservas para cada corda E, B e G aguda.

Se necessário, você pode substituir a corda vizinha mais aguda (uma corda B pela G, por exemplo), mas fazer isso tornará o som estranho, e a corda será mais difícil de afinar. Assim, troque a substituta de emergência pela corda correta na primeira oportunidade (durante o solo de bateria, talvez). (Para ter mais informações sobre as cordas, inclusive como trocá-las, veja o Capítulo 18.)

Palhetas

LEMBRE-SE

Em sua carreira musical, com certeza irá perder, quebrar e atirar para os fãs como lembrança, ou normalmente irá se separar de centenas de palhetas, portanto, não seja sentimental. Trate-as como os produtos baratos e descartáveis que são. Estoque aos montes, com sua cor e medida (espessura) favoritas, e sempre tenha sobressalentes na carteira, no carro, nas abas do mocassim e em qualquer outro lugar conveniente. Depois de se acostumar com certa espessura, formato e fabricante, você não mudará muito, mesmo mudando da guitarra para o violão, ou vice-versa. (Veja o Capítulo 3 para ter mais informações sobre como escolher a espessura certa. Deixamos que você escolha a cor.)

Cabos

Cabo, também conhecido como *fio*, é o que transporta o sinal eletrônico da guitarra até o amplificador ou pedal. Os cabos também conectam os pedais, se você tem mais de um. Quanto mais pedais tiver, mais cabos serão necessários para conectar tudo. Os cabos não têm nenhum controle e nem requerem configuração, basta plugar e pronto. O único momento em que tem que prestar atenção neles é quando dão problema.

DICA

Um cabo com mau contato não é divertido para você nem para o público. O som desagradável significa que as conexões internas se soltaram ou estão ruins. Acontece com todos em algum momento. Tenha cabos extras à mão dos tipos longo (para conectar a guitarra a um efeito ou amplificador) e curto (para as conexões entre os pedais).

Afinadores eletrônicos

Embora você possa afinar a guitarra com ela mesma, manter a guitarra com uma *afinação de concerto*, ou seja, a referência de afinação absoluta de A-440, é melhor, sobretudo se pretende tocar com outros instrumentos. Uma guitarra também fica melhor estrutural e acusticamente nessa afinação. (Veja o Capítulo 2 para ter mais informações sobre a afinação da guitarra.) O melhor modo de manter a guitarra nessa afinação é adquirir um afinador eletrônico com bateria e mantê-lo no estojo. Os afinadores eletrônicos podem ser de plugue, que parece um pedal de efeitos (exceto que seus controles comandam os parâmetros de afinação, não os tonais), ou de clipe (algumas vezes chamados de *afinador headstock*), que se prende à parte superior do headstock (cabeça), por meio de um grampo com mola, como os fabricados pela D'Addario, Korg e Snark. O modo de usar o afinador depende do tipo de instrumento que você está afinando:

» **Guitarra:** Se você estiver usando uma guitarra e afinador sem clipe, plugue-a diretamente no afinador. Primeiro conecte o afinador, depois, a partir da saída do afinador, conecte o amplificador. Assim o afinador ficará em linha o tempo todo em que tocar. Porém, desligue o afinador depois de terminar a afinação, para preservar a bateria. O sinal passa pelo afinador inativo sem ser afetado.

» **Violão:** Se você tiver um violão, poderá usar o microfone embutido do afinador para a afinação. Não é preciso se esforçar para que o microfone capte o instrumento. Colocar o afinador a um braço de distância sobre uma mesa funciona; equilibrar sobre o joelho também. Se o ambiente for silencioso o bastante, você poderá até deixar o afinador no chão. (Mas barulhos excessivos podem confundir o aparelho.) Existem muitas variedades de afinador, como aplicativos para smartphones e dispositivos móveis. Eles funcionam muito bem para os violões porque usam o microfone do dispositivo, mas têm menos sucesso com as guitarras, sobretudo se houver barulho no ambiente (cômodo). Os afinadores de clipe não são afetados pelo barulho no ambiente e são uma excelente escolha para violões e guitarras. O melhor é comprar um afinador eletrônico e mantê-lo com seus pedais ou dentro do estojo da guitarra.

PAPO DE ESPECIALISTA

Praticamente todos os afinadores eletrônicos vendidos hoje são do tipo cromático com leitura automática. *Leitura automática* significa que o afinador ouve a nota e informa o tom mais próximo (com luzes indicadoras). Um medidor com agulha móvel ou um conjunto de luzes indicadoras informa se a nota é sustenido ou bemol. Quando afina o instrumento, você vê o medidor mudar na direção dos movimentos de afinação. A palavra *cromático* significa apenas que o afinador mostra todas as notas na escala musical (inclusive bemóis e sustenidos), não apenas as notas das cordas soltas. Ter todas as notas disponíveis no afinador é importante, caso você decida afinar o instrumento de modo diferente. (Veja o Capítulo 12 para ter mais informações sobre afinações alternativas.) Os preços dos afinadores eletrônicos variam de US$10 a US$200.

Correias

LEMBRE-SE

Há muitos estilos e materiais para as correias, desde náilon e tecido até couro. A primeira regra é escolher uma correia que o deixe mais confortável e que você possa comprar. Manter uma guitarra no ombro por longos períodos de tempo pode causar desconforto, e quanto melhor a correia, mais ela protege seus músculos contra tensão e cansaço.

A aparência vem depois do conforto como fator de decisão sobre qual correia comprar. Você deve gostar da aparência dela, porque sua função não é apenas utilitária, mas também estética. Como cobre seu ombro, uma correia parece um artigo de vestuário. Portanto, tente combinar a aparência da correia com a sua e a da guitarra.

Você pode conseguir correias personalizadas com suas iniciais bordadas, se for sua preferência (um item obrigatório se pretende ser um ídolo da música country). Ou pode comprar vários tipos de temas, desde padrões regionais até raios e pentagramas. Mas se estiver procurando estritamente pelo preço, uma correia simples de náilon sem luxo custa apenas US$5 e segura sua guitarra com tanta firmeza quanto uma de US$200, com seu nome bordado no couro.

DICA

Para ter mais garantia, compre *travas de correia*, que prendem as extremidades à guitarra usando um mecanismo de trava com duas partes, como o que você encontra em brincos (para orelhas furadas).

Se você tiver mais de um instrumento, será melhor ter uma correia para cada tipo, guitarra e violão. Assim, não precisará ajustar quando trocar entre eles.

Pestanas fixas

Pestana fixa (ou capo) é um grampo com mola (ou elástico) ajustável que fica em torno do braço de uma guitarra ou violão, cobrindo todas as cordas, forçando-as para baixo na escala em determinada casa. Esse recurso eleva o tom de todas as cordas em certo número de casas (ou semitons). Em alguns casos, você pode querer afinar a guitarra com a pestana fixa colocada, mas na maioria das vezes você afina sem ela e a coloca depois na casa desejada. As pestanas fixas permitem transpor a música tocada na guitarra para outro tom, enquanto ainda permite tocar os dedilhados do acorde no tom original. (Veja o Capítulo 13 para ter mais informações sobre as pestanas fixas.) A Figura 17-3 mostra alguns tipos diferentes de pestanas fixas que você pode encontrar na maioria das lojas de música.

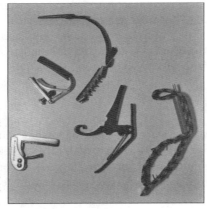

FIGURA 17-3: As pestanas fixas aumentam o tom das cordas soltas.

Fotografia cortesia da Cherry Lane Music

As pestanas fixas custam entre US$5 e US$25, com as de elástico sendo mais baratas. As pestanas com grampos e parafusos mais caras são mais populares entre os usuários dedicados porque podem ser colocadas com uma mão e esses tipos geralmente seguram melhor as cordas do que os elásticos. O tipo aparafusado, como o fabricado pela Shubb, é um favorito porque é possível variar o tamanho e a tensão do prendedor da pestana fixa, permitindo personalizar o tamanho para as diferentes partes do braço. (As casas mais baixas no braço, perto da cabeça, requerem uma abertura menor da pestana fixa do que as casas mais altas.)

Outros acessórios úteis

Você pode ter vários outros acessórios e aparelhos que possibilitam tocar guitarra com mais facilidade e conveniência. Sem uma ordem específica, considere alguns dos produtos a seguir, que geralmente custam o mesmo que uma palheta A Figura 17-4 mostra estes itens, que definimos na lista:

LEMBRE-SE

- » **Baterias:** Afinadores, pedais de efeito até algumas guitarras precisam de baterias. Compre algumas de 9 volts e pilhas AA, guardando em um saco plástico fechado.
- » **Pinos da ponte:** Essas pecinhas de plástico dividem as cordas na ponte do violão com cordas de aço. O problema é que se você perder um (porque eles pulam do encaixe ou caem no chão depois de você puxar), não conseguirá encontrar um substituto. Palitos de fósforo são os mais parecidos, mas quem tem isso atualmente? Na próxima vez em que for à loja comprar cordas, pegue também alguns pinos da ponte extras.
- » **Pano:** Você sempre deve limpar sua guitarra depois de tocar, para remover o óleo do corpo, que pode corroer as cordas e sujar o acabamento. Algodão é bom, mas camurça e microfibra são melhores. Limpe pelo menos a escala antes de colocar a guitarra no estojo, e se estiver tocando com mangas curtas, esfregue no tampo também.
- » **Tampões para ouvido:** Se você toca guitarra e participa de muitas sessões de improviso, deve usar tampões para ouvido. Seus ouvidos são seu bem mais precioso, mais importantes até que os dedos. Não os danifique expondo-os a barulhos altos em locais fechados de ensaio. Compre tampões feitos especialmente para ouvir música; eles *atenuam* (reduzem) as frequências em taxas iguais na faixa inteira. É como ouvir a música original... só que mais suave. Muitos guitarristas defendem os tampões para ouvido, inclusive Pete Townshend, do The Who, que afirma ter uma grande perda auditiva resultante de uma longa exposição à música alta.
- » **Enrolador de cordas:** Essa manivela barata (US$2) gira as chaves cerca de 10 vezes mais rápido que você consegue com a mão. Sem nenhum custo extra, esses recursos incluem uma ranhura dentada perfeita para remover os pinos da ponte presos no violão com cordas de aço.
- » **Lápis e papel:** Sempre tenha algo em que possa escrever. Assim, poderá anotar a letra, um acorde legal que alguém mostrou, terá uma cola para tocar uma progressão de acordes em um instante ou mesmo um recado

secreto para outro músico. ("Por favor, diga ao baixista para diminuir o som, já perdi três obturações!")

DICA

» **Gravador portátil:** Não deixe de capturar um momento musical único porque não tem um gravador portátil à mão; nunca se sabe quando surge uma inspiração. Se você toca com outras pessoas, sobretudo as que podem ensinar algo, tenha um gravador à mão para poder registrar os improvisos, riffs e outros movimentos legais para estudar mais tarde. Os gravadores digitais são ótimos porque cabem no estojo da guitarra. Depois de se acostumar a gravar suas ideias, poderá até pensar em ter um gravador de quatro canais (que permite sobrepor — overdub — ou adicionar partes aos canais existentes). Você pode fazer arranjos com várias partes usando quatro canais, em vez de ficar limitado apenas a ideias simples que pode capturar no estéreo normal. É possível ter um gravador de quatro canais por apenas US$200.

» **Chave de fenda reversível:** Você pode consertar tudo, desde um captador que faz barulhos até um parafuso solto em uma chave de afinação com uma chave de fenda útil. Compre uma que seja tanto phillips quanto de fenda.

» **Alicates de fio/bico fino:** As cordas são, afinal, fios. Quando trocar as cordas, use um alicate para cortar qualquer excesso e um alicate de bico fino para extrair os restos presos de uma corda quebrada em um pino de afinação.

Outros acessórios que você pode querer considerar ter na mochila, bolsa de ginástica ou estojo de couro com monograma para acessórios incluem:

» **Diapasão de garfo/sopro:** É sempre bom ter um desses acessórios de afinação simples como reserva para o caso de a bateria do afinador eletrônico acabar ou alguém do público com problemas de equilíbrio pisar nele. Os dois acessórios são como barcos a remo em um mundo com lanchas e veleiros: depois que o combustível acaba e o vento para, você ainda pode continuar usando sua própria força.

» **Lanterna pequena:** Você não precisa esperar a noite chegar para usar uma lanterna de mão. Sombras e objetos pequenos dificultam diagnosticar, digamos, um simples problema elétrico, assim como a total ausência de luz. Você pode segurar uma lanterna pequena entre os dentes enquanto acessa a parte de trás do amplificador para consertar um fio quebrado do alto-falante.

» **Verificador de cabos e voltímetro/ohmímetro:** Esses itens custam cerca de US$12 e US$20, respectivamente, e valem o preço pago na primeira vez em que diagnosticam um cabo ruim ou mal conectado. Saiba como usar um voltímetro/ohmímetro em seu equipamento, ou seja, saiba as fontes de alimentação que você tem e quais configurações são adequadas para seu medidor. É possível impressionar seus amigos com sua habilidade para "entender os equipamentos".

» **Fusíveis:** Qualquer ambiente novo pode ter instalações elétricas imprevisíveis que podem causar danos ao seu equipamento, sobretudo ao amplificador. A primeira linha de defesa do amplificador é seu fusível. Se a corrente no ambiente for estranha, o fusível queimará, e você terá um substituto para que ele volte a funcionar.

» **Fita adesiva:** Esse material é o bicarbonato de sódio do músico, ou seja, um produto versátil que resolve vários problemas. Você pode usar fita adesiva para consertar tudo, desde um estandarte barulhento até um clipe do microfone quebrado. Até o rolo da fita é útil: você pode usá-lo para inclinar o amplificador para cima e ter uma dispersão melhor. Use a fita adesiva para consertar o forro do seu carro ou mesmo remendar buracos no seu jeans, no palco ou fora dele. Em alguns círculos, é até considerado moderno.

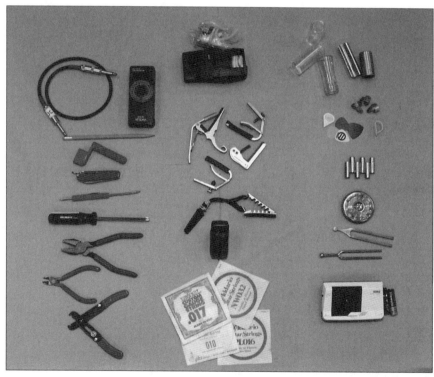

FIGURA 17-4: Alguns acessórios úteis criados para facilitar um pouco a vida do guitarrista.

Fotografia cortesia da Cherry Lane Music

CAPÍTULO 17 **Amplificadores, Efeitos, Estojos e Acessórios** 301

302   PARTE 5 **Sua Própria Guitarra**

NESTE CAPÍTULO

» Entendendo alguns fundamentos da troca de cordas

» Removendo as antigas cordas

» Recolocando cordas em guitarras e em violões com cordas de aço e de náilon

Capítulo **18**

Trocando as Cordas

M uitas pessoas acham que suas guitarras são delicadas, preciosas e frágeis: parecem relutantes em afinar as cordas, o que dirá trocá-las. Embora você deva ter cuidado para não derrubar nem arranhar a guitarra (e tocar como Jimi Hendrix geralmente causa muito estrago), não precisa se preocupar em danificar mudando a afinação ou apertando demais as cordas. O fato é que as guitarras são incrivelmente fortes e podem lidar com centenas de quilos de tensão nas cordas, e ainda aguentam o estilo até dos guitarristas mais cruéis.

LEMBRE-SE

Trocar as cordas não é algo com que se assustar: você deve praticar com afinco. A tarefa é como dar banho em seu cachorro — é bom para ele, você fica feliz por ter feito e tem a oportunidade de ficar mais próximo do melhor amigo do homem. Do mesmo modo, trocar as cordas da guitarra tem poucas desvantagens — melhora o som da guitarra, ajuda a evitar as cordas arrebentadas em momentos inoportunos e ajuda você a identificar outros problemas de manutenção. Durante a troca periódica das cordas, por exemplo, você pode descobrir um entalhe da ponte cortado ou um pino de afinação com barulho. (Abordaremos esses problemas com mais detalhes no Capítulo 19.)

Examinando Estratégias para Trocar as Cordas

As guitarras antigas melhoram com a idade, mas as cordas ficam piores. Na primeira vez em que você toca com cordas novas, é o melhor som que elas têm. As cordas se deterioram gradualmente, até que arrebentam ou você não consegue aguentar os sons ruins que elas produzem. As cordas antigas soam obscuras e sem vida, e perdem sua *tensilidade* (a capacidade de manter a tensão), tornando-se quebradiças. Essa condição faz com que elas fiquem mais firmes e duras de pressionar, e como as cordas não se esticam mais para atingir a casa, ficam mais curtas, tornando as notas agudas, principalmente mais acima no braço.

Você deve substituir todas as cordas de uma só vez, a menos que uma arrebente e precise ser trocada rápido. As cordas tendem a se desgastar igualmente, portanto, se trocar todas as cordas antigas por novas simultaneamente, elas começarão a correr contra o tempo em pé de igualdade.

LEMBRE-SE

A lista a seguir contém as condições sob as quais provavelmente você deve trocar as cordas:

» Elas mostram sinais visíveis de corrosão ou sujeira.
» Não seguram afinação, em geral ao pressionar no agudo, sobretudo nas regiões mais altas do braço.
» Você nem se lembra da última vez em que as trocou e tem uma apresentação importante (e não quer arriscar que arrebentem).

Removendo as Antigas Cordas

Obviamente, para colocar uma nova corda, você precisa remover a antiga. A menos que esteja com muita pressa (quando está no meio do primeiro verso, tentando colocar a nova corda e afinar antes do solo da guitarra), pode tirar qualquer corda girando a tarraxa para afrouxar, pegando-a pelo centro para puxá-la do pino. Não é preciso girar completamente para soltá-la.

Um método mais rápido é apenas cortar a antiga corda com um alicate de fio. Parece estranho e violento cortar a corda, mas a liberação rápida da tensão e o corte em si não danificam a guitarra. Isso afeta a corda antiga, mas você não precisa se preocupar. (Temos um testemunho de que as cordas não sentem dor.)

O único motivo para *não* cortar a corda é para salvá-la como uma reserva, no caso de uma nova arrebentar enquanto a coloca (raro, mas acontece). Uma corda B usada é melhor do que nenhuma corda B.

Uma ideia errada e comum é a de que você deve manter uma tensão constante da corda no braço da guitarra o tempo todo. Talvez ouça que deve substituir as cordas, uma por vez, porque retirar todas é ruim para a guitarra, mas isso simplesmente não é verdade. Substituir as cordas uma por vez é *conveniente* para afinar, mas não melhor para a guitarra. As guitarras não são frágeis assim.

Seja lá como for remover a antiga corda, depois de ela ser retirada, você está pronto para colocar a nova. Os métodos para colocar cordas no instrumento divergem um pouco, dependendo de ser um violão com cordas de aço, clássico ou guitarra. O resto deste capítulo abordará todos esses métodos.

Cordas no Violão

Em geral, os violões com cordas de aço provavelmente são mais fáceis do que os clássicos ou as guitarras (que mencionaremos nas últimas seções neste capítulo). Nas próximas seções veremos o processo de trocar as cordas de um violão e mostraremos como afinar.

Trocando as cordas passo a passo

A seguir estão instruções passo a passo sobre como recolocar as cordas no violão. Você tem dois lugares para colocar a nova corda: a ponte e a cabeça (headstock). Comece colocando a corda na ponte, que é uma tarefa bem mais simples.

Etapa 1: Colocando a corda na ponte

Os violões têm uma ponte com seus orifícios levando para dentro dele. Para colocar uma nova corda na ponte, siga estas etapas:

1. Remova a antiga corda (veja a seção anterior "Removendo as Antigas Cordas") e retire o pino da ponte.

Algumas vezes os pinos da ponte ficam presos, portanto pode ser preciso usar uma faca de cozinha para arrancá-lo. Mas tenha cuidado para não arranhar a madeira. Uma alternativa melhor é a borda dentada de um enrolador de corda ou alicate de bico fino (veja o Capítulo 17 para ter mais informações sobre os enroladores de corda).

2. **Coloque a ponta da nova corda que tem um pequeno anel (chamado de *roda*) dentro do orifício que segura o pino da ponte.**

   Basta passar um pouco pelo orifício. (A quantidade não importa, porque você puxará para cima logo depois.)

3. **Recoloque o pino da ponte no orifício com o entalhe voltado para a frente (em direção à pestana).**

   O entalhe fornece um canal para a corda sair. A Figura 18-1 mostra a posição correta da nova corda e do pino da ponte.

4. **Empurre gentilmente a corda até a roda ficar na parte inferior do pino. Mantenha o polegar ou outro dedo no pino para ele não pular e desaparecer no abismo.**

CUIDADO

   Tenha cuidado para não enroscar a corda quando a empurrar.

5. **Teste a corda puxando-a um pouco.**

   Se não sentir a corda mexer, a roda está apertada no pino da ponte, e você está pronto para prendê-la no pino de afinação, que é o foco da próxima seção.

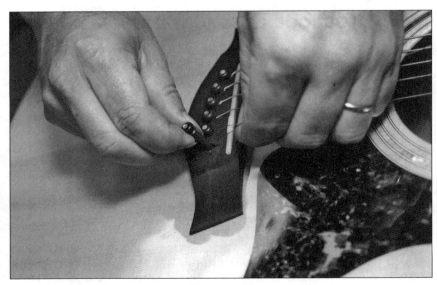

FIGURA 18-1: Como colocar a nova corda na ponte e posicionar o pino.

Fotografia cortesia de Jon Chappell

Etapa 2: Prendendo a corda no pino de afinação

Depois de prender com firmeza a corda no pino da ponte, você pode se concentrar na cabeça. As etapas são um pouco diferentes para as cordas agudas (G, B,

E) e graves (E, A, D). Você gira as cordas agudas para a direita e as cordas graves para a esquerda.

Para colocar uma corda aguda no pino de afinação, siga estas etapas:

1. Passe a corda pelo orifício no pino.

Deixe bastante folga entre o pino da ponte e o pino de afinação para permitir enrolar a corda várias vezes no pino quando afinar.

2. Enrosque (ou dobre) o fio de metal em direção do interior do violão.

A Figura 18-2 mostra como enroscar a corda e prepará-la para enrolar.

3. Enquanto mantém a corda apertada contra o pino com uma mão, gire a tarraxa para a direita com a outra.

LEMBRE-SE

Essa etapa é um pouco complicada e requer certa destreza manual (mas tocar violão também). Mantenha os olhos no pino para assegurar que, quando a corda enrolar em torno dele, irá *para baixo, em direção à superfície da cabeça*. A Figura 18-3 mostra como as cordas se enrolam nos pinos. Verifique se as cordas estão na ranhura certa na pestana. Não desanime se não conseguir enrolar exatamente como é mostrado na Figura 18-3. Fazer isso com facilidade requer um pouco de prática.

FIGURA 18-2: Corda enrolada para dentro na cabeça com folga para girar.

Fotografia cortesia de Jon Chappell

CAPÍTULO 18 **Trocando as Cordas** 307

Girar a corda para baixo no pino aumenta o que é chamado de **quebra de ângulo**. A quebra é um ângulo entre o pino e a pestana. Um ângulo mais agudo traz mais tensão para a pestana e cria uma *sustentação* melhor, o período de tempo em que a nota se prolonga. Para conseguir um ângulo máximo, gire a corda para que ela fique o mais baixo possível no pino. (Isso pode ser feito também nas guitarras, não apenas nos violões.)

Para colocar uma corda grave, siga as etapas anteriores, *exceto* que se deve girar as cordas para a *esquerda* na Etapa 3, para que a corda suba no meio e passe sobre o pino à esquerda (quando se está de frente para a cabeça).

DICA

Se você achar que deixou muita folga, desenrole a corda e comece de novo, enroscando-a mais para baixo. Se não deixou bastante folga, o giro não irá até o final no pino, podendo escorregar se a corda não tiver comprimento suficiente para prender com firmeza em torno dele. Não é nenhuma tragédia. Você simplesmente desfaz o que fez e tenta de novo. Como acontece ao tentar deixar iguais as duas extremidades de uma gravata, você pode precisar tentar um pouco para acertar.

FIGURA 18-3: As cordas agudas giram ao redor dos pinos para a direita. As cordas graves giram para a esquerda.

Fotografia cortesia de Jon Chappell

Afinando

Depois de prender a corda em torno do pino e começar a enrolá-la com a chave de afinação, você pode começar a afinar. À medida que a corda se estica, verifique se ela fica na ranhura correta. Se estiver trocando as cordas, uma por vez, poderá afinar a nova usando as antigas, que provavelmente estão mais ou menos afinadas. Verifique o Capítulo 2 para ver as pestanas e pinos de afinação da guitarra.

Depois de colocar a corda na afinação correta, estique-a (puxe para fora e longe do braço) em vários pontos de seu comprimento, para estendê-la um pouco. Isso pode fazer a corda afrouxar — algumas vezes até demais, se você deixar algum giro solto no pino —, então afine de novo girando a tarraxa. Repita o processo de afinar e esticar algumas vezes para ajudar as novas cordas a segurarem sua afinação.

DICA

Usar um *enrolador de corda* para girar rapidamente os pinos de afinação reduz muito o tempo gasto fazendo isso. Um enrolador também tem um entalhe no lado do cilindro que pode ajudar a soltar um pino preso na ponte. Apenas não perca o pino quando ele sair voando! O Capítulo 17 tem mais informações sobre os enroladores de pino.

Depois de afinar a corda no tom e esticar, você está pronto para remover o excesso de corda que sai do pino da tarraxa. Pode cortar o excesso com alicate de fio (se tiver um) ou dobrar a corda para a frente e para trás até quebrar.

CUIDADO

Não importa o que faça, não deixe o excesso de corda para fora. Ele pode ferir você ou alguém próximo (como o baixista) nos olhos ou cortar a ponta do seu dedo.

Trocando Cordas de Náilon

Trocar cordas de náilon é diferente das cordas de aço porque a ponte e os pinos da tarraxa são diferentes. Os violões com cordas de náilon não usam pinos da ponte (as cordas são amarradas), as cabeças são entalhadas e possuem rolamento, não pinos da tarraxa. Nas próximas seções, descreveremos as etapas para trocar as cordas de náilon e explicaremos como afinar.

Trocando as cordas passo a passo

De certa forma, as cordas de náilon são mais fáceis de lidar do que as de aço, porque o náilon não é tão flexível quanto o aço. Porém, colocar a corda no pino de afinação pode ser um pouco mais complicado. Como você faz no violão com cordas de aço, que descrevemos antes neste capítulo, comece prendendo a ponta da corda na ponte, e depois volte sua atenção para a cabeça.

Etapa 1: Prendendo a corda na ponte

Enquanto as cordas de aço têm uma roda na ponta, as de náilon não têm nada: as duas extremidades são soltas. (Bem, você *pode* comprar jogos de corda de náilon com rodas na extremidade, mas não são as usadas normalmente.) Portanto, você pode prender qualquer uma das pontas na ponte. Se as pontas forem diferentes, use a que parecer com o meio da corda, não a que tem uma aparência enrolada solta. Basta seguir estas etapas:

1. Remova a antiga corda, como descrito na seção "Removendo as Antigas Cordas", anteriormente neste capítulo.

2. Passe uma ponta da nova corda pelo orifício no topo da ponte, para longe da abertura, deixando cerca de 3,5cm para fora na parte de trás do orifício.

3. Prenda a corda passando a ponta curta sobre a ponte e passando-a sob a parte longa da corda, como mostrado na Figura 18-4a.

4. Depois, passe a ponta curta por baixo, por cima e por baixo dela mesma, no topo da ponte, como mostrado na Figura 18-4b.

DICA

Você precisará tentar um pouco para terminar com o comprimento certo, sem muito excesso para fora no topo da ponte. (Sempre é possível cortar o excesso também.)

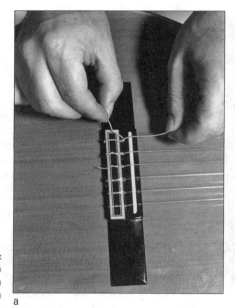

FIGURA 18-4: Amarrando a ponta da corda na ponte.   a   b

Fotografias cortesia de Jon Chappell

5. Puxe a ponta longa da corda com uma mão e mova o nó com a outra para retirar o excesso de folga, fazendo com que o nó fique direto na ponte.

Etapa 2: Prendendo a corda no pino de afinação

Em um violão com cordas de náilon, os pinos de afinação (chamados *cilindros*) atravessam a cabeça (headstock) pelas laterais, em vez de serem perpendiculares como em um violão ou guitarra com cordas de aço. Essa configuração é conhecida como *cabeça entalhada*.

Para prender a corda no pino de afinação em uma cabeça entalhada, siga estas etapas:

1. **Passe a corda pelo orifício no pino de afinação.**

2. **Traga de volta a ponta da corda, passando sobre o cilindro, em sua direção; depois passe a corda sob si mesma na frente do orifício.**

    Puxe para cima a ponta da corda para que a parte longa (presa na ponte) fique no laço em forma de U que você acabou de dar, como mostrado na Figura 18-5a.

    DICA

    Faça o laço de fora para dentro (ou seja, venha da esquerda nas três cordas graves e da direita nas três cordas agudas).

3. **Passe a ponta curta por baixo e por cima dela mesma, criando duas ou três voltas.**

    Isso deve segurar a ponta solta com firmeza, como mostrado na Figura 18-5b, e evitar que a corda escape do orifício.

4. **Gire a tarraxa para que a corda enrole no topo do laço que você acabou de dar, forçando-a contra o pino.**

5. **Puxe no comprimento da corda para esticar com uma mão e gire a tarraxa com a outra.**

    Enrole para fora do orifício, longe do centro do instrumento.

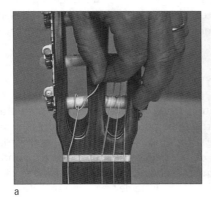

FIGURA 18-5: Criando um laço em U com a ponta curta da corda (a). Criando voltas para prender a ponta curta da corda no lugar (b).

Fotografias cortesia de Jon Chappell

Afinando

LEMBRE-SE

Conforme você continua girando a tarraxa, a corda se aproxima lentamente da afinação. As cordas de náilon, como as de aço, precisam ser esticadas um pouco, portanto, depois de afinar a corda inicialmente, pegue em vários pontos no comprimento, puxe (afastando-a da escala) e afine de novo. Repita esse processo duas ou três vezes para o instrumento ficar afinado por mais tempo.

Corte o excesso depois de terminar com as seis cordas. As cordas de náilon não são tão perigosas como as de aço se há algum excesso, mas a sobra pendurada é feia, e além disso, os violonistas clássicos são mais exigentes com a aparência de seus instrumentos do que os violonistas comuns.

Cordas na Guitarra

Em geral, os guitarristas precisam trocar as cordas com mais frequência do que os violonistas que usam cordas de aço ou de náilon. Como a troca das cordas é muito comum nas guitarras, os fabricantes adotam uma abordagem mais progressiva em relação ao equipamento, geralmente tornando a troca muito rápida e fácil. Dos três tipos de instrumento (violão com cordas de aço, cordas de náilon e guitarra), você pode trocar as cordas de uma guitarra com muito mais facilidade. Explicaremos como trocar as cordas da guitarra e afinar nas próximas seções.

Trocando as cordas passo a passo

Assim como faria em um violão com cordas de aço e cordas de náilon (explicados anteriormente neste capítulo), comece colocando a corda de uma guitarra prendendo-a na ponte e colocando a corda na cabeça. As cordas da guitarra são parecidas com as do violão com cordas de aço no sentido de que têm pontas com rodas e são feitas de metal, mas as cordas da guitarra geralmente têm um fio mais fino do que as do violão com cordas de aço e a 3ª corda é desencapada, ou plana, enquanto a do violão com cordas de aço é encapada. (A 3ª corda de náilon geralmente é desencapada, porém é mais grossa.)

Etapa 1: Prendendo a corda na ponte

A maioria das guitarras usa um método simples para prender a corda na ponte. Você passa a corda por um orifício na ponte (às vezes reforçado com um colar ou *anel*) que é menor do que a roda na ponta dela, para que a roda segure a corda, como um nó na ponta de um pedaço de linha segura o ponto no tecido. Em alguns instrumentos (como a Fender Telecaster), os colares são ancorados bem no corpo e as cordas passam pela parte de trás, por um orifício na estrutura da ponte, saindo pelo tampo.

A Figura 18-6 mostra dois modos de prender a corda em uma guitarra: a partir de uma ponte colocada no tampo, e passando por trás. As etapas a seguir mostram como prender as cordas na ponte.

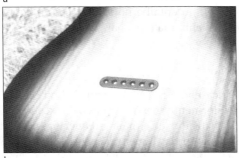

FIGURA 18-6: As cordas passam pela ponte na direção da cabeça (a). As cordas passam pela ponte vindo por trás da guitarra (b).

Fotografias cortesia de Jon Chappell

1. **Remova a antiga corda, como descrito na seção "Removendo as Antigas Cordas", anteriormente neste capítulo.**

2. **Ancore a corda na ponte passando-a pelo orifício (vindo por trás ou por baixo da guitarra) até a roda parar de se mover.**

   Então você estará pronto para se concentrar no pino de afinação. Isso é feito em praticamente todas as guitarras, exceto algumas (como as adaptadas com um mecanismo Floyd Rose, que veremos mais adiante neste capítulo).

Etapa 2: Prendendo a corda no pino de afinação

Na maioria dos casos, os pinos em uma guitarra lembram os pinos de um violão com cordas de aço. Ele atravessa a cabeça e você passa a corda pelo orifício, dobra a corda para dentro (em direção ao centro da cabeça) e começa a girar enquanto segura a parte longa da corda com uma mão para controlar. Consulte a Figura 18-2 para ver como dobrar a corda e prepará-la para girar, e quanta folga deixar.

CAPÍTULO 18 **Trocando as Cordas** 313

Algumas guitarras, especialmente as Fender Stratocasters e Telecasters, possuem *abaixadores de corda*, que são pequenos cilindros ou canais aparafusados no topo da cabeça que puxam as duas ou quatro cordas superiores para baixo na cabeça, como as estacas de uma barraca. Se sua guitarra tiver abaixadores, passe as cordas por baixo deles.

Alguns afinadores têm um mecanismo de *trava* para você não precisar se preocupar em enrolar, afrouxar e outras coisas chatas. Dentro do orifício do pino há um mecanismo parecido com um torno que prende a corda conforme ela passa. Um disco *serrilhado* (com sulcos) abaixo da cabeça ou no topo do pino afrouxa e aperta o torno. Talvez a empresa mais conhecida que fabrica esse mecanismo seja a Sperzel.

Algumas guitarras têm afinadores com pinos entalhados, em vez de um orifício. Esses mecanismos também permitem a troca rápida das cordas, porque você simplesmente coloca a corda no entalhe no topo do pino, dobra e começa a enrolar. Nem precisa deixar nenhuma folga para girar.

Afinando

Afinar uma guitarra elétrica não é muito diferente de um violão (que explicamos como fazer anteriormente neste capítulo), exceto que as cordas perderão afinação com mais facilidade e maior frequência, portanto, precisam de mais ajuste para que as seis cordas fiquem afinadas. Se você tiver uma ponte flutuante (descrita na próxima seção), afinar uma corda mudará a tensão na ponte, fazendo com que todas as cordas afinadas antes fiquem um pouco fora do tom, portanto, o processo leva ainda mais tempo. Mas no final, todas "se acalmam", e a afinação se estabiliza.

Instalando uma ponte flutuante

O rock dos anos 1980 usava muito a alavanca e a *ponte flutuante* (a ponte não era fixa, mas flutuava em uma estrutura de cordas). As pontes flutuantes padrão não foram criadas para o abuso que guitarristas criativos, como Steve Vai e Joe Satriani, inventaram, portanto, os fabricantes desenvolveram maneiras melhores de aumentar o movimento delas e também asseguraram que retornassem à sua posição original, com as cordas permanecendo afinadas.

Floyd Rose inventou a estrutura mais famosa. Rose usou seu próprio desenho patenteado para garantir um sistema de ponte móvel altamente preciso e móvel, e uma *porca com trava* (um tipo de grampo que substitui a porca padrão). Outros fabricantes, como Kahler, desenvolveram sistemas parecidos.

LEMBRE-SE

O sistema Floyd Rose coloca as cordas em um sistema montado no topo, em vez de passarem por trás, mas com uma grande diferença: os guitarristas devem cortar a ponta com roda antes que a corda seja presa para que a ponta se encaixe no mecanismo de torno que a segura. Se você tem uma Floyd, deve ter um conjunto de cordas reserva com as rodas cordadas ou, pelo menos, ter alicates de fio sempre por perto.

Nos sistemas de ponte flutuante que têm também uma porca de trava, girar a corda no pino não é muito importante. Depois de travar a porca (usando uma pequena chave hexagonal ou Allen), o que é feito com as tarraxas não importa. Você faz toda a afinação usando pequenos discos, ou botões, na ponte. Esses botões são conhecidos como *microafinadores*, porque seus movimentos são muito menores e mais precisos do que aqueles na cabeça.

Colocar cordas e afinar uma guitarra adaptada com uma ponte flutuante leva um pouco mais de tempo do que uma normal, mas se você pretende usar muito a alavanca (necessária para muitos estilos de heavy metal), valerá a pena o esforço.

316   PARTE 5 **Sua Própria Guitarra**

> **NESTE CAPÍTULO**
>
> » Limpando a guitarra
>
> » Protegendo a guitarra
>
> » Mantendo o devido ambiente
>
> » Fazendo ajustes e reparos por conta própria
>
> » Determinando as ferramentas que você precisa ter à mão
>
> » Identificando os reparos que você não deve tentar em casa

Capítulo **19**

Bom Estado da Guitarra: Manutenção Básica

As guitarras são objetos fortes, por incrível que pareça. Você pode sujeitá-las a uma rigorosa agenda de shows, tocar a noite toda e bater com força que elas nem se importarão. Em geral, as guitarras nunca ficam velhas, embora você possa precisar substituir algumas partes e fazer alguns ajustes depois de certo tempo: diferente de seu carro ou do corpo, você não precisa fazer muita coisa para manter a guitarra em excelente estado.

Se você não abusar nem sujeitá-la a condições extremas, uma guitarra não apenas permanece estruturalmente bem por décadas como também fica afinada e continua confortável em suas mãos. Na verdade, as guitarras *melhoram* com a idade e uso. Se tivéssemos essa sorte!

Mesmo assim, evitar que uma guitarra tenha algum dano ou precise de reparos com o tempo é quase impossível. Você pode e deve fazer uma boa manutenção (com a ajuda das diretrizes neste capítulo), e se a guitarra tiver problemas, você mesmo poderá fazer reparos na maioria dos casos. Se tiver dúvidas sobre suas habilidades técnicas ou se for um pouco atrapalhado, consulte um técnico qualificado.

Alguns exemplos de reparos que você mesmo pode fazer incluem eliminar barulhos, levantar e abaixar as cordas na ponte, remover sujeira e fuligem, substituir as partes gastas ou quebradas e trocar as cordas. (Dedicamos todo o Capítulo 18 à troca das cordas, portanto, consulte-o se só quiser trocar uma corda arrebentada ou gasta.)

Mantendo a Guitarra Limpa

O tipo mais simples de manutenção é a limpeza. Você deve limpar a guitarra regularmente ou, usando sua intuição básica, sempre que ela ficar suja. Se fica suja, uma guitarra não chega em casa com lama na camisa e grama na calça, mas reúne uma lista específica de problemas pavorosos. As seções a seguir dão uma ideia sobre como manter a guitarra limpa.

Removendo poeira, sujeira e fuligem

A menos que você viva em uma bolha, poeira e sujeira fazem parte do ambiente. Certos objetos parecem atrair poeira (por exemplo, o peitoril da janela ou um tampo de mesa), e as guitarras com certeza atraem bastante. Se a poeira se acumula sob as cordas na cabeça e na ponte, você pode limpar usando um pano, espanador ou cotonete (para os locais de difícil acesso). Os espanadores podem parecer coisas ridículas que apenas as empregadas de uniforme dos antigos filmes usam, mas eles têm um propósito: tiram o pó de um objeto sem fazer pressão (o que pode arranhar um acabamento delicado). Portanto, mesmo que você não use um espanador, ou se a roupa da empregada estiver na lavanderia, siga o exemplo da velha Alice de *A Família Sol-Lá-Si-Dó* e limpe superficialmente.

Conforme a poeira se mistura com a umidade natural das mãos e dedos (e do antebraço, se você toca usando mangas curtas, sem camisa ou pelado), ela se torna fuligem. A fuligem pode aderir a todas as superfícies, mas fica muito visível nas cordas.

As seções a seguir explicam como limpar as cordas, a madeira e as engrenagens de sua guitarra.

Cordas

A oleosidade natural nas pontas dos dedos cobre as cordas sempre que você toca. Não é possível ver essa cobertura oleosa, mas ela está lá, e com o tempo ela corrói o material das cordas e cria um acúmulo de sujeira (que é nojento, atrapalha tocar e realmente pode danificar a madeira com o tempo). A sujeira nas cordas faz com que elas estraguem mais cedo e se desgastem mais rápido que o normal, e se você deixar essa condição ir longe demais, a sujeira poderá até penetrar nos poros da escala. Eca!

DICA

A melhor maneira de combater a ameaça do acúmulo de sujeira é limpar as cordas depois de tocar, antes de colocar a guitarra no estojo. (Observe que não estamos supondo que você coloca a guitarra no estojo; outro caso de boa manutenção preventiva; veja o Capítulo 17). A camurça é um ótimo material para limpar as cordas porque também funciona como polimento. Uma fralda de algodão (limpa) também funciona bem (*não* as descartáveis, por favor), assim como um tecido de microfibra. As bandanas podem lhe dar um ar de Willie Nelson/Janis Joplin, mas não são feitas de um bom material absorvente, então mantenha sua bandana no pescoço ou na cabeça, e não limpe a guitarra com ela.

Limpe as cordas por completo e aperte cada corda com o polegar e o dedo indicador, com o tecido no meio, percorrendo todo o comprimento da corda. Isso seca em volta da corda e retira qualquer sujeira. É tudo o que você precisa fazer para manter as cordas limpas e aumentar muito sua vida útil. (E enquanto faz isso, limpe a parte de trás do braço da guitarra também.)

Madeira

Uma guitarra é feita principalmente de madeira, e madeira gosta de massagem. (E quem não gosta?) Se você tiver uma guitarra muito empoeirada, por exemplo, uma que ficou exposta em um sótão mofado por um tempo, sopre o excesso de poeira antes de começar a limpar com um pano (ou espanador). Esse gesto simples pode evitar arranhões ou desgaste no acabamento.

DICA

Esfregue com gentiliza os vários lugares na guitarra até ela ficar sem poeira. Pode ser necessário sacudir com frequência o pano, portanto, faça isso em um local aberto, ou vai espirrar. A menos que sua guitarra esteja *realmente* suja, talvez com alguma substância endurecida que você tem até medo de *saber* a origem, tirar o pó é tudo que precisa fazer com a madeira.

Se continuar opaca ou uma película de sujeira ficar visível sobre o acabamento, você poderá esfregar a guitarra com cera para móveis ou, melhor, *cera para guitarra*. Esse tipo de cera é feito especificamente para acabamentos que os fabricantes usam nas guitarras, enquanto a cera para móveis pode conter substâncias abrasivas. Se tiver dúvida, use a substância para guitarras que as lojas de instrumentos musicais vendem. E siga as instruções na embalagem.

CUIDADO

Embora os fabricantes dessas substâncias escrevam estas informações no rótulo, vale repetir aqui: nunca coloque cera líquida ou em spray diretamente na superfície da guitarra. Isso pode ensopar e manchar a madeira para sempre. Despeje ou pulverize a substância no pano e espere um pouco antes de colocar o pano na madeira.

Para tirar a poeira entre as cordas em locais de difícil acesso, como a cabeça, ponte e área dos captadores, use um pincel macio pequeno. Mantenha o pincel no estojo.

Engrenagens

O acúmulo de sujeira não danifica as engrenagens (afinadores, pontes etc.), como ocorre com a madeira mais porosa, mas fica com uma aparência ruim, e você não quer aparecer na TV com um equipamento mais sem brilho do que um pé de couve.

Esfregar com um pano é tudo o que você realmente precisa fazer nas engrenagens da guitarra, mas pode usar uma cera suave para joias ou cromados, se quiser, contanto que não seja abrasiva. O polimento não só remove os resíduos de gordura (que uma simples limpeza não consegue), como também dá brilho à engrenagem, algo muito importante para a iluminação no palco e na TV.

CUIDADO

Muitos componentes baratos são *banhados*, significando que têm uma camada fina de metal brilhante sobre uma superfície feia e manchada. Portanto, você não deseja estragar a camada (o que pode acontecer com vários polimentos). E *certamente* (espera-se) você não deve passar cera líquida nas partes móveis da tarraxa.

CUIDADO

Jamais passe qualquer coisa nos captadores de uma guitarra, exceto um pano seco ou pincel de limpeza. Eles são magnéticos e detestam líquido tanto quanto a Bruxa Má do Oeste. Você não quer correr o risco de estragar os campos magnéticos sensíveis do captador com líquido, meu anjo.

Cuidando do acabamento

Os violões têm um acabamento de verniz ou outra cobertura sintética para proteger a superfície de madeira e dar uma aparência brilhante. Se seu instrumento tem um acabamento de alto brilho ou acetinado (mais suave e natural), o plano é o mesmo: mantenha-o sem poeira para que fique brilhante e transparente por anos. Não deixe o instrumento sob a luz do sol direta por longos períodos de tempo e evite umidade e grandes mudanças de temperatura. (Para saber mais sobre as condições de temperatura e umidade, veja a seção "Fornecendo um Ambiente Saudável", mais adiante neste capítulo.) Seguir essas diretrizes simples ajuda a manter o acabamento sem *fendas* (rachaduras) conforme ele dilata e encolhe junto com a madeira.

DICA

Se o acabamento rachar por causa de um amassado (um pequeno sulco acidental, como ocorre se você bate a guitarra na ponta da mesa), leve-a a um técnico rapidamente para evitar que a rachadura se espalhe como uma teia em um para-brisa.

Protegendo a Guitarra

Se você toca guitarra, certamente não quer manter isso em segredo. Bem, no início talvez, mas depois de conseguir tocar um pouco, terá vontade de levar sua música para todos. A menos que pretenda fazer muitas apresentações, convidando muitas pessoas para virem à sua casa, precisará carregar sua guitarra mundo afora. E isso requer proteção, como descobrirá nas próximas seções. Nunca saia de casa sem colocar a guitarra em algum tipo de estojo de proteção.

Na estrada

A maioria das pessoas nem pensa no estado do instrumento quando joga seu violão favorito no porta-malas e segue para a praia. Mas deveria. Ter um pouco de bom senso pode manter o instrumento com boa aparência, em vez de parecer ser uma prancha de surf.

Se você viaja de carro, deixe a guitarra no banco do passageiro, onde poderá controlar o ambiente. Um instrumento no porta-malas ou no compartimento de bagagem esfria ou esquenta demais em comparação com o que as pessoas sentem na frente. (As guitarras gostam de ouvir música no rádio também, contanto que não seja música disco.)

Se você precisar colocar o instrumento junto com o estepe, empurre-o para frente para que possa aproveitar a "osmose ambiental" (ou seja, não ficará totalmente frio nem quente perto da cabine de passageiro climatizada enquanto estiver na traseira do carro). Essa prática também ajudará se, Deus nos livre, você sofrer uma colisão traseira. Você pode pagar uma oficina para consertar o carro, mas será impossível restaurar as lascas do seu precioso violão caso ele absorva o impacto da batida.

Um estojo duro é a melhor forma de proteção para um instrumento, em comparação com a bolsa de náilon ou um estojo macio de papelão. Com o estojo duro, você pode empilhar coisas sobre ele, mas os outros tipos requerem que a guitarra fique por cima de tudo, o que pode ou não agradar ao responsável obsessivo pela bagagem. (Você sabe, como seu pai costumava embalar as coisas antes de sair de férias com a família.) Veja o Capítulo 17 para ter mais informações sobre os estojos.

As bolsas de turnê feitas de náilon são leves e não oferecem praticamente nenhuma proteção contra pancadas, mas protegem contra arranhões. Se você sabe que o instrumento nunca sairá do seu ombro, poderá usar uma bolsa de turnê. Elas também permitem que uma guitarra caiba nos compartimentos de bagagem de mão na maioria dos aviões. Os viajantes experientes conhecem os tipos de aviões que podem acomodar uma bolsa de turnê e ficam preparados desde o início para assegurar um local para sua carga preciosa.

Em casa

Se você tirar férias longas ou ficar preso por três ou cinco anos, precisará guardar sua guitarra por um longo período de tempo. Deixe a guitarra no estojo e coloque-o em um armário ou embaixo da cama. Tente manter a guitarra em um ambiente climatizado, não em um porão úmido ou sótão sem isolamento.

DICA

Se você guardar a guitarra, poderá colocá-la na horizontal ou de lado. A posição exata não faz diferença nesse caso. Não é preciso afrouxar muito as cordas, mas soltá-las um semitom ou mais evita um excesso de tensão no braço, caso ele dilate ou encolha um pouco.

Fornecendo um Ambiente Saudável

As guitarras são feitas sob condições de temperatura e umidade específicas. Para que toque e soe como o fabricante planejou, você deve manter um ambiente dentro da mesma especificação aproximada original.

LEMBRE-SE

Se uma pessoa se sente confortável, a guitarra está confortável. Mantenha o local em temperatura ambiente (cerca de 22ºC) e a umidade relativa em 50%, e nunca ouvirá sua guitarra reclamar (mesmo que tenha uma tagarela.) Não seja muito rígido com essa regra sobre guitarras e pessoas sentindo-se confortáveis sob as mesmas condições. Você não deve colocar a guitarra em uma jacuzzi, nem lhe oferecer uma margarita, não importa o quanto isso o deixe confortável.

Temperatura

Uma guitarra pode não apresentar problemas em uma faixa de temperatura entre 18ºC e 26ºC. Para ela, calor é pior que frio, portanto, mantenha o instrumento longe do sol e evite deixá-lo em um porta-malas quente o dia todo.

LEMBRE-SE

Se a guitarra ficou fria por várias horas porque estava na parte de trás do caminhão que você dirigia de Dakota do Norte para Minnesota no inverno, deixe que ela esquente gradualmente depois de levá-la para um ambiente fechado. Uma boa prática é deixá-la no estojo até que aqueça com a temperatura ambiente. Se possível, evite expor o instrumento a mudanças de temperatura radicais, para evitar fendas no acabamento, ou seja, rachaduras resultantes de não poder expandir e contrair o bastante com a madeira abaixo da superfície.

Umidade

As guitarras, feitas no Havaí ou no Arizona, são fabricadas sob condições de umidade controlada, em torno de 50%. Para permitir que sua guitarra mantenha o padrão que o fabricante planejou, você também deve manter a umidade em cerca de 45% a 55%. (Se você vive em um clima seco ou úmido e compensa com um umidificador ou desumidificador, deve visar essas configurações como um ser humano saudável.) As guitarras que ficam muito secas racham; as que absorvem umidade demais dilatam e entortam.

DICA

Se você não puder comprar um umidificador ou desumidificador, poderá conseguir bons resultados com as seguintes soluções baratas:

» **Umidificador para guitarra:** Esse item é simplesmente uma esponja de borracha que você encharca com água, retira o excesso e prende no interior da abertura ou mantém dentro do estojo para aumentar o nível de umidade.

» **Dessecante:** É uma substância em pó ou cristal que geralmente vem em pequenos pacotes e tira a umidade do ar, diminuindo o nível de umidade relativa local. Silicagel é uma marca comum, e muitas vezes há pequenos pacotes desse produto nos estojos das novas guitarras.

» **Higrômetro:** Você pode comprar esse acessório barato em qualquer loja de ferragens; ele informa a umidade relativa do cômodo com bastante precisão (o bastante para manter uma guitarra saudável). Adquira um portátil (em vez do tipo que pendura na parede) para poder transportá-lo se precisar, ou mesmo mantê-lo dentro do estojo da guitarra.

Fazendo Você Mesmo os Reparos

Quando você acende uma luz em sua casa e ela queima, você chama um faz-tudo? Claro que não! Você olha a lâmpada queimada para verificar a voltagem, vai até o armário, pega a lâmpada certa substituta, e num instante está banhado por uma claridade de 60 watts. Nem ficou ansioso ao fazer esse "reparo", certo?

Se você desenvolver a mesma abordagem intuitiva com a guitarra, poderá fazer ajustes simples, regulagens e reparos. Não há nada especial na parte mecânica do instrumento. A mágica existe no modo como ele produz o glorioso som, não em como as tarraxas funcionam ou as cordas se prendem na ponte. As seções a seguir descrevem vários ajustes, substituições e reparos que você mesmo pode fazer.

Apertando as conexões frouxas

A guitarra é um sistema com partes móveis, muitas sendo mecânicas, e como qualquer pessoa que tem carro pode confirmar, as partes móveis ficam frouxas. Nas guitarras, as conexões das engrenagens são as que geralmente ficam frouxas, como as porcas no pino da ponte ou os parafusos que seguram as coberturas dos captadores.

Se você ouvir um barulho, tente tocar com uma mão para recriá-lo enquanto bate em várias partes suspeitas com a outra mão. Quanto encosta na parte com problemas, geralmente o barulho para. Então é possível tomar as devidas medidas para apertar o que ficou frouxo. (Parafusos nas tarraxas, coberturas dos captadores ou placas dos conectores são os mais comuns.) Normalmente isso envolve o uso de ferramentas simples, como chaves de fenda, chave inglesa, serra de corrente (brincadeirinha), projetadas para parafusos de tamanho adequado, porcas etc. Faça um inventário dos tamanhos e formas dos parafusos, porcas e pinos da guitarra, e crie um pequeno kit de ferramentas só para consertar seu instrumento. (Para saber mais sobre esse assunto, veja a seção "Reunindo as Ferramentas Certas", mais adiante neste capítulo.)

Ajustando o braço e a ponte

As guitarras mudam com o tempo (como a mudança das estações), sobretudo se o ambiente passa por mudanças de temperatura e umidade. Se isso ocorre com frequência, é natural que a guitarra absorva ou perca umidade, fazendo a madeira dilatar ou encolher. Essa condição é normal e não danifica o instrumento.

O problema com a expansão e contração está no fato de que as tolerâncias para tocar e preparar são muito críticas, portanto, uma leve curva no braço resulta em uma guitarra que toca com um zumbido, ou, de repente, fica mais difícil pressionar as cordas. Se essa situação acontecer, é possível corrigir o problema com um simples ajuste do braço e/ou da ponte. Verifique as diretrizes nas próximas seções.

Apertando e afrouxando o tensor

O braço da maioria das guitarras tem o que é conhecido como *tensor*, que é uma haste de metal ajustável com uma (ou duas) peça que passa por dentro, no centro do braço. Você pode ajustar o tensor com a porca localizada em uma extremidade. Fabricantes diferentes os colocam em locais diferentes, mas geralmente estão na cabeça, embaixo do tampo logo atrás da pestana ou onde o braço se junta com o corpo, embaixo da escala. Alguns modelos mais antigos não têm tensores ou, no caso das antigas Martin, têm tensores que você não consegue ajustar sem tirar a escala. Todas as guitarras mais novas têm tensores acessíveis.

Todas elas vêm com chaves de tensor, portanto, se você não tiver uma para seu instrumento em particular, tente encontrar uma substituta rápido. (Tente isso na loja de guitarras local primeiro, e se não der certo, entre em contato com o próprio fabricante.)

O ajuste necessário do tensor depende da curva do braço:

> » Se o braço tem muito relevo ou curva *para dentro* entre as 7ª e 12ª casas, criando uma grande abertura que dificulta pressionar as cordas, aperte o tensor girando a porca para a direita (quando vê a porca de frente). Aperte girando um quarto por vez, dando alguns minutos para que o braço se ajuste após cada volta. (Você pode tocar durante o ajuste.)
>
> » Se o braço curva *para fora* entre as 7ª e 12ª casas, causando um zumbido nas cordas e *pressionando para fora* (ou seja, entram em contato com as casas que não deveriam quando você pressiona as cordas), afrouxe o tensor com a chave girando a porca para a esquerda (quando vê a porta de frente). Gire-a um quarto por vez, permitindo que o braço se ajuste após cada volta.

CUIDADO

Se você não puder corrigir o problema com algumas voltas completas, pare. Pode ser necessário um técnico qualificado para examinar o problema. Apertar ou afrouxar demais um tensor pode danificar o braço e/ou corpo.

Conferindo a ação

Ação é como uma guitarra toca, especificamente a distância entre as cordas e a escala. Se as cordas ficarem altas demais, serão difíceis de pressionar; se ficarem muito baixas, haverá um zumbido. Em qualquer caso, você precisa ajustar a ação. Em geral, faz isso elevando ou abaixando os componentes da ponte, conhecidos como *rastilhos* (as partes na frente da ponte onde ficam as cordas). Você eleva ou abaixa o rastilho girando os parafusos sextavados com uma pequena chave (Allen). Gire o parafuso para direita para elevar o rastilho e gire para esquerda para abaixar. Se o rastilho tiver dois parafusos sextavados, gire-os na mesma quantidade para que fiquem iguais. (A Figura 19-1 mostra os parafusos sextavados do rastilho.)

Ajustando a entonação

Entonação se refere à precisão dos sons produzidos ao pressionar. Por exemplo, se você toca na 12ª casa, a nota resultante deve estar exatamente uma oitava acima da corda solta. Se a nota na 12ª casa for um pouco mais alta que uma oitava, sua corda está apertada; se a nota na 12ª estiver um pouco mais baixa que uma oitava, ela está frouxa. Você pode corrigir a entonação da corda afastando o rastilho da pestana se a corda estiver apertada, e em direção à pestana se estiver frouxa. Pontes diferentes têm métodos diferentes para isso, mas é bem óbvio quando você observa a estrutura da ponte com atenção.

FIGURA 19-1: Gire os parafusos sextavados dos rastilhos para elevar ou abaixar a ação.

Fotografia cortesia de Jon Chappell

Em um mecanismo comum (usado nas Fender Stratocasters e nas Telecasters), os parafusos na parte de trás da ponte determinam a posição de frente para trás do rastilho. Veja como funcionam:

» Girando o parafuso para a direita (com uma chave phillips ou de fenda — tomando cuidado para não amassar o tampo quanto girar o parafuso), puxe o rastilho em direção à ponte, o que corrige uma corda que está apertada.

» Girar para a esquerda move o rastilho em direção à pestana, que corrige a corda frouxa.

Lembre-se de que ajustar o rastilho de uma corda corrige apenas essa corda. Você deve fazer os ajustes da entonação para cada corda. Portanto, não nos convide para ajustar a entonação de uma guitarra de 38 cordas!

Coloque cordas novinhas antes de ajustar a entonação. Cordas usadas geralmente ficam apertadas e não dão uma noção real da entonação. (Para ter mais informações sobre como trocar as cordas, veja o Capítulo 18.)

Substituindo partes gastas ou quebradas

As seções a seguir listam todas as partes da guitarra que provavelmente mais se desgastam ou quebram, e precisam de substituição. Você mesmo pode fazer esses consertos sem danificar a guitarra, mesmo que se atrapalhe.

Tarraxas

As tarraxas consistem em um sistema de engrenagens e eixos, e como acontece mais cedo ou mais tarde com a embreagem do carro (ou o câmbio automático, se você nunca aprendeu a usar a marcha manual), os afinadores podem se desgastar. As tarraxas sofrem muito estresse e tensão, e não é a do tipo que você aguenta no trabalho.

CUIDADO

Elas simplesmente são presas na cabeça da guitarra com parafusos de madeira (depois de passarem pelo orifício e serem apertadas com a porca sextavada no topo), portanto, se você tiver uma engrenagem usada ou desgastada, considere substituir tudo. Se mais de um afinador tiver problemas, pense em substituir o conjunto inteiro. Verifique se o substituto tenha os parafusos nas mesmas posições do original, porque você não vai querer fazer novos furos na cabeça. Se tiver problemas para encaixar os furos das novas tarraxas nos já feitos na cabeça, peça que um técnico faça isso.

Pinos da correia

LEMBRE-SE

Os *pinos da correia* são os "botõezinhos" que você passa pelos orifícios da correia para prendê-la no instrumento. Geralmente ficam presos na guitarra com parafusos de madeira comuns, e às vezes podem ficar soltos. Se apertar o parafuso de madeira com uma chave de fenda não resolver, tente colocar um pouco de cola branca na rosca e colocar o parafuso de volta no lugar. Se ainda se soltar, peça que um técnico veja o que pode ser feito.

Molas da ponte

Se uma guitarra não tiver uma alavanca, a ponte se fixa diretamente no corpo do instrumento. Essa estrutura é conhecida como *ponte fixa*. Porém, se houver tal alavanca, ela terá uma ponte flutuante. Uma *ponte flutuante* fica presa pela tensão das cordas (que a puxam em uma direção) e um conjunto de molas de metal, conhecidas como *molas da ponte*, que puxa na direção oposta, mantendo o equilíbrio da ponte. Você pode encontrar as molas (com cerca de 7,5cm de comprimento e 0,63cm de largura) na cavidade de trás do corpo (veja a Figura 19-2).

Se uma das molas perder a tensão devido à idade e desgaste, a guitarra ficará desafinada quando você usar a alavanca. Quando isso acontecer, substitua as molas, todas juntas, para que se desgastem igualmente. As molas ficam presas em ganchinhos, e com um leve puxão e com a ajuda de um alicate, você pode tirá-las e colocá-las rápido. Pode até apertar os parafusos na placa (chamados de *garra*), onde os ganchos ficam presos, aumentando a tensão da mola. Não se preocupe, as molas não vão *pularrr* e ferir seus olhos, nem voarão pelo cômodo.

FIGURA 19-2: Molas da ponte, mostradas pela cavidade de trás da guitarra.

Fotografia cortesia de Jon Chappell

DICA

Algumas pessoas gostam da ponte frouxa (que é mais responsiva, mas desafina com mais facilidade), e outras gostam dela apertada:

» Se você gosta da ponte firme, que fica afinada (e quem não gosta!) e apenas às vezes usa a alavanca, fique com a configuração firme. Quanto mais molas, mais apertada é a ponte. Portanto, se você tiver duas molas, considere uma configuração com três.

» Se gosta de usar a alavanca e prefere abrir mão da afinação para usar a ponte para tocar muito, considere uma configuração mais frouxa. Os guitarristas que gostam de criar música ambiente (música atmosférica sem uma melodia definida) geralmente movimentam muito a alavanca e preferem as pontes flexíveis.

Controles que estalam

Poeira e ferrugem (oxidação) são uma ameaça em potencial a qualquer conexão eletrônica, e sua guitarra não é uma exceção. Se o seletor do captador ou os botões de volume e tom começarem a produzir estalos ou barulhos no alto-falante sempre que você os aciona, ou se o sinal é fraco, inconsistente ou corta quando o interruptor e botões estão em certas posições, provavelmente algum corpo estranho (por menor que seja) se alojou ali.

DICA

Bata com vigor no interruptor e gire os botões para os dois lados no ponto problemático para retirar a poeira ou remover um pouco da corrosão que pode estar causando o problema. Pode ser preciso fazer isso várias vezes em cada botão, em locais diferentes no giro. Se virar os botões não resolver, pode ser necessário levar a um técnico para fazer uma limpeza completa dos pots (abreviação de *potenciômetro*, os resistores variáveis nos controles de volume e tom).

Conectores soltos

Nas guitarras, você conecta e desconecta muito o cabo, e essas ações podem acabar soltando a tomada de saída, produzido um som de estalo ouvido no alto-falante. Esse estalo indica um fio terra desconectado. Para consertar, retire a placa do conector ou protetor e encontre o fio solto que causa o problema.

» Se você souber usar o ferro de solda, recoloque o fio partido no suporte original e pronto. Até se sentirá um verdadeiro eletricista.

» Do contrário, peça a um amigo que saiba usar ou leve o instrumento à loja.

Captadores substitutos

Substituir captadores pode parecer uma tarefa assustadora, mas, na verdade, é muito simples. Em geral, o melhor modo de mudar o som (supondo que você gosta do som e da aparência da guitarra) é trocar os originais por captadores substitutos, sobretudo se os originais não forem muito bons, para começo de conversa. Veja como:

1. **Compre captadores do mesmo tamanho e tipo dos originais.**

    Fazer isso assegura que eles entrem nos furos existentes e se conectem da mesma maneira eletricamente.

2. **Conecte e solde dois ou três fios.**

    Os novos captadores vêm com instruções claras. Siga-as!

3. **Coloque os captadores nas cavidades.**

    Você não está lidando com alta voltagem, portanto, não irá se ferir nem danificar a parte eletrônica se inverter os fios.

Porém, de novo, se você não se sente bem fazendo esse serviço, peça a ajuda de um amigo habilidoso ou leve o instrumento a um técnico.

LEMBRE-SE

Mudar os captadores é como trocar o óleo do carro. Você mesmo pode fazer o serviço e economizar dinheiro, mas pode preferir não fazer por causa do incômodo.

CAPÍTULO 19 **Bom Estado da Guitarra: Manutenção Básica** 329

Reunindo as Ferramentas Certas

Monte um kit permanente de ferramentas contendo todas as ferramentas necessárias para sua guitarra. Não "canibalize" esse conjunto, caso faça outros consertos em casa. Compre dois conjuntos de ferramentas: um para uso geral e outro que nunca sai do estojo do instrumento ou bolsa de turnê. Veja sua guitarra para determinar as ferramentas de que pode precisar, caso algo fique frouxo. Determine (com tentativa e erro) se os pinos, parafusos e porcas têm uma medida certa. Veja uma lista do que é necessário:

» **Um conjunto de chaves (phillips e de fenda) em miniatura:** Uma rápida inspeção dos parafusos em uma guitarra revela muitos tamanhos diferentes de entalhes e cabeças phillips em diversos locais: pinos da correia, cobertura do captador e suportes das tarraxas, *conjuntos de parafusos* (aqueles que prendem o botão de afinação no eixo), *retentores de corda* (os acessórios de metal na cabeça, entre os pinos de afinação e a pestana, que seguram as cordas nas Strats e Teles), controles de volume e tom, e placas na parte de trás do braço.

» **Conjunto de catracas em miniatura:** Você também pode encontrar vários lugares para as porcas: conector e *colares* do pino de afinação (as porcas sextavadas no topo da cabeça que impedem os pinos de balançarem). Um conjunto de catracas em miniatura oferece um melhor controle e ângulo, em comparação com uma pequena chave inglesa.

» **Chaves sextavadas/allen:** O tensor requer sua própria ferramenta, em geral uma chave sextavada ou allen, que normalmente vem com a guitarra se você compra uma nova. Se o instrumento não tiver uma (porque não veio junto quando ele foi comprado ou foi perdida), adquira a ferramenta certa para sua guitarra e mantenha-a no estojo sempre.

Os sistemas com ponte flutuante, inclusive os da Floyd Rose (veja o Capítulo 18), requerem chaves sextavadas para ajustar os rastilhos e outros elementos da estrutura. Mantenha esses acessórios à mão para o caso de uma corda arrebentar.

Tarefas que Você Não Deve Tentar em Casa

CUIDADO

Alguns reparos *sempre* requerem um técnico qualificado para o conserto (supondo que seja possível consertar). Entre eles estão os seguintes:

» Consertar rachaduras no acabamento.
» Reparar amassados e arranhões (se eles forem sérios e profundos no acabamento, indo até a madeira).
» Polir as casas gastas (se as casas começarem a ter entalhes ou fendas, será necessário um profissional para fazer o polimento ou a substituição).
» Corrigir falhas no captador ou *enfraquecimento* (um captador fica seriamente desequilibrado em relação a outro, você tem possíveis danos magnéticos no captador em si ou um dos componentes eletrônicos no captador falha).
» Consertar botões de volume e de tom sujos (se girar nas duas direções com vigor não eliminar o estalo que a sujeira causa).
» Resolver problemas de aterramento (você verifica a cavidade e nenhum fio está solto, mas ainda tem problemas de barulhos incomuns).
» Consertar uma distorção grave no braço (deformação ou arqueamento excessivo em qualquer direção).
» Tratar certos danos e quebras (como na pestana, escala ou cabeça).
» Remodelar ou restaurar a madeira da guitarra (nem chegue perto do acabamento da guitarra com uma lixadeira ou produto químico para madeira).
» Modificar a fiação das partes eletrônicas (digamos que você decida substituir o interruptor de cinco fios por interruptores de liga/desliga, instala uma derivação de bobina e interruptor de inversão de fase se qualquer um dos dois captadores adjacentes está ativo, e insere um botão de presença no lugar do segundo controle de volume...)

Hã?! Se você entendeu o último item talvez esteja além do *Guitarra Para Leigos!*

LEMBRE-SE

Se ficar ansioso ao fazer *qualquer* reparo ou manutenção, *leve a guitarra a um técnico*. Ele poderá dizer se o problema é algo que você mesmo pode consertar e talvez até mostre como fazer corretamente na próxima vez em que acontecer. É muito melhor ficar seguro (e gastar alguns trocados) do que correr o risco de danificar sua guitarra.

CAPÍTULO 19 **Bom Estado da Guitarra: Manutenção Básica** 331

332   PARTE 5 **Sua Própria Guitarra**

A Parte dos Dez

NESTA PARTE...

Leia sobre dez ou mais guitarristas/violonistas que você deve conhecer para expandir seus horizontes musicais e ter inspiração.

Descubra as músicas marcantes que ajudaram a impulsionar a fama e a imortalidade dos principais guitarristas/violonistas.

Descubra dez músicas incríveis que os guitarristas/violonistas podem usar para deixar as pessoas de queixo caído.

NESTE CAPÍTULO

» **Analisando os lendários mestres do gênero**

» **Conhecendo músicos não tradicionais**

Capítulo **20**

Dez (ou Mais) Guitarristas que Você Deveria Conhecer

ndependentemente do estilo, certos guitarristas deixaram sua marca no mundo da guitarra, de modo que qualquer um que venha depois não consegue escapar de seu legado. Apresentamos aqui, em ordem cronológica, dez (ou doze, mas quem está contando?) guitarristas/violonistas importantes e o motivo de serem importantes.

Andrés Segovia (1893–1987)

Andrés Segovia não foi apenas o violonista clássico mais famoso de todos os tempos, mas também inventou literalmente o gênero (que mencionamos no Capítulo 14). Antes dele, o violão era um instrumento modesto das classes baixas. Segovia começou executando peças de Bach e outras músicas clássicas importantes no violão (escrevendo muitas de suas próprias transcrições) e com o tempo, elevou essa atividade "de salão" a um estilo de alta qualidade. Sua incrível carreira durou mais de 70 anos. Suas peças marcantes incluem "Chaconne", de Bach, e "Granada", de Albeniz.

Django Reinhardt (1910–1953)

Nascido na Bélgica, Django Reinhardt foi um violonista com um virtuosismo feroz que definiu o som da guitarra de jazz cigana (volte ao Capítulo 15 para ver uma introdução da guitarra de jazz). Sua rápida sucessão de notas simples e furiosas, bends de cordas vocais e técnica de tremolo rápido se tornaram marcas do estilo. Reinhardt ficou em Paris grande parte de sua carreira e fez a maioria das gravações importantes com sua banda, Quintette du Hot Club de France, e com o violinista de jazz Stephane Grapelli. Seu esplêndido trabalho instrumental ainda é mais impressionante quando se leva em conta que sua mão esquerda foi gravemente ferida em um incêndio, ficando apenas com dois dedos para tocar. Suas peças marcantes incluem "Minor Swing", "Nuages" e "Djangology".

Charlie Christian (1916–1942)

Charlie Christian inventou a arte da guitarra de jazz. Seus solos fluidos com a grande banda de Benny Goodman e grupos menores eram sofisticados, brilhantes e anos à frente de seu tempo. Depois do trabalho, ele costumava se reunir com os companheiros rebeldes do jazz no Minton's, em Nova York, onde seus improvisos ousados ajudaram a criar o gênero conhecido como *bebop*. Christian tocava a guitarra como uma buzina, incorporando um movimento com *intervalos* (não graduais) em suas linhas. Suas peças marcantes incluem "I Found a New Baby", "Seven Come Eleven" e "Stardust".

Wes Montgomery (1923–1968)

Um lendário guitarrista de jazz, o tipo de cool jazz de Wes Montgomery se baseou no fato de ele usar o polegar, e não uma palheta de guitarra tradicional, para tocar as notas. Outra inovação foi o uso de *oitavas* (ou seja, duas notas idênticas em intervalos diferentes) para criar linhas ricas, emocionantes e uníssonas. Ele morreu jovem, mas seus fãs ainda o consideram um dos grandes do jazz de todos os tempos. Suas peças marcantes incluem "Four on Six" e "Polka Dots and Moonbeams".

Chet Atkins (1924–2001)

Conhecido como "Mr. Guitar", Chet Atkins é o principal guitarrista de country. Com base na técnica de dedilhado rápido de Merle Travis (veja o Capítulo 13), Atkins aprimorou o estilo, adicionando nuanças de jazz, clássico e pop para criar uma abordagem realmente sofisticada do country na guitarra. Ele tocou com Elvis Presley, The Everly Brothers e inúmeras estrelas do country por décadas. Suas peças marcantes incluem "Stars and Stripes Forever" e "Yankee Doodle Dixie".

B.B. King (1925–2015)

Embora não seja o primeiro homem do blues elétrico, B.B. King é absolutamente o mais popular: seu estilo de guitarra descontraído e de alta voltagem completava sua carismática presença de palco, junto de uma voz forte e gospel. Com sua guitarra Gibson ES-355 característica, apelidada de "Lucille", a técnica de solo minimalista de King e o vibrato pesado dos dedos consolidaram seu lugar nos anais da história do blues elétrico. Suas peças marcantes incluem "Every Day I Have the Blues" e "The Thrill Is Gone". (Verifique o Capítulo 12 para saber mais sobre a guitarra blues.)

Chuck Berry (1926–2017)

Talvez o primeiro herói de verdade da guitarra rock, Chuck Berry usava díades rápidas e rítmicas para criar seu estilo marcante. Embora alguns o respeitem igualmente por suas habilidades de composição de música e letra, suas pausas incendiárias tornaram suas peças marcantes "Johnny B. Goode", "Rockin' in the U.S.A." e "Maybelline" verdadeiros clássicos da guitarra. (Volte ao Capítulo 11 para saber sobre a guitarra rock.)

Jimi Hendrix (1942–1970)

Considerado o maior guitarrista de rock de todos os tempos, Jimi Hendrix uniu R&B, blues, rock e o psicodelismo em uma mistura de sons hipnotizante. Seu sucesso de 1967 no Monterey Pop Festival reescreveu instantaneamente o manual da guitarra rock, sobretudo depois que ele tirou sua Stratocaster e ateou fogo nela. Os jovens guitarristas copiam religiosamente seus improvisos até hoje. Hendrix ficou conhecido por sua performance incendiária (mesmo quando sua guitarra não estava literalmente pegando fogo) e trabalho inovador com feedback e a alavanca. Suas peças marcantes incluem "Purple Haze" e "Little Wing".

Jimmy Page (1944–)

Jimmy Page sucedeu Eric Clapton e Jeff Beck na banda The Yardbirds, mas ele não encontrou realmente seu nicho até formar o Led Zeppelin, uma das melhores bandas de rock dos anos 1970, e de todos os tempos. O maior talento de Page era a arte de gravações das guitarras, sobrepondo faixas sobre faixas para construir enormes avalanches de som elétrico. Apesar disso, ele também tocava violão de modo sublime, empregando regularmente afinações incomuns e influências globais. No rock, sua criatividade com seis cordas no estúdio é inigualável. Suas peças marcantes incluem "Stairway to Heaven" e "Whole Lotta Love".

Eric Clapton (1945–)

De vários modos, Eric Clapton é o pai do rock contemporâneo na guitarra. Antes de Jimi Hendrix, Jeff Beck e Jimmy Page aparecerem, o Clapton da era Yardbirds já unia o blues elétrico de Chicago com a fúria do rock'n'roll. Mais tarde ele expandiu esse estilo para o Cream, Blind Faith e a lendária banda Derek and The Dominos. Por fim, Clapton saiu em carreira solo, tornando-se um dos artistas mais populares dos últimos 40 anos. Uma verdadeira lenda viva, suas peças marcantes incluem "Crossroads" e "Layla".

Stevie Ray Vaughan (1954–1990)

Um virtuoso do rock e do blues nascido e criado no Texas, que recusou uma turnê com David Bowie para gravar seu primeiro álbum solo, Stevie Ray Vaughan tocava o blues do Texas como uma combinação de alta energia de B.B. King, Eric Clapton e Jimi Hendrix. Sua performance era tão explosiva e pirotécnica, que as pessoas não conseguiam enquadrá-lo como um músico de blues ou rock. Vaughan morreu tragicamente em um acidente de helicóptero ao sair de uma turnê, mas todo guitarrista de blues atualmente é influenciado por ele, e seu trabalho é a marca registrada do blues elétrico moderno. Suas peças marcantes incluem "Pride and Joy", "Texas Flood" e "Love Struck, Baby".

Eddie Van Halen (1955–)

Equivalente a Jackson Pollock da guitarra rock, a abordagem de notas espalhadas de improviso de Eddie Van Halen para a guitarra metal reinventou o estilo por completo, iniciando no final dos anos 1970. Ele transformou a ação de pressionar com as duas mãos em uma técnica comum de guitarra (graças à pioneira "Eruption"), enquanto aumentava os limites das habilidades com a alavanca e o hammer-on. Van Halen também é mestre em unir o rock baseado em blues com técnicas modernas, e seu ritmo é um dos melhores exemplos do estilo integrado (combinando riffs graves com acordes e díades). Um herói da guitarra em todos os sentidos do termo, suas peças marcantes incluem "Eruption", "Spanish Fly" e "Panama".

340   PARTE 6 **A Parte dos Dez**

NESTE CAPÍTULO

» Descobrindo dez músicas populares em vários estilos e de diferentes épocas

» Encontrando acordes e letras

» Vendo informações e dicas para tocar as músicas

Capítulo **21**

Dez Músicas Ótimas para Iniciantes

U m dos maiores motivos para pegar a guitarra é tocar uma música que a maioria das pessoas conhece e pode cantar junto. E tocar uma música significa usar a guitarra ou o violão para fazer os acordes enquanto você, sozinho ou com um amigo (ou vários amigos), canta a letra e a melodia.

A seguir estão as dez músicas ideais para tocar e cantar, sozinho ou com outras pessoas ajudando. Todas as músicas neste capítulo podem ser tocadas em vários tons, usando apenas alguns acordes simples. Determine qual tom é melhor para você ou seu grupo com base no que é mais confortável para as pessoas cantarem. Pode ser preciso dar uma testada para encontrar o tom certo, mas depois é apenas uma questão de tocar a música com confiança.

DICA

Se precisar se lembrar da letra para qualquer uma das músicas, acesse a internet e com um mecanismo de busca digite a palavra "letra" seguida do título da música no campo de busca para ajudar a refrescar sua memória. Se precisar de ajuda com os acordes, use o mecanismo de busca com "acordes" e o título da música.

Blowin' in the Wind

Junto com o rock'n'roll, os anos 1950 e 1960 popularizaram a música folk, dando destaque aos violões enquanto o músico cantava temas que variavam desde amor até protesto social. Bob Dylan foi o mais famoso dessa nova era de músicos populares conhecidos como *cantores compositores*, e escreveu muitas músicas que ele mesmo popularizou ou outros artistas cantaram. "Blowin' in the Wind" foi um sucesso com Dylan e o trio folk de harmonização Peter, Paul & Mary.

O refrão começa com a linha "The answer, my friend, is blowin' in the wind" e a parte em que entra a harmonia, portanto, verifique se alguém canta a harmonia se você tem mais de uma pessoa no grupo que gosta de cantar.

Brown Eyed Girl

Escrita e gravada pelo cantor de rock irlandês Van Morrison, em 1967, "Brown Eyed Girl" continua sendo uma das músicas de amor mais amadas dele e é uma escolha popular para as bandas cover e participantes de karaokê. Os versos são seguidos de um refrão forte, que consiste, na maioria, em sílabas sem sentido (uma mistura de *sha-la-las*, *la-las* e alguns *la-di-das*), que é onde entram os vocais de harmonia.

Hang On Sloopy

Nesse sucesso de 1965 do grupo The McCoys, um cara encoraja sua namorada a se controlar e assegura que não importa a profissão do pai dela, nem se ela está do lado errado. "Sloopy" é o rock oficial no estado de Ohio e faz parte do repertório de muitas bandas. O refrão é alegre e otimista, conduzido por três acordes maiores (os mesmos que induzem os versos).

House of the Rising Sun

The Animals, uma banda inglesa, pegou essa tradicional música folk — uma história de lição de vida sobre um bordel em tom menor — a eletrizou, mudou a letra e a transformou em um clássico do rock. A música não tem um refrão, apenas uma sucessão de versos (inclusive instrumentais, tocados pelo órgão), acompanhados por um padrão de arpejo da mão direita sobre acordes simples em primeira posição.

I Saw Her Standing There

Escrita por John Lennon e Paul McCartney, gravada pelos Beatles, "I Saw Her Standing There" foi lançada pela primeira vez como o Lado B do single "I Want to Hold Your Hand", que ficou em 1º lugar nos EUA em janeiro de 1964. A música se tornou um grande sucesso em fevereiro de 1964 e foi cantada por Bruce Springsteen, Billy Joel, Jerry Lee Lewis, Little Richard e o elenco da série *Glee*. Paul McCartney (que fazia a voz principal original quando os Beatles existiam muitas décadas atrás) canta essa música regularmente em seus shows ao vivo. As versões femininas (com "ela" trocada para "ele" na letra) incluem Tiffany e The Supremes.

I'm a Believer

Muitas músicas do The Monkees, inclusive seus sucessos, foram escritas por pessoas que não fazem parte da banda. "I'm a Believer" atingiu o 1º lugar nos EUA e foi trilha do filme *Shrek* (cantada por Eddie Murphy como Burro). Neil Diamond, compositor e cantor conhecido, escreveu a música, que comprova o talento de composição dele porque reflete o grupo por excelência. O refrão começa com a linha "Then I saw her face" e a próxima, "Now I'm a believer", é onde entra a harmonia do vocal.

Leaving on a Jet Plane

O cantor e compositor do Colorado John Denver (que gravou sua própria versão) escreve este folk amado. O trio Peter, Paul & Mary fez sucesso com ele, em 1969, melhorando o arranjo com harmonias vocais marcantes no refrão. (Frank Sinatra, Spanky & Our Gang, Trini Lopez e o elenco da série de TV *Glee* também cantaram a música.)

My Girl

"My Girl" foi um sucesso do grupo Temptations, de Detroit, gravando para o selo Motown, mas foi outra estrela Motown quem realmente escreveu música, Smokey Robinson (que tinha uma carreira bem-sucedida com sua banda The Miracles). Essa música tem uma harmonia vocal no refrão e um improviso de guitarra simples, mas eficiente, que introduz os versos. Se você tem mais de um guitarrista no grupo, ter um tocando a melodia contagiante da guitarra e outro fazendo os acordes pode ser divertido.

Stand by Me

Tocada pelo primeiro cantor solo do The Drifters, Ben E. King, que também escreveu a música (em parceria com a conhecida dupla Leiber e Stoller), "Stand by Me" foi um sucesso Top 10 em 1969, quando explodiu em toda jukebox, rádio e amplificador nos EUA. Foi de novo um sucesso Top 10 em 1986, quando foi trilha do filme de Rob Reiner.

Twist and Shout

A banda R&B The Isley Brothers chegou ao sucesso pela primeira vez com essa música (que ficou no Top 20), mas os Beatles fizeram sua própria versão, que ficou em segundo lugar na parada de sucessos dos EUA. A música ficou popular de novo quando foi trilha dos filmes *Curtindo a Vida Adoidado* e *De Volta às Aulas.* Provavelmente a maioria das pessoas está mais familiarizada com a versão dos Beatles, em que a banda The Fab Four faz sua famosa harmonia com *ahs* no meio e no fim.

7
Apêndices

NESTA PARTE...

Se quiser ir além de simplesmente ler os números da tablatura, o Apêndice A foi feito para você. Entenda os vários pontos, linhas e rabiscos que aparecem na notação musical padrão. Você também descobre, na escala, qualquer nota encontrada na notação padrão.

O Apêndice B mostra, rapidamente, como tocar 96 dos acordes mais usados, um item obrigatório para qualquer guitarrista.

No Apêndice C você tem dicas úteis para tirar o máximo das faixas de áudio e videoclipes online.

Apêndice A
Como Ler Música

Ler música pode parecer assustador no início, mas não é difícil. Até uma criancinha consegue. Este apêndice explica os conceitos da leitura no contexto de uma música familiar. Depois de ler o apêndice, você poderá praticar a leitura vendo as músicas neste livro, usando a notação padrão, em vez da tablatura. (Se você tiver problemas para entender as durações, poderá verificá-las nas faixas de áudio. E se tiver problemas com os tons, consulte a tab.)

LEMBRE-SE

O importante ao entender a música escrita é que ela dá três tipos de informação ao mesmo tempo: *tom* (o nome da nota), *duração* (por quanto tempo segurar a nota), *expressão e articulação* (como tocar a nota). Se você pensar no conjunto, reconhece que o sistema escrito é bem engenhoso: três tipos de informação ao mesmo tempo, de modo que qualquer músico possa ver e tocar o que o compositor planejou! Veja com atenção as informações que a música escrita transmite simultaneamente:

» **Tom:** Esse elemento informa quais notas (ou tons) tocar (A, B, C etc.) por meio do local das *cabeças da nota* (os símbolos ovais) em uma *pauta* de cinco linhas. As notas são nomeadas com as sete primeiras letras do alfabeto (de A até G), com os tons aumentando conforme as letras seguem a partir de A. Depois de G, a próxima nota mais alta é A de novo. (Se você a chamar de "H", receberá olhares estranhos.)

» **Duração:** Esse elemento da música informa por quanto tempo segurar cada nota *em relação ao ritmo ou batida*. Você pode, por exemplo, segurar uma nota por uma batida ou duas, ou apenas metade de uma batida. Os símbolos que a partitura musical usa para a duração são a semibreve (𝅝), mínima (𝅗𝅥), semínima (♩), colcheia (♪), semicolcheia (𝅘𝅥𝅯) etc.

» **Expressão e articulação:** Esses elementos informam *como* tocar as notas, ou seja, alto ou baixo, suave ou destacado, com grande emoção ou sem emoção (o que é raro). Essas instruções podem consistir em marquinhas escritas acima ou abaixo das cabeças das notas ou pequenas mensagens verbais escritas na música. Em geral, as palavras são em itálico (*piano, mezzo-forte, staccato,* etc.), porque quando os compositores começaram a adicionar expressão e articulação à pauta, os italianos tinham mais influência no cenário da música. E mais, o italiano parece muito mais romântico do que o inglês, português ou alemão.

Elementos da Notação Musical

A Figura A-1 mostra a partitura da música "Shine On Harvest Moon" com vários elementos da notação numerados.

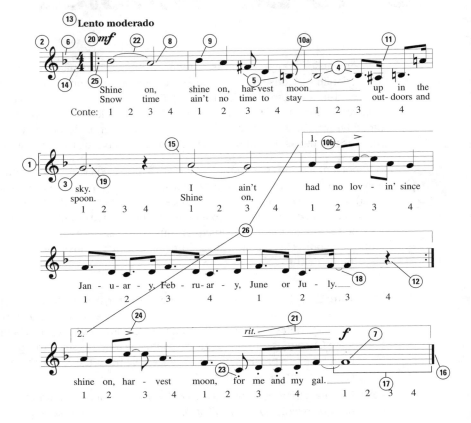

FIGURA A-1:
Partitura da música "Shine On Harvest Moon".

Tom
1. Pauta
2. Clave
3. Nota sol
4. Linhas suplementares
5. Acidentes
6. Armadura de clave

Ritmo
7. Semibreve
8. Mínima
9. Semínima
10. Colcheia
  a. com colchete
  b. barra horizontal
11. Semicolcheia
12. Pausa

13. Marcação do tempo
14. Indicação do tempo
15. Travessão
16. Travessão duplo ou final
17. Compasso
18. Ligadura
19. Ponto de aumento

Expressão/Articulação
20. Marcação dinâmica
21. Crescendo e ritardando
22. Modulação
23. Ponto de staccato
24. Acentuação
25. Sinal de repetição
26. Colchetes finais

© John Wiley & Sons, Inc.

Revise os elementos da notação em ordem, consultando as explicações que seguem cada número. Os números de 1 a 6 explicam o mecanismo de leitura dos tons, de 7 a 19 explicam a leitura das durações, e de 20 a 26 explicam as marcações de expressão e articulação.

Leitura do tom

A Tabela A-1 explica o que significam os vários símbolos que lidam com o tom na notação musical. Consulte a Figura A-1 e esta tabela para ver os significados. A Tabela A-1 se refere aos símbolos numerados de 1 a 6 na Figura A-1.

TABELA A-1   Símbolos do Tom e Seus Significados

Número na Figura A-1	Como se Chama	O que Significa
1	Pauta	Os compositores escrevem música em um sistema com cinco linhas chamado *pauta*. Ao falar sobre as linhas individuais da pauta, refira-se à linha inferior como a *primeira*. Entre as cinco linhas há quatro espaços. Refira-se ao espaço inferior como o *primeiro*. Você pode colocar as cabeças das notas nas linhas ou nos espaços. Quando as cabeças ficam mais altas na pauta, elas têm um tom mais alto correspondente. A distância entre uma linha e o próximo espaço mais alto (ou de um espaço até a próxima linha mais alta) é uma letra do alfabeto (por exemplo, de A até B).
2	Clave	A pauta por si só não informa os tons (nomes das letras) das várias linhas e espaços. Mas um símbolo chamado *clave*, à esquerda de cada pauta, identifica uma nota em particular. A partir dessa nota, é possível determinar todas as outras subindo e descendo em ordem alfabética na pauta (linha, espaço, linha etc.). A clave usada na música de guitarra é chamada de *clave tríplice* (ou clave de sol; veja **nota sol** a seguir).
3	Nota sol	A **clave** usada a música de guitarra é a *clave tríplice* (às vezes chama de *clave de sol*), que lembra mais ou menos a antiga letra *G* (sol). Ela curva na segunda linha da **pauta** e indica que essa linha é G e qualquer nota nessa linha é uma nota G. Algumas pessoas memorizam os nomes de todas as linhas (E, G, B, D, F, de baixo para cima) usando o mnemônico "Esse Garoto Bom Distribui Felicidade". Para os espaços (F, A, C, E, de baixo para cima), pense na palavra *face*.
4	Linhas suplementares	Se você quiser escrever notas mais altas ou baixas além da **pauta**, pode "estender" a pauta adicionando pequenas linhas extras chamadas *linhas suplementares*. As notas (nomes das letras) sobem e descem em ordem alfabética nessas linhas, como acontece na pauta normal.

(continua)

APÊNDICE A **Como Ler Música**   349

(continuação)

Número na Figura A-1	Como se Chama	O que Significa
5	Acidentes (sustenidos, bemóis e bequadros)	As sete notas que correspondem às sete primeiras letras do alfabeto (às vezes chamadas de *notas naturais*) não são as únicas notas em nosso sistema musical. Desenhe um teclado do piano. As teclas brancas correspondem às sete notas naturais e as teclas pretas são as cinco notas extras. Como essas notas "pretas" não têm nomes, os músicos se referem a elas pelos nomes das "teclas brancas", junto com sufixos ou símbolos especiais. Para se referir à tecla preta à *direita* de uma tecla branca (um semitom mais alta), use o termo *sustenido*. O símbolo do sustenido é ♯. Portanto a tecla preta à direita de C, por exemplo, é C sustenido (ou C♯). Na guitarra, você toca um C♯ uma casa acima do C. De modo inverso, para indicar a tecla preta à *esquerda* de uma tecla branca (um semitom mais baixa), você usa o termo *bemol*. O símbolo de um bemol é ♭. Portanto a tecla preta à esquerda de B, por exemplo, é B bemol (ou B♭). Na guitarra, você toca um B♭ uma casa abaixo do B. Se você eleva ou abaixa uma nota, pode desfazer isso (ou seja, voltar ao estado natural de "tecla branca") cancelando o sustenido ou o bemol com um símbolo conhecido como bequadro (♮). A última nota da primeira pauta na Figura A-1, A bequadro, mostra esse cancelamento.
6	Armadura de clave	Às vezes você toca determinado tom (ou tons) como um sustenido ou bemol (veja a explicação anterior sobre **acidentes**) em toda a música. Em vez de indicar um bemol sempre que B ocorre, por exemplo, é possível ver um único bemol na linha B logo depois da **clave**. Isso indica que você toca *todo* B na música como B♭. Os sustenidos ou bemóis que aparecem assim são conhecidos como *armadura de clave*. Essa armadura informa quais notas elevar ou abaixar um semitom na música. Se você precisar restaurar uma nota afetada ao seu estado natural, um bequadro (♮) na frente dela indica que a nota natural é tocada (como a 7ª nota da Figura A-1, em que o bequadro restaura o B bemol para o B natural).

Leitura da duração

A forma de uma nota informa por quanto tempo você precisa segurá-la. As notas podem ter uma cabeça vazada (como no caso da semibreve e da mínima) ou preenchida (como no caso da semínima, colcheia e semicolcheia), e as notas sólidas podem ter ainda linhas verticais (chamadas *hastes*) com *colchetes* (linhas curvas) pendurados. Se você unir duas ou mais notas, *barras* (linhas horizontais entre as hastes) substituirão os colchetes. A Tabela A-2 se refere aos símbolos numerados de 7 a 19 na Figura A-1.

350   PARTE 7 **Apêndices**

TABELA A-2 Símbolos da Duração e Seus Significados

Número na Figura A-1	Como se Chama	O que Significa
7	Semibreve	A nota mais longa é a *semibreve*, que tem uma cabeça oval vazada sem haste.
8	Mínima	A *mínima* tem uma cabeça oval vazada com haste. Ela dura metade do tempo da **semibreve**.
9	Semínima	A *semínima* tem uma cabeça oval sólida com haste. Ela dura metade da **mínima**.
10	Colcheia	A *colcheia* tem uma cabeça oval sólida com haste e colchete (10a) ou barra (10b). Ela dura metade da **semínima**.
11	Semicolcheia	A *semicolcheia* tem uma cabeça oval sólida com haste e dois colchetes ou duas barras. Ela dura metade da **colcheia**.
12	Pausa	A música não consiste apenas em notas, mas também em silêncios. O que torna a música interessante é como as notas e os silêncios interagem. Os silêncios são indicados por *pausas*. A pausa na Figura A-1 é a da semínima, com duração igual à **semínima**. Outras pausas, também com duração igual às suas notas correspondentes, são as *pausas da semibreve* (➖), *da mínima* (➖), *da colcheia* (𝄾) e *da semicolcheia* (𝄿).
13	Marcação do tempo	A *marcação do tempo* informa a rapidez ou lentidão da batida, ou pulso, da música. Quando você ouve música, (normalmente) escuta uma batida reconhecível de imediato. É a batida que você acompanha com os pés ou estalando os dedos.
14	Indicação de tempo	A maioria das músicas agrupa as batidas em dois, três ou quatro. As batidas de uma música podem ser, por exemplo, "um-dois-três-quatro, um-dois-três-quatro, um-dois-três-quatro" e não "um-dois-três-quatro-cinco-seis-sete-oito-nove-dez-onze-doze". A indicação do tempo parece uma fração (mas, na verdade, são dois números um sobre o outro, sem linha de divisão) e informa duas coisas: primeiro, o número de cima indica quantas batidas formam um grupo. Na música "Shine On Harvest Moon", por exemplo, o número superior, 4, informa que cada grupo contém quatro batidas. Segundo, o número de baixo mostra qual tipo de nota (semínima, mínima etc.) tem uma batida. Atribuir à semínima uma batida é muito comum, assim como ter quatro batidas por grupo. Na verdade, o tempo 4/4 é simplesmente chamado de *quaternário* ou *tempo comum,* e é indicado pela letra *C*, em vez dos números 4/4.

(continua)

APÊNDICE A **Como Ler Música**   351

(continuação)

Número na Figura A-1	Como se Chama	O que Significa
15	Travessão	Um *travessão* é uma linha vertical que corta a pauta após cada grupo que a **indicação do tempo** sinaliza. Na música "Shine On Harvest Moon", um travessão aparece a cada quatro batidas.
16	Travessão duplo ou final	Uma *linha dupla* indica o fim da música.
17	Compasso	O espaço entre dois **travessões** consecutivos é conhecido como *compasso*. Cada compasso consiste do número de batidas que a **marcação do tempo** indica (no caso da Figura A-1, quatro). Essas quatro batidas podem incluir várias combinações de valores de notas que somam até quatro batidas. Você pode ter quatro **semínimas**, duas **mínimas** ou uma **semibreve**, uma mínima, uma semínima e duas **colcheias**, ou qualquer outra combinação. É possível até usar **pausas** (silêncios), contanto que tudo some quatro tempos. Verifique cada compasso da música "Shine On Harvest Moon" para ver diversas combinações.
18	Ligadura	Uma linha curva que liga duas notas do mesmo tom é conhecida como ligadura. Ela informa para não tocar a segunda nota, mas prolongar a primeira pelo valor de tempo combinado das duas notas.
19	Ponto de aumento (também chamado de ponto)	Um *ponto* que aparece depois de uma nota aumenta o valor do tempo da nota pela metade. Se uma **mínima** é igual a duas batidas, por exemplo, uma mínima com ponto é igual a três, ou seja, dois mais metade de dois, dois mais um ou três.

Entendendo a expressão, a articulação, e outros termos e símbolos

Expressão e *articulação* lidam com o modo de tocar a música. A Tabela A-3, junto da Figura A-1, mostra os símbolos e os termos que lidam com essas questões. A Tabela A-3 lida com os símbolos numerados de 20 a 26 na Figura A-1.

TABELA A-3   # Expressão, Articulação e Símbolos Diversos

Número na Figura A-1	Como se Chama	O que Significa
20	Marcação dinâmica	Uma *marcação dinâmica* informa se é para tocar com força ou suave. Essas marcações são abreviações de palavras italianas. Algumas marcações comuns, do suave ao forte, são *pp (pianissimo)*, muito suave; *p (piano)*, suave; *mp (mezzo-piano)*, suave moderado; *mf (mezzo-forte)*, meio forte; *f (forte)*; e *ff (fortissimo)*, fortíssimo.
21	Crescendo e ritardando	O símbolo em forma de fatia é conhecido como *crescendo* e indica que a música fica mais forte gradualmente. Se o símbolo for de aberto para fechado, indica um *decrescendo* ou uma suavização gradual. Muitas vezes, em vez de fatias (ou como alguns músicos dizem, "grampos"), aparece a abreviação *cresc.* ou *decresc.* Outro termo que você pode usar para indicar a suavização do volume é *diminuendo*, abreviado como *dim.* A abreviação *rit.* (às vezes *ritard.*) significa *ritardando* e indica uma diminuição gradual do andamento. *Rallentando* (abreviado como *rall.*) significa a mesma coisa. Você pode indicar um aumento gradual no andamento usando *accel.*, que significa *acelerando*.
22	Modulação	*Modulação* é uma linha curva que liga duas notas de tons diferentes. Ela informa para você ligar as notas suavemente, sem interrupção do som.
23	Ponto de staccato	*Pontos de staccato* acima ou abaixo das notas informam para tocá-las curtas e destacadas.
24	Acentuação	Uma *marca de acentuação* acima ou abaixo de uma nota informa para você destacá-la ou tocá-la mais alto que o normal.
25	Sinal de repetição	O *sinal de repetição* informa para repetir certos compassos. O símbolo ‖: delimita a seção repetida no início (nesse caso, o compasso 1), e :‖ delimita no final do compasso 8 (da música "Shine On Harvest Moon").
26	Colchetes finais	Às vezes uma seção repetida começa no mesmo tempo, mas termina de modo diferente. Esses términos diferentes são indicados por *colchetes finais* numerados. Toque os compassos sob o primeiro colchete final, mas substitua os compassos sob o segundo colchete final na segunda vez. Tendo "Shine On Harvest Moon" como exemplo, primeiro você toca os compassos 1–8, então toca os compassos 1–5 de novo e depois 9–11.

APÊNDICE A **Como Ler Música**   353

Encontrando Notas na Guitarra

As figuras de A-2 até A-7 mostram como encontrar as notas na notação padrão em cada uma das seis cordas da guitarra. Aliás, o tom real que *soa* na guitarra é uma oitava (12 semitons) mais baixo que o tom escrito. **Nota:** algumas vezes são vistas duas notas (por exemplo, F#/G♭) na mesma casa. Elas têm o mesmo tom (conhecidas como *equivalentes enarmônicos*).

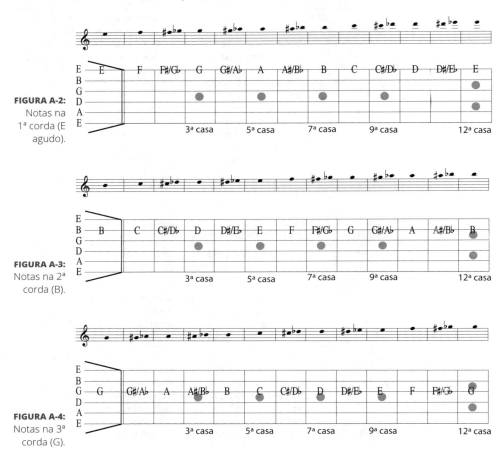

FIGURA A-2: Notas na 1ª corda (E agudo).

FIGURA A-3: Notas na 2ª corda (B).

FIGURA A-4: Notas na 3ª corda (G).

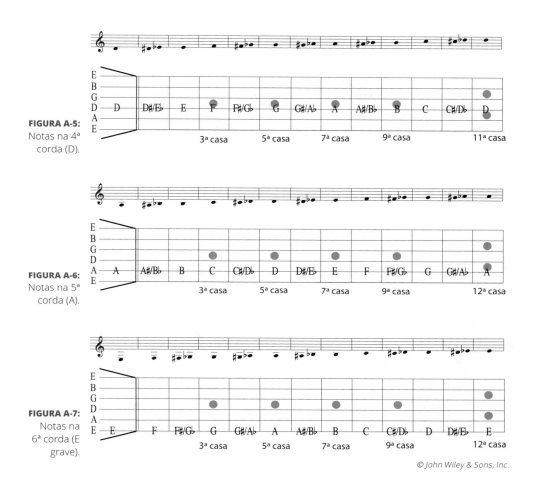

FIGURA A-5: Notas na 4ª corda (D).

FIGURA A-6: Notas na 5ª corda (A).

FIGURA A-7: Notas na 6ª corda (E grave).

© John Wiley & Sons, Inc.

356   PARTE 7 **Apêndices**

Apêndice B
96 Acordes Comuns

Nas páginas a seguir, incluímos diagramas de acordes para 96 acordes mais usados. Eles estão organizados em 12 colunas do C ao B, para todas as 12 notas da escala cromática. Cada uma das oito linhas mostra uma qualidade diferente: maior, menor, 7ª, 7ª menor etc. Portanto, se você vir uma partitura que pede, digamos, um acorde Gsus4, vá para a oitava coluna a partir da esquerda e desça até a sexta linha a partir do topo.

Os dedilhados da mão esquerda aparecem logo abaixo das cordas (1 = indicador, 2 = médio, 3 = anular e 4 = mindinho). Um 0 acima da corda significa que se deve tocá-la solta como parte do acorde, e um X acima da corda indica que ela não faz parte do acorde e não deve ser tocada. Uma linha curva significa tocar os pontos (notas pressionadas) imediatamente abaixo da linha com uma pestana. Para ter uma análise completa sobre como tocar acordes, veja os Capítulos 4 e 6.

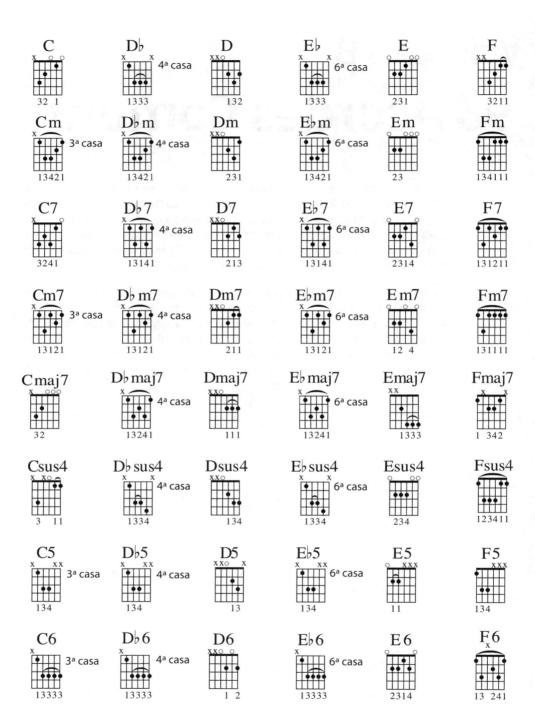

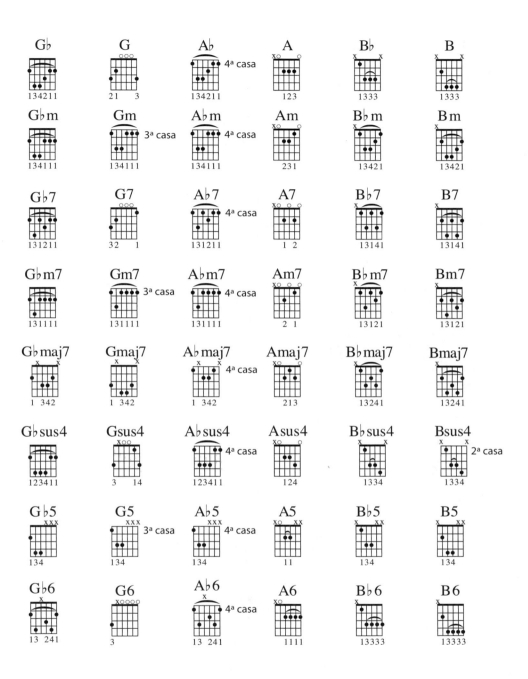

APÊNDICE B **96 Acordes Comuns**

360   PARTE 7 **Apêndices**

Apêndice C
Como Usar o Site

Nota: se você estiver usando uma versão digital ou avançada deste livro, vá para www.altabooks.com e procure pelo título do livro para acessar o conteúdo adicional.

Quase todos os exemplos de música no livro *Guitarra Para Leigos*, 4ª Edição, são executados em uma faixa de áudio ou videoclipe e aparecem na página web que corresponde a este livro. São mais de 160 exemplos! Isso torna o *Guitarra Para Leigos*, 4ª Edição, uma experiência multimídia real. Há apresentações em áudio e vídeo da música, complementadas com o devido tratamento tonal (distorção para rock, cores acústicas brilhantes para o folk etc.) e acompanhamentos adequados.

Uma maneira divertida de experimentar o *Guitarra Para Leigos*, 4ª Edição, é simplesmente examinar o texto pelos exemplos de música, vendo a música impressa no livro enquanto ouve, ou as apresentações correspondentes no site. Quando ouvir algo de que gosta, leia o texto que detalha a peça de música em particular. Ou vá para o capítulo específico que o interessa (digamos, o Capítulo 11, sobre como tocar guitarra rock), pule para as faixas de áudio e videoclipes adequados no site e veja se consegue tocá-las. Muito difícil entender neste momento? Melhor ir para o Capítulo 9 sobre acordes com pestana!

Relacionando Texto e Arquivos no Site

Quando você vir a música escrita no texto, quiser ouvi-la e vir a apresentação no site, consulte o quadro no canto superior direito, que informa o número da faixa e o tempo de início (em minutos e segundos) ou indica o número do videoclipe.

Se está pesquisando um exemplo em uma faixa de áudio, use o botão de marcação com a função *marcar/rever* (também conhecido como controle de *avanço/retrocesso*) do mídia player para ir para um tempo específico, indicado em minutos e segundos, nessa faixa. Quando estiver no tempo de início ou próximo a ele, solte o botão de marcação, e o exemplo será tocado.

Se quiser tocar com a faixa de áudio no site, "marque" um ponto alguns segundos antes do tempo de início. Ter alguns segundos de vantagem inicial permite soltar o controle remoto e colocar as mãos na posição certa na guitarra.

Muitas faixas de áudio e videoclipes são precedidos por uma *contagem*, que é o metrônomo marcando o ritmo antes de a música começar. Essa contagem informa o *andamento* ou a velocidade na qual a música é tocada. É como ter seu próprio maestro dizendo "E um e dois..." para que possa tocar o *downtempo* (a primeira nota da música no tempo) com a faixa. Os exemplos no tempo 4/4 têm quatro batidas "na frente" (a linguagem dos músicos para uma contagem de quatro batidas antes da música começar); os exemplos em 3/4 têm três batidas.

Gravamos alguns exemplos no que é conhecido como *stereo split*. Em certas peças, a música de apoio ou de acompanhamento aparece no canal esquerdo do playback, enquanto a guitarra apresentada aparece à direita. Se você deixar o *controle de balanço do* aparelho na posição normal (na vertical ou 12:00), ouvirá igualmente as faixas da base e a guitarra apresentada, uma de cada canal. Ajustando seletivamente esse controle, é possível reduzir gradual ou drasticamente o volume de uma ou outra.

Por que faria isso? Se você praticou a parte do solo de certo exemplo e acha que já aprendeu o bastante a ponto de querer experimentar "com a banda", pegue o controle de balanço e gire ou deslize até o final para a esquerda. Agora sai som apenas do canal esquerdo, que são as faixas de apoio. As batidas da contagem estão nos *dois* canais, portanto, você sempre receberá sua marca para tocar no tempo com a música. É possível inverter o processo e ouvir apenas a parte do solo, significando que você toca os acordes com a parte do solo gravada. Os guitarristas bons e experientes buscam aperfeiçoar a base *e* o solo.

LEMBRE-SE

Encorajamos que você ouça as faixas de áudio e veja os videoclipes com frequência, mesmo quando não tiver uma guitarra nas mãos. Tente adquirir o hábito de acompanhar com a música impressa toda vez que ouvir as faixas ou assistir aos videoclipes, mesmo que suas habilidades de leitura da partitura não sejam boas. Você absorve mais do que espera só de passar os olhos na página no tempo da música, associando som e imagem.

Requisitos do Sistema

Verifique se seu computador atende aos requisitos mínimos do sistema mostrados na lista a seguir. Se o computador não tiver a maioria desses requisitos, você poderá ter problemas para usar o software e os arquivos no site.

- » Um PC com Microsoft Windows ou Linux e kernel 2.4 ou posterior, ou Macintosh com Apple OS X ou posterior
- » Conexão de internet
- » Navegador da web

O que Você Encontrará no Site

As seções a seguir são organizadas por categoria e mostram um resumo das maravilhas que você encontrará no site. Se precisar de ajuda para ouvir ou assistir aos arquivos que aparecem no site, consulte as instruções na seção anterior.

Faixas de áudio

Veja uma lista das faixas de áudio no site, junto dos números das figuras correspondentes no livro. Use isso como uma referência cruzada para descobrir mais sobre as faixas interessantes. Na coluna Número da Figura, o primeiro número corresponde ao capítulo no qual explicamos como tocar a faixa. Basta passar pelos títulos e figuras na ordem até encontrar a faixa que deseja tocar. Para facilitar as coisas, os exercícios que aparecem no texto também contêm os números da faixa (e o tempo de início, se necessário), para ajudá-lo a encontrar a faixa desejada.

Faixa	Tempo de início	Número da Figura	Título da Música/Descrição
1		n/d	Referência de Afinação
2	0:00	4-2	Progressão de acordes usando acordes da família A
	0:16	4-4	Progressão de acordes usando acordes da família D
	0:43	4-6	Progressão de acordes usando acordes da família G
	1:10	4-8	Progressão de acordes usando acordes da família C
3		n/d	"Kumbaya"
4		n/d	"Swing Low, Sweet Chariot"
5		n/d	"Auld Lang Syne"
6		n/d	"Michael, Row the Boat Ashore"
7		5-1	Melodia simples
8		n/d	"Little Brown Jug"
9		n/d	"On Top of Old Smoky"
10		n/d	"Swanee River" ("Old Folks at Home")
11		n/d	"Home on the Range"
12		n/d	"All Through the Night"
13		n/d	"Over the River and Through the Woods"
14		n/d	"It's Raining, It's Pouring"
15		n/d	"Oh, Susanna"
16		6-6	Progressão de blues de 12 compassos em E
17	0:00	7-4a	Exercício de troca 1-2-3-1
	0:10	7-4b	Exercício de troca 1-3-2-4
	0:20	7-4c	Exercício de troca 15-14-13
18		n/d	"Simple Gifts"
19		n/d	"Turkey in the Straw"
20	0:00	8-1	Escala com díade em C maior na parte de cima do braço
	0:11	8-2	Escala com díade em C maior percorrendo o braço

Faixa	Tempo de início	Número da Figura	Título da Música/Descrição
21		n/d	"Aura Lee"
22		n/d	"The Streets of Laredo"
23		n/d	"Double-Stop Rock"
24	0:00	9-2	Progressão usando acordes com pestana em E maior
	0:13	9-3	Progressão sincopada usando acordes com pestana em E maior
	0:27	9-4	Progressão usando acordes com pestana em E maior e menor
	0:40	9-5	Progressão usando acordes com pestana em E maior e 7ª da dominante
	0:53	9-6	Progressão usando acordes com pestana em E maior e 7ª menor
25		9-7	Progressão de música de Natal usando acordes com pestana em E
26	0:00	9-11	Progressão usando acordes com pestana em A maior
	0:12	9-13	Progressão usando acordes com pestana em A maior e menor
	0:26	9-14	Progressão usando acordes com pestana em A maior, menor e 7ª da dominante
	0:42	9-15	Progressão usando acordes com pestana em A da 7ª menor
	0:55	9-16	Progressão usando acordes com pestana em A maior e 7ª menor
27		9-17	Progressão de música de Natal usando acordes com pestana em A
28	0:00	9-20	Progressão power chord em D
	0:14	9-21	Progressão power chord de heavy metal
29		n/d	"We Wish You a Merry Christmas"
30		n/d	"Three Metal Kings"

(continua)

(continuação)

Faixa	Tempo de início	Número da Figura	Título da Música/Descrição
31	0:00	10-1a	Hammer-on de corda solta
	0:07	10-1b	Hammer-on a partir de uma nota pressionada
	0:14	10-1c	Hammer-on duplo
	0:20	10-1d	Hammer-on duplo usando três notas
	0:27	10-2a	Hammer-on com díade a partir de cordas soltas
	0:34	10-2b	Hammer-on com díade da 2ª à 4ª casa
	0:41	10-2c	Hammer-on duplo com díade
	0:47	10-3	Hammer-on do nada
32		10-4	Hammer-ons de uma nota a partir de cordas soltas
33		10-5	Tocando um acorde enquanto bate em uma das notas
34	0:00	10-6	Hammer-ons de uma nota a partir de notas pressionadas
	0:08	10-7	Hammer-ons com díade e hammer-on do nada
35	0:00	10-8a	Pull-off de corda solta
	0:07	10-8b	Pull-off de nota pressionada
	0:13	10-8c	Pull-off duplo de corda solta
	0:20	10-8d	Pull-off duplo com nota pressionada
	0:27	10-9a	Pull-off com díade para cordas soltas
	0:34	10-9b	Pull-off com díade a partir de notas pressionadas
	0:41	10-9c	Pull-off duplo com díade
36	0:00	10-10	Pull-offs de uma nota para cordas soltas
	0:09	10-11	Tocando um acorde enquanto puxa uma das notas
37	0:00	10-12a	Slide com a segunda nota não tocada com palheta
	0:07	10-12b	Slide com a segunda nota tocada com palheta
	0:12	10-13a	Slide imediato ascendente
	0:17	10-13b	Slide imediato descendente

Faixa	Tempo de início	Número da Figura	Título da Música/Descrição
38		10-14	Slides no estilo Chuck Berry
39		10-15	Mudando posições com slides
40	0:00	10-17a	Bend imediato
	0:06	10-17b	Curvar e liberar
	0:13	10-17c	Pré-curvar e liberar
41		10-18	Bend na 3ª corda em uma progressão de rock'n'roll
42		10-19	Bend na 2ª corda em um improviso do solo
43		10-20	Curvar e liberar em um improviso do solo
44		10-21	Curvando em diferentes direções
45		10-22	Improviso com bend complicado
46		10-23	Curvar com díade e liberar
47	0:00	10-24a	Vibrato curto
	0:10	10-24b	Vibrato amplo
48	0:00	10-25a	Muting com a mão esquerda
	0:08	10-25b	Muting com a mão direita
49		10-26	Síncope através do muting
50		10-27	Palm muting em um riff de hard rock
51		10-28	Palm muting em um riff de country
52		n/d	"The Articulate Blues"
53		11-1	Riff de acompanhamento de Chuck Berry
54		11-2	Progressão de blues de 12 compassos em A usando díades
55		11-4	Hammer-ons e pull-offs no Box I
56		11-5	Bend no Box I
57		11-6	Bend com díade no Box I
58		11-7	Solo do Box I
59		11-9	Improviso típico do Box II
60		11-11	Improviso típico do Box III

(continua)

APÊNDICE C **Como Usar o Site** 367

(continuação)

Faixa	Tempo de início	Número da Figura	Título da Música/Descrição
61		11-12	Solo de 12 compassos usando os Boxes I, II e III
62	0:00	11-13	Progressão de acordes sus
	0:15	11-14	Progressão de acordes add
63		11-15	Progressão de acordes compostos
64	0:00	11-16	Frase com afinação drop D
	0:10	11-17	Riff de power chord na afinação drop D
65		11-18	Frase típica na afinação D solto
66		11-20	Improviso de solo de rock do sul dos EUA em A
67		n/d	"Chuck's Duck"
68		n/d	"Southern Hospitality"
69		12-2	Acompanhamento de blues de 12 compassos
70		12-3	Blues de 12 compassos com riff de boogie-woogie
71	0:00	12-6	Riff do Box IV com ritmo tercinado
	0:10	12-7	Improviso do Box V com slide até o Box I
72	0:00	12-9	Improviso de blues do Box I
	0:13	12-10	Improviso de blues do Box II
	0:23	12-11	Improviso de blues do Box IV
73	0:00	12-13	Improviso de blues do Box I com 3ª maior
	0:10	12-14	Improviso de blues com díade do Box I com 3ª maior
74		12-15	Riff mostrando um fraseado típico do blues
75	0:00	12-16a	Movimento típico do blues
	0:10	12-16b	Movimento típico do blues
	0:19	12-16c	Movimento típico do blues
	0:29	12-16d	Movimento típico do blues
76		12-18	Notas graves constantes com escala de blues em E

Faixa	Tempo de início	Número da Figura	Título da Música/Descrição
77	0:00	12-19	Motivo repetido no mesmo tom
	0:11	12-20	Motivo repetido em tom diferente
78	0:00	12-21	Alternando entre um improviso de solo e um ritmo grave
	0:13	12-22	Alternando entre improvisos de solo e grave
	0:26	12-23	Combinando notas pressionadas e cordas soltas
79	0:00	12-24a	Turnaround de blues 1
	0:13	12-24b	Turnaround de blues 2
	0:26	12-24c	Turnaround de blues 3
	0:38	12-24d	Turnaround de blues 4
80		n/d	"Chicago Shuffle"
81		n/d	"Mississippi Mud"
82	0:00	13-3	Arpejo em Em
	0:07	13-4	Arpejo para cima e para baixo em Em
83	0:00	13-5	Padrão de ninar
	0:10	13-6	Padrão "toca e arranha"
84	0:00	13-7	Padrão "toca, arranha, sobe"
	0:09	13-8	Padrão do estilo Carter
85	0:00	13-9a	Estilo Travis, Etapa 1
	0:08	13-9b	Estilo Travis, Etapa 2
	0:15	13-9c	Estilo Travis, Etapa 3
	0:23	13-9d	Beliscar no estilo Travis
	0:31	13-9e	Ondular no estilo Travis
86		13-11	"Oh, Susanna" no estilo Travis
87		13-12	Estilo Travis com afinação em G solta
88		n/d	"House of the Rising Sun"
89		n/d	"The Cruel War Is Raging"
90		n/d	"Gospel Ship"
91		n/d	"All My Trials"

(continua)

APÊNDICE C **Como Usar o Site**

(continuação)

Faixa	Tempo de início	Número da Figura	Título da Música/Descrição
92		n/d	"Freight Train"
93	0:00	14-5	Exercício clássico de batida livre
	0:15	14-8	Exercício clássico de arpejo
	0:48	14-9	Exercício clássico de contraponto
94		n/d	"Romanza"
95		n/d	"Bourrée em E menor"
96	0:00	15-2	Movimentos típicos do acorde "interno"
	0:17	15-4	Movimentos típicos do acorde "externo"
	0:40	15-6	Fingindo um solo de melodia com acordes de jazz
	0:52	15-7	Uma melodia enfeitada com tons alterados
	1:16	15-8	Abordagem das notas-alvo a partir de uma casa acima e abaixo
	1:43	15-9	Tocando uma melodia como acordes com arpejo
97		n/d	"Greensleeves"
98		n/d	"Swing Thing"

Videoclipes

Veja a seguir uma lista de videoclipes no site, junto com os números da figura correspondentes no livro. Use esta lista para ver como tocar as figuras e outras técnicas descritas no texto.

Clipe	Número da Figura	Descrição
1	2-1	Afinação usando o método da 5ª casa
2	n/d	Pressionar com a mão esquerda
3	n/d	Posição da mão direita
4	3-9	Tocando um acorde E
5	4-2	Tocando acordes da família A
6	4-4	Tocando acordes da família D
7	4-6	Tocando acordes da família G

Clipe	Número da Figura	Descrição
8	4-8	Tocando acordes da família C
9	n/d	"Kumbaya"
10	n/d	"Swing Low, Sweet Chariot"
11	n/d	"Auld Lang Syne"
12	n/d	"Michael, Row the Boat Ashore"
13	5-1	Tocando melodia com nota simples
14	5-1	Palheta alternada
15	n/d	"Little Brown Jug"
16	n/d	"On Top of Old Smoky"
17	n/d	"Swanee River"
18	6-1	Acordes de 7ª da dominante: D7, G7, C7
19	6-4	Acordes de 7ª menor: Dm7, Em7, Am7
20	6-5	Acordes de 7ª maior: Cmaj7, Fmaj7, Amaj7, Dmaj7
21	n/d	"Home on the Range"
22	n/d	"All Through the Night"
23	n/d	"Over the River and Through the Woods"
24	n/d	"It's Raining, It's Pouring"
25	n/d	"Oh, Susanna"
26	7-1	Escala de C maior com uma oitava na 2ª posição
27	7-2	Escala de C maior com duas oitavas na 7ª posição
28	7-3	Escala de C maior com duas oitavas com posição trocada
29	n/d	"Simple Gifts"
30	n/d	"Turkey in the Straw"
31	8-1	Escala de C em díades subindo no braço
32	8-2	Escala de C em díades percorrendo o braço
33	n/d	"Aura Lee"
34	n/d	"The Streets of Laredo"
35	n/d	"Double-Stop Rock"
36	9-1	Acordes maiores com pestana em E
37	9-2	Progressões usando acordes maiores com pestana em E

(continua)

(continuação)

Clipe	Número da Figura	Descrição
38	9-7	Progressão da música de Natal usando acordes com pestana em E
39	9-8	Dedilhando o acorde maior com pestana em A
40	9-11	Progressões usando acordes maiores com pestana em A
41	9-17	Acordes para "We Wish You a Merry Christmas"
42	9-20	Como usar power chords
43	n/d	"We Wish You a Merry Christmas"
44	n/d	"Three Metal Kings"
45	10-1	Tocando um hammer-on
46	10-8	Tocando pull-offs e pull-offs com díace
47	10-12	Tocando com slides
48	10-17	Tocando com bends
49	10-24	Variando o som com vibrato
50	10-25	Muting com as mãos esquerda e direita
51	n/d	"The Articulate Blues"
52	11-5	Passagem de solo com bends na 3ª e 2ª cordas
53	11-7	Solo com slides, bends, pull-offs e hammer-ons
54	11-12	Solo em três posições
55	11-15	Acordes compostos com linha do baixc móvel
56	11-20	Solo de country rock e rock do sul dos EUA
57	n/d	"Chuck's Duck"
58	n/d	"Southern Hospitality"
59	12-3	Acompanhamento de blues de 12 compassos em ritmo tercinado
60	12-6	Improviso de solo do Box IV em ritmo tercinado
61	12-18	Passagem dedilhada do blues acústico
62	12-21	Alternando entre um improviso de solo e um ritmo grave
63	12-24	Quatro turnarounds de blues

Clipe	Número da Figura	Descrição
64	n/d	"Chicago Shuffle"
65	n/d	"Mississippi Mud"
66	13-3	Tocando com arpejos
67	13-6	"Toca e arranha" simples
68	13-8	Estilo Carter
69	13-9	Tocando o padrão Travis passo a passo
70	13-12	Palheta Travis em uma afinação em G solta
71	n/d	"House of the Rising Sun"
72	n/d	"The Cruel War Is Raging"
73	n/d	"Gospel Ship"
74	n/d	"All My Trials"
75	n/d	"Freight Train"
76	14-5	Batidas livres
77	14-7	Batidas de pausa
78	14-9	Tocando com contraponto
79	n/d	"Romanza"
80	n/d	"Bourée em E menor"
81	15-6	Fingindo um solo de melodia com acordes de jazz usando três acordes
82	15-7	Enfeitando uma melodia com notas alteradas
83	15-8	Abordagem das notas-alvo a partir de uma casa acima e abaixo
84	15-9	Tocando melodias como acordes com arpejo
85	n/d	"Greensleeves"
86	n/d	"Swing Thing"

Solução de Problemas

Tentamos ao máximo criar arquivos que funcionam na maioria dos computadores com requisitos mínimos do sistema. Infelizmente seu computador pode ser diferente e alguns arquivos podem não funcionar corretamente por algum motivo.

Os dois problemas mais prováveis são os de que você não tenha memória suficiente (RAM) para os programas que deseja usar ou tenha outros programas rodando que afetam a execução de um programa. Se aparecer uma mensagem de erro como *Sem memória suficiente*, tente uma ou mais das seguintes sugestões, depois tente reproduzir de novo o arquivo:

» **Desative qualquer software antivírus em execução no computador.** Às vezes os programas de instalação imitam a atividade do vírus e podem fazer o computador acreditar incorretamente que está sendo infectado.

» **Feche todos os programas em execução.** Quanto mais programas em execução, menos memória há disponível para outros programas, inclusive a reprodução de mídia. Os programas de instalação geralmente atualizam arquivos e programas, portanto, se você mantiver outros programas em execução, a instalação poderá não funcionar corretamente.

» **Peça que a loja de computadores local adicione mais RAM ao computador.** É bem verdade que esse é um passo drástico e caro. Porém, adicionar mais memória pode, de fato, aumentar a velocidade do computador e permitir que mais programas sejam executados ao mesmo tempo.

Índice

SÍMBOLOS

ꞁ
    símbolo, 45

/
    símbolo, 34

>, símbolo para acento, 122

3ª maior, 193

5ª diminuta, 192

5 para 6, padrão, 157

7ª da dominante
    acordes, 68

7ª da dominante, acordes, 110, 117

7ª maior
    acordes, 71

7ª maior, acordes, 118

7ª menor
    acordes, 71

7ª menor, acordes, 111, 117

(⌐), marca de acentuação, 243

ꞁ, símbolo
    para baixo, 132
    para cima, 132

A

abaixadores de corda, 314

ação, 325
    definição, 29

acessórios, 281

acessórios baratos, 299

acessórios indispensáveis, 295

acompanhamento, 156, 253

acompanhamento, Travis, 219

acorde, 35
    definição, 32

acordes
    add, 169
    alterados, 253
    completos, 257
    compostos, 170
    estendidos, 253
    externos, 255

    internos, 253
    qualidades, 41
    substituições, 257
    sus, 169

acordes de duas notas
    ver díades ou double-stops, 98

afinação relativa, 19

afinação solta, 221

afinações
    alternativas, 171
    drop D, 172
    D solto, 173

A (lá)
    família, 40

algarismos romanos, 185

alterações cromáticas, 175

alternação, 200

amplificador, marcas, 289

amplificador, tipos, 286

arpejo, 242

arpejos, 212

articulação, 127

articulações, 161

B

barra de compasso, 43

barras de compasso, 59

barras de ritmo, 34

base, 30

base, blues, 184

base, guitarra, 156

batida de pausa, 239

batida livre, 239

beliscar, estilo Travis, 218

bemol, 350

bend, 139
    com díade, 145
    curvar e liberar, 144
    imediato, 141, 142
    na base, 143
    preso, 144

bequadro, 350

blues de 12 compassos, 80, 184
    variações, 185
box, 189
Box I, 159
Box II, 164
Box III, 164, 165
Box IV, 190
Box V, 190
braço, construção, 278

C

calibres, cordas, 140
captadores
    marcas, 279
Carter, estilo, 216
C (dó)
    família, 47
clave tríplice, 349
C maior
    escala, 87
colchetes, notas musicais, 350
compasso, 352
compassos, 43, 59
compra
    online versus loja física, 282
condições ambientais, 322
contraponto, 243
cordas de náilon
    troca, 309
cordas e trastes, 18
cordas soltas x cordas presas/pressionadas, 18
cordas, trocar
    guitarra, 312
    violão, 305
cor do tom. Ver timbre, 237

D

dedeiras, 31
dedilhado, música folk, 208
díade
    definição, 96
díade ou double-stop, 95
diapasão de garfo, 22
diapasão de sopro, 21
diapasão eletrônico, 23

distorção, 123
dominante, 68
D (ré)
    família, 43

E

E7 e A7
    acordes de 7ª, 69
E7 e B7
    acordes de 7ª, 70
E, acorde de posição solta, 104
efeitos, 290
engrenagens do instrumento, 279
entonação, 325
equalização ou EQ, 287
equivalentes enarmônicos, 354
escala de uma oitava, 88
escala maior pentatônica, 174
escala menor pentatônica, 159
estojo, tipos, 293
expansão e contração, ajustes, 324

F

família de acordes, 39
ferramentas de manutenção, 330
fone de ouvido, conector, 287
fonte fixa
    afinação, 21

G

ganho no som, 287
glissando, 137
G (sol)
    família, 46
guitarra nova versus usada
    compra, 271
guitarras
    lista de marcas, 275
guitarra slide, 202

H

hammer-on com díade, 129
hammer-on do nada, 130
hammer-on duplo, 129
hammer-on, técnica, 128

I

improviso, 58
improvisos idiomáticos, 128
    hammer-on, 131
    slide, 138
informações, notação musical, 347

L

leitura automática, afinação, 297
ligadura, 49, 128
limpeza
    acabamento, 320
    cordas, 318
    engrenagens, 320
    madeira, 319
linha móvel cromática, 203
linhas suplementares, 349
luthiers, 272

M

madeira
    instrumento, 279
manutenção, 318
mão direita, violão clássico, 236
    unhas, 237
mão esquerda, violão clássico, 238
marcações da música, 353
    símbolos, 353
melodia com acordes, 257
membros do acorde, 169
Menor, acorde
    definição, 44
método da 5ª casa
    afinação, 19
métrica, 62
molas da ponte, 327
motivo, 198
movimento do blues, 195
muting, 148

N

negociar na compra, 283
ninar, padrão, 214

O

O
    símbolo, 33
ondulação, variação do padrão, 218

P

padrão box, 143
palheta alternada
    técnica, 61
palhetas
    tipos, 31
pausas, 109, 351
pauta, 58, 349
perguntas para comprar guitarra, 270
pestana, 48
pestana fixa, 210, 298
pinos da correia, 327
P.M. (palm mute), 149
ponte flutuante, 314
ponto de aumento, 352
posição, 60
posição solta, 60
posicionar mão esquerda e dedos
    dicas, 87
posturas, 26
power chords, 120
    variedades, 120
pressionar
    definição, 13
processadores pessoais de multiefeitos, 288, 293
progressão, 42, 106, 158
progressão oldies, 55
proteção, 321
pull-off com díade, 134
pull-off duplo, 134
pull-off duplo com díade, 135
pull-off, técnica, 132

Q

qualidade do instrumento
    pilares, 276

R

recursos online
   endereço, 4
requisitos do sistema
   computador, 363
reverb, 287
riff, 58
rock moderno, 169

S

semitom, 14
símbolos especiais
   violão clássico, 246
sim., notação, 132
sim. (simile)
   definição, 45
sinais de repetição, 73
síncope, 49, 107, 150
sistema de classificação
   madeira, 279
slide, 136
slide imediato ascendente, 137
slide imediato descendente, 138
slide legato, 137
slide sem ligadura, 137
solo
   diretrizes para criar, 167
solo improvisado, 162
solos, 30
staccato, marca, 109
stomp boxes, 290
sustenido, 350

T

tab
   ver tablatura, 58
tablatura, 2, 57
   definição, 34
tampo, 277
tensor, 324
tercina, base, 186
timbre, 211

toca, arranha, sobe
   variação, 215
toca e arranha, técnica, 214
tocar em posição, 86
   versus cordas soltas, 86
tônica
   arpejo, 213
tônica, escala, 197
tons alterados
   jazz, 259
transição, 280
transição melódica do grave, 223
Travis, estilo, 217
tríades, 252
troca das cordas, condições, 304
trocar canais, 287
trocar posições, 89
turnaround, 202

V

vibrato, 146
   atrasado, 148
   liberando e curvando, 148
violão e guitarra
   diferenças, 10
violonistas clássicos, postura, 234
voicing, 70
   externo, 255
   interno, 253

X

X, símbolo, 33